复旦大学哲学学院

第二辑

德国观念论

Der Deutsche Idealismus

张汝伦　主编

商务印书馆
SINCE 1897
The Commercial Press

图书在版编目(CIP)数据

德国观念论.第2辑/张汝伦主编.
—北京:商务印书馆,2021
ISBN 978-7-100-19963-6

Ⅰ.①德… Ⅱ.①张… Ⅲ.①哲学—研究—
德国 Ⅳ.①B516

中国版本图书馆CIP数据核字(2021)第096695号

德国观念论
第二辑
张汝伦 主编

商 务 印 书 馆 出 版
(北京王府井大街36号 邮政编码100710)
商 务 印 书 馆 发 行
江苏凤凰数码印务有限公司
ISBN 978-7-100-19963-6

2021年11月第1版 开本710×1000 1/16
2021年11月第1次印刷 印张16¾
定价:80.00元

《德国观念论》

《德国观念论》获“复旦大学哲学学院源恺优秀学术辑刊奖”

由复旦大学哲学学院、上海易顺公益基金会资助出版

编者的话

倪剑青

德国观念论有广义和狭义之分。在狭义上，它指代的是“后康德哲学”传统，涵盖但不限于我们耳熟能详的诸如费希特、谢林、黑格尔这些号称要“继承康德的真精神”的哲学家及其思想。在广义上，它是“观念论”这一思想传统在德语世界的独特存在方式，上溯康德，下至胡塞尔，都在此一传统中。

就我浅见，所谓“观念论”(Idealism)，乃是这样一种思考方式：在纯粹的事实层面之外，世界有着更深层的根据，且由于这些超出事实的深层根据乃是事实之所以得以发生和成立的原因，因而这些根据乃是由理智所把握的更真实之物。在这个意义上，观念论和自然主义(Naturalism)——那种认为必须将一切落实为时间—空间上之事实的信念——相持久对抗。但德国观念论自有其特殊性，它在根本上拒斥了“物理主义”(Materialism)与“唯灵论”(Spiritualism)的两分，将我们考察的目光从事实之处牵引回我们自身，要求首先关注我们看待世界的这一“注视”行为本身。一系列困难的哲学问题是在这种“注视”的过程中不断被我们构造起来的，它们本身并没有脱离于“注视—提问”这一系列理智活动之外的独立性，而我们与对象之间的多样性关系以及这种种关系自身才是哲学真正的注视焦点。哲学立场是次级的，更源初和深刻的乃是认知之中的自我审视，这也就是哲学本身。也正是在这个意义上，德国观念论引发了哲学史上的“哥白尼式的革命”，它是苏格拉底传统的真正继承者，它寻求着对思想自身的思想，对追问本身的追问。

德国观念论所处理的一般问题是永恒的哲学问题，但它所面对的特殊处境则决定了它特定的论说主题。这一特殊处境乃是现代性。现代性并非一个实际的问题，也非一个抽象的术语，而是对“古今之变”的概括，刻画了人应有之“良善生活”(well-being)与现代人类社会之间的持续冲突。如果说晚清的中国面临着中华文明的“三千年未有之变局”，那么现代性就是人类所共同面对的“开辟以来未有之变局”。这一变局及其造成的危机并未随着19世纪的终结而得到缓解，反而愈演愈烈，一直延续到当下。今天人类所面临的环境危机、气候危机、移民危机、传染病危机等等都是现代性危机的具体体现。因此，现代性所引发的危机并非是一时一地一国的特殊病症，而是被卷入全球化浪潮中的全体人类所共同面临的生死挑战。

德国观念论者们所处的时代，是现代性危机初露端倪的时代。他们看到了现代性危机的特殊的时代表象，在自己目光所能及的范围内给出了带有强烈时代特质的回答，但他们又或多或少地以思想的穿透力超越了时代的特殊性，使得自己的思考对于后世具有持续的价值。作为研究者，我们的任务不是复述他们的思考，而是要使得这些哲学家的思想在当代重新鲜活起来，使它们的特殊性被展示为哲学之普遍性的某种特定存在方式，使它们的普遍性在思想的坚实内容之中得到具体化的理解。

本辑所收入的论文，正是在上述考虑之下结集的。科学、道德、历史、宗教，它们的基础与意义问题，不仅在那一“批判的时代”接受着反复拷问，而且在当下依然是人类所面对的急迫问题。在科学和知识的问题上，涂骁睿的论文《自我完成的怀疑主义与绝对知识》讨论了对于人类的知识而言最为棘手的怀疑论问题，试图揭示德国观念论在捍卫知识的可靠性方面的贡献。而武潇洁的论文《黑格尔论微积分：解决真无限问题的一种尝试》则更具体而微地介绍了黑格尔对数学基础问题的思考。这一思考如何在19世纪末一系列数学成就之后，对于现代人依然具有价值，则是此文的着力之处。在道德问题上，李志龙的论文《爱与敬：论康德道德情感的内在张力》、钱康的论文《康德伦理学在何种意义上是道德实在论——一种基于先验观念论的解读》、王统的论文《论康德的实践公设》从不同角度展示了康德道德哲学的意义与价值，试图从哲学术语的密林中开辟出一个“林中空地”，使康德所点燃的思想篝火，照亮那追求人类自由与尊严的漫漫征途。

宗教的问题，对我们自身的传统而言，相对不受关注，但它却是西方思想的隐秘的核心，因为宗教涉及神圣者与超越者，并通过祂们，反过来洞察了世俗与有限如何得以安立。邢长江的论文《上帝是何种超越者？——康德上帝概念中的内在困难》讨论了如何恰当地“超越性”这一问题，而这一问题的核心是对人类在根本上的有限性之观照。该论文揭示出人类理性的天然困境并非贬抑理性，而是通过批判的工作彰显出人类理性的真正价值，一种自我塑造、自我纠正、自我反省的具有生产力的自由创造。庄振华的论文《黑格尔论理性的困境与出路》和袁辉的论文

《普通人类理性的自然的辩证法》正是在这个议题上进行了富有意义的推进，借助德国观念论的深刻哲学洞见，对人类在本质上的有限性及超越之可能做出了探索。

张汝伦的论文《从康德的历史哲学看康德哲学二元论的困境》、郝琛宠的论文《从自发性到自由：康德基础自我意识的自身性结构》看上去是处理康德哲学的内部问题，事实上却是对自由这一大论题的探索。对于德国观念论而言，自由问题不能被局限在政治和法的领域，而是必须在更为深层的思想根基上得到阐明。而这一根基乃是在历史之中显示自身并安顿自身的人本身，是在时间之中展开为自我意识的人之存在。不论是历史哲学，还是所谓的意识结构的讨论，其最终的落脚点依然在于人之一般的存在方式上。这也是这两篇论文的核心关切所在。

我们相信，在把握德国观念论的一般原则的前提下，积极地参与当代的哲学论争，这才是思想的生命力所在。或许，德国观念论的言说方式并不符合当代人的口味，它的风格在当下的哲学话语中显得格格不入，但由于其处理的问题之重要性与其提供的哲学洞见的深刻性，使得它所提供的那种理解世界和人类自身的独特视角必须被严肃对待。尹峻的论文《展示—科学映像、语用中介与概念的自主发展——分析哲学的黑格尔式可能世界语用学及其批判》正是一个极富意义的探索，为传统的德国观念论研究提供了一个介入当代形而上学战场的路标。在这片从古延续至今的混乱战场上，和任何人类活动一样，都有着潮起潮落，有着时代风尚的转换。在这种"城头变幻大王旗"的变幻中，德国人自己也会感到迷惑，曼弗雷德·弗兰克(Manfred Frank)那篇著名的《黑格尔不再住这了》(*Hegel wohnt hier nicht mehr*)可以被视为是"抛却自家无尽藏，沿门托钵效贫儿"式的自嘲。本辑中收入的皮尔明·斯特克勒-魏特霍夫(Pirmin Stekeler-Weithofer)的论文《让黑格尔再次回家》(周凯译)则是针对上述自嘲给出的德国人自己的回应。而我们刊发此篇论文的目的则是要激发中文世界学者的勇气，做好迎接流亡的德国观念论者们的准备，从而让真理在我们自己的土地上扎根。在这个意义上，张东荪先生的残稿《纯思理检别注释》(本辑继续整理其《先验感性论》部分)不仅作为历史文献具有价值，也是一个标杆，证明了即使在颠沛流离之中，中国学者的意志、努力、热情与成就可以达到一个什么样的高度。我们的前辈有这样的贡献，对于我们而言不是无足轻重之事，而是向我们展示出，我们自身的传统中始终存在着一种让真理自觉自愿地存在于我们近旁的决意，而我们则应该是这种决意的继承者。

最后，请让我引一段黑格尔的名言作为结尾："除了首先要求你们信任科学，相信理性，信任和相信你们自己，我不可提任何要求。追求真理的勇气，相信精神的力量，是从事哲学研究的首要条件；人应该尊重自己，应该认为自己配得上至高无上的东西。关于精神的宏伟和力量，无论人们能设想得多么高大，都不够高大。宇宙的隐而不露的本质在自身没有任何能够抵抗勇敢的认识者的力量，它必定会在他面前开放，把它的财富和它的奥妙摆在他眼前，让他享用。”

2021 年清明节

目　录

CONTENTS

Traslations

Historical Document

论　文

从康德的历史哲学看康德哲学二元论的困境

张汝伦

摘　要:康德毕生追求一个必然与自由统一的世界观和哲学体系,然而,他的先验哲学的二元论预设却使他难以达到这个目标。康德在《判断力批判》中试图用合目的性的概念去统一自然世界与道德世界,但并不成功。他又试将历史哲学作为某种证明自然与自由统一的图式论,解决世界和哲学的分裂问题,也由于他哲学的二元论预设而导致失败。他又试图让人成为自然这个目的系统的最终目的来解决他哲学的二元论前提造成的这个困难,而作为道德意志与经验实在的最终统一的"至善"概念则将保证世界的最终统一;上帝则是至善本身可能性的保证。但上帝在他那里只是一个合目的论的设定,充其量只是一个并不包括"实然"的"应然",不能克服现代性本身造成的世界分裂。

关键词:康德哲学　二元论　历史哲学　合目的性　至善　上帝　现代性

一

西方哲学从巴门尼德和柏拉图开始,就一直有二元论的思想传统,但是,把存在明确划分为现象与本体两个彼此截然不同的领域,却是从康德开始。在康德之前,人们也会区分本体和现象,但现象是本体的现象,与本体有内在的、不受人影响的联系。但是,康德的批判哲学把现象变成了人为的现象,它取决于主体,确切地说,取决于我们的认知能力:感性直观和理性(知性),为它们所构造;而不取决于本体。虽然康德在第一批判中也暧昧地提到物自体对我们认知的影响,但根据他体系的内在逻辑这是不可能的,因为不能认识本体是康德批判哲学的基本教条。因此,很多后康德哲学家认为物自体概念纯属康德体系的累赘,成事不足,败事有余,给他的体系造成了很多不必要的麻烦。

现象领域是经验领域,也是可认知的领域。这个领域就是受必然性规律支配的自然领域。科学只是对自然必然性的知识。但是,除了经验领域外,还有非经验的领域,就像除了现象还有本体一样。前者是理论理性的领域,后者是纯粹实践理性的领域。前者的对象是受必然性支配的自然,后者的对象是自由意志产生的道德。两者冰炭不同器,彼此有根本的存在论和认识论上的区别,因而处于根本的对立中,彼此没有关系,也不能相互影响。这就意味着人的世界和世界经验是分裂而非统一的。主体本身也是分裂的:一方面,他作为自然的存在者,不能不服从自然的必然性;另一方面,作为具有自由意志的存在者,他又是自律的。

康德如此将世界一分为二,有其不得已的苦衷。康德最初与当时的唯理论者一样,认为理性能如其所是地认识事物,即理性能认识事物本身(物自体),而不是作为现象的事物。但是,休谟将他从"独断论的迷梦"中惊醒,让他看到我们的认识对象始终是"**我们的**"认识对象,即经过我们的理智的中介加工的。休谟的怀疑论产生了"知识是如何可能的",进而"形而上学是如何可能的"问题。"康德分享了休谟的见解,即形而上学与一般认知是相互依赖的。"①所以,要回答形而上学**如何**可能,必须从回答知识如何可能着手,也就是从知识论着手。而要回答知识如何可能的问题,关键是回答知识的对象如何可能的问题,即什么样的对象才是知识的对象。批判哲学对此一问题的回答是:经验对象(即现象)才是知识的对象,物自体不是知识的对象。因此,知识的领域限于经验自然的领域。一旦理性试图越出其合法范围而将物自体作为自己的认识对象,即会产生自相矛盾的悖论,即二律背反。

可是,康德理性批判的目的,绝不仅仅是消极地规定知识的界限,证成知识的可能性;而是有其更为重要的意图在,即证明自由的合法范围,从而证明自由的存在。启蒙的机械论和决定论哲学已经给自由的合法性造成了极大的挑战。在康德看来,自由不能是一个经验现象(如果它是经验现象,就必须服从自然因果律,就不是自由,而是必然了,如康德第三个背反所表明的那样),我们只能设定它在感性经验以外的领域,即本体领域中存在。在此意义上,理性批判限制思辨理性的使用范围并不是消极的,它恰恰是要指向和表明超感性领域,即本体领域的存在。纯粹理性除了理论运用外,还有一个实践运用的领域,即超感性的本体领域,

---

① 塞巴斯蒂安·加德纳:《康德与〈纯粹理性批判〉》,蒋明磊译,北京:中国人民大学出版社,2018年,第20页。

也就是自由意志的领域。自由意志不可能在经验领域存在，它只有被设想为物自体，才是自由的。①自由意志的一个主要表现是道德，道德典型地体现了自由意志的存在。

然而，世界本为一体，人的经验也应为一体，可康德哲学硬生生把前者分裂为自然和自由，相应地把后者分裂为自然认识和道德信仰。"哲学也据此而分为理论哲学和实践哲学。"②康德不能接受哲学本身的分裂，因为"哲学的领地建立于其上且哲学的立法施行于其上的这个基地却永远只是一切可能经验的对象的总和"③。这就意味着，哲学的经验基础是统一的，哲学也必须是统一的。因此，如何把哲学两个互不相干的部分结合成一个统一的整体，就成了康德不能不面对的任务。

在第二批判中，康德设定道德与自然间的某种联系，但只是根据信仰来接受这个设定，完全没有提供任何证明。到了第三批判，康德就试图要在经验世界中找到道德合目的性的证据。但是，就康德哲学的体系而言，无论是理论体系还是道德体系，让它们各自老死不相往来似乎也无不可，事实上，在康德研究中，分别研究这两个领域的人远远多于寻求在它们之间找到某种联系的人。

一直到现在，《判断力批判》都被许多人误以为是康德的"美学著作"，即关于艺术的哲学思考。实际上在第三批判中康德关心的根本不是艺术或艺术作品的本质，如一般艺术哲学或美学著作那样，而是关心主体如何面对他前两个批判造成的事实（是）与价值（应该）、纯粹理论理性（认识）与纯粹实践理性（道德）、现象领域与本体领域之间的分裂与鸿沟。他在《判断力批判》的导论中，对这种分裂和鸿沟产生的问题有清醒的认识："一条巨大的鸿沟在作为感性之物的自然概念领域和作为超感性之物的自由概念领域之间固定了下来，以至于无法（理性的理论运用）从前一个领域过渡到后一个领域，好像它们是非常不同的世界，前一个世界不能对后一个世界有任何影响：但后者毕竟应该对前者有影响。"④康德不能接受这样的"鸿沟"(Kluft)，因为它威胁人类经验的统一，所以他提出自由应该对自然有影响。然而，康德是在什么修辞意义上说"应该"？显然不是推论，而是主观的弱意义的断定。

不管怎么说，康德在《判断力批判》中试图用合目的性概念去统一自然和道德这

① Kant, *Kritik der reinen Vernunft*, B XXVIII.

② Kant, *Kritik der Urteilskraft*, Hamburg: Felix Meiner Verlag, 1968, S. 10.

③ Ibid.

④ Ibid., S. 11.

两个领域,但并不成功。康德实际上要做和能做的事,是在经验世界中找到道德合目的性的证据,只有这样他才能把自然和道德自由联系在一起。鉴于康德体系的二元论结构,这绝不是一个容易完成的任务。作为必然性领域的自然,如何能与作为自由的道德世界和谐统一呢？康德的法宝是合目的性概念。既然人的道德行为是合目的行为,那么如果在自然事物中也能找到合目的性,就能表明自然和道德的统一。当时正在兴起的生物学让康德觉得有机体好像是合目的的。然而,即便生物有机体具有合目的性,它们仍然属于必然的自然领域,与自由无关。更何况目的论概念本身也只是一个设定或一种信仰,无论在理论上还是在道德上都无法得到证明。①

要打通自然和道德(自由),证明它们的内在统一,显然不能停留在自然领域。当然,也不能只谈道德自由。必须要找到一个兼具自然和自由两大领域若干特征的领域,以它作为证明自然与道德有着内在的类同与协调一致的图式。在第一批判中康德用图式论来解决感性和知性的协调一致的问题,康德晚年则试图通过思考历史问题,将历史哲学作为某种证明自然和自由的统一的图式论,从而解决他一直面对的世界、理性、哲学二元分裂的问题。

二

人是两个世界——由规律决定的自然世界和由自由意志决定的超感性世界——的生物。然而,这两个世界在性质上根本有别,自然是现象世界,而自由属于本体世界,不能为人所经验,不是现象。人一方面被自然规律所决定;但另一方面他的自由意志又使他可以杀身成仁,舍生取义,服从不管自然规律的道德命令,从而显示他是自由的。但是,道德行为及其后果必须在经验中表现出来,因而只能是服从自然规律的经验现象。道德行为及其结果不是道德本身,就像自由本身不是自由的现象。即便生物有机体具有合目的性,它们仍然属于必然的自然领域,与自由无关。

自由的现象就是人类历史。②历史是作为自然的自由之现象,因为由人的行为

① Cf. Emil L. Fackenheim, "Kant's Concept of History", in *Kant-Studien*, Jan. 1, 1956, p. 393.

② 康德区分过自然的历史和人类历史(见康德:《人类历史起源臆测》,《历史理性批判文集》,何兆武译,北京:商务印书馆,1996 年,第 68 页),但他一般是在人类历史的意义上讨论"历史"。

构成的历史，只能在自然中发生，而自然属于现象。但按照康德自然（现象）和自由（本体）的二元区分，“自由的现象”似乎是一个悖谬的说法；实际上却无法拒绝，因为即便是属于自然物的人，也是有理性的人，而理性是自由的根源和保证。理性使人得以超越本能，也就是超越自然。理性让人求知，也让人可以选择自己的生活方式，这两种人的基本实践都是本能无法解释的。从人被本能支配的意义上说，人属于自然。但从人使自己有理性①，从而能根据理性行动而言，人又不完全属于自然，而有一个自由的领域。但这个自由领域并非基督教的彼岸世界那样的超越领域，而存在于人的理性之中。自由系于理性，限于理性主体的内在性。鉴于现象与本体的二元区分，自由只能作为现象在现实世界中出现，更确切地说，自由只能作为现象在人类历史中出现。历史是有着自由现象的经验世界。也因此，这个经验世界与纯自然的经验世界有别。历史意味着人摆脱自然的绝对支配，走出了纯粹自然世界，而创造一个人为的经验世界。按照康德的理论体系，在这个历史世界中，自然规律的作用仍然是不可抗拒的。

然而，作为一个现实经验过程的历史，它的先决条件是理性，没有理性便没有历史，康德的论文《人类历史起源臆测》其实已经表明了这一点。②理性与自由只能作为现象在历史中出现，但经验的历史本身并不是理性的，也不是自由的。可是，即便是经验的历史，从一开始就与有机自然界一样，是一个目的论的系统，而不是绝对机械论的天下。但自然有其计划和意图的想法不是知识，只是主观设定的一个观念。并且，这个观念设定完全是出于实用的目的而非真理的根据：“这一观念可能成为非常有用的了。虽然哪怕我们是如此短视看不透自然运行的秘密机制，但（自然意图）这个观念可以引导我们至少在整体上将否则是毫无计划的全部人类行为描述为一个体系。”③

这当然不是说人类历史是一个和谐的系统。相反，由于人既有社会的又有反社会的天性，人类历史充满了混乱和争斗。与地球上其他生物不同，人除了欲望和本能外，还有理性。他从来没有完全被欲望和本能支配，但他也从来都不是完全理

① 康德并不认为自由和理性是天赋的，即自然给予人类的，而是人自己给予的，所以他反对称人为理性的动物（animal rationale），而认为人应该叫作“具有理性能力的动物”或“能理性的动物”（animal rationabile）（Cf. Kant, *Werke*, vol.VII, p. 321）。“康德观点的核心与革命的部分是自由与理性不是人类实体的一部分。”

② Cf. Emil L. Fackenheim, “Kant’s Concept of History”, pp. 386-387.

③ 康德：《世界公民观点之下的普遍历史观念》，《历史理性批判文集》，第 19 页，译文有改动。

性的。但是,人类理性并非只是道德理性或理论理性。在康德的历史哲学中,理性首先是用来满足人的欲望的工具,即工具理性,而不是理论理性,更不是道德理性,因为人首先要满足自己的生存欲望。由此产生了"文化"①。然而,人的本能与欲望是多样,因而是矛盾的,单纯工具理性不但不能解决这种矛盾,反而会加剧这种矛盾,造成无穷的争斗。迫于安全的压力(如霍布斯早先描述人),人被迫使用理性不但要为本能服务,更须控制本能,否则后果不堪设想。人类历史是从"本能的摇篮过渡到理性的指导"②,这种"理性的指导"既是对本能的控制,也是对纯粹工具理性的控制。

尽管如此,人类历史却不能说是一个自由的领域,即使是自由意志之表现,人类行为"正如任何别的自然事件一样,总是为普遍的自然律所决定的"③。这也就是说,历史是必然性的领域,而非自由的领域。然而,目的论思想却使康德假定,历史发展有其理性发展线索,即人类所有非理性的、彼此冲突的活动最终总会趋向同一个目标,服从自然的计划。自然不会迫使个人成为他应该是的,却能使人类整体趋向自由。这样,历史似乎是一个必然和自由共存的领域。但这从康德哲学本身来看似乎是不可能的。既然康德认为历史受必然的自然规律支配,它就没有方向;要么它是自由的领域,那它即使有方向,这方向也不是必然的。

事实上,按照康德哲学体系的二元论原理,历史在康德那里实际也是二元的,或者说,有自然的历史和理性的历史之分。康德并不把历史如实证主义史学家那样理解为纯粹经验的过程。在西方古典语言(希腊语和拉丁语)中,"历史"是"故事"和"叙述"的意思。康德把"历史"(Geschicht)一方面理解为在人的意志和行动中产生,但符合自然规律、相互联系在一起的经验现象的故事(Erzählung);另一方面,他把"历史"看作在此故事中讲述的事情的过程,人类在此过程中实现它隐藏的可能性,发展它的理性和自由。④显然,这是一个有着目的论结构的过程,这样才能保证这样一个永远不会停止的过程是一个必然的理性自由发展的过程。也只是依靠目的论,这两种历史才可能互相兼容,其实它们是永远分裂、不可重合的。

---

① 康德把理性的工具性使用或手段一目的模式的理性运用叫作"文化"。康德有关"文化"的论述可看《判断力批判》第 83 节。

② 康德:《人类历史起源臆测》,第 67 页。

③ 康德:《世界公民观点之下的普遍历史观念》,第 1 页。

④ Cf. Yirmiahu Yovel, *Kant and the Philosophy of History*, Princeton: Princeton University Press, 1980, p. 142.

“自然的历史”的意思不是大自然的历史，而是人经验的历史。康德在《判断力批判》第 83 节“作为一个目的论系统的自然的最后目的”，主要就是论述经验意义上的历史。他把这个历史叫作“文化”。康德的文化概念是在卢梭《爱弥儿》的影响下产生的。早在《判断力批判》出版前，他就在《世界公民观点之下的普遍历史观念》中提出了文化的概念。在那里，他提出了著名的“非社会的社会性”思想，即人既不能很好地容忍他人，又不能离开他们。他必须生活在人群中间，文化因此而产生，文化和艺术乃是人的“非社会性”所致。具体而言，文化是人适应自然和利用自然的种种态度和技巧，以实现大自然给他们规定的目的。在《判断力批判》中，康德进一步把“文化”定义为“我们鉴于人有理由归之于自然的最终目的”①。文化是“自然为了使他有准备去做他为了成为终极目的就必须去做的事情而能够提供的东西”②。

总之，文化虽然可说是自然的克服，但归根结底却是自然的产物，更确切地说，是自然本身决定了文化的产生。人既有内在的自然(他的种种激情、欲望、倾向)又有外在自然(他的社会和物理环境)，与此相应，文化也分为技巧的文化和规训的文化。无论是技巧的文化(其实叫技术的文化更好)还是规训的文化，都是理性在作为现象界的历史中的发用和表现。

技巧的文化指的是人用来对付他的外在环境发展起来的种种满足他需要的技术和维持人际社会而建立的种种制度。前一种文化主要是理性用来对付外部环境，以满足人的各种物质需要而产生的种种技术，即工具理性。但工具理性的发展本身不是一个自然过程，而是“不借助人们中间的不平等也许就不能得到发展”③。只有在多数人被压迫而少数人得以享受物质文明成果的条件下，技术的文化才得以发展。那些少数享有技术文化成果可以避免为生存操劳而有足够的闲暇创造知识、教育、开明的观念和奢侈。正是在冲突和不平等的基础上，产生了国家内的市民社会的政府、开明的刑法和民法，最终产生一个在国际上建立和平，在每个国家内强制实行自由的世界联盟(世界公民整体)。这并不是一个文明不断进步的美好故事，而是充斥着战争和竞争，甚至剥削和压迫，康德认为这些都促进了文化的发展和进步。并且，文化发展过程中产生的种种问题，最终都将得到符合最高善的解

---

① Kant, *Kritikder Urteilskraft*, S. 300.

② Ibid.

③ Ibid.

决。在德国哲学家中,不是黑格尔而是康德,才是恶是进步的动力观念的始作俑者。

规训的文化指的是人控制自己的内在自然,它并不体现为一种外在的准道德体系,而是人对自己的内在意志用力,让它为道德的统治做准备。人通过净化他粗野的激情,从而放弃他当下的本能欲望,使得他可以不受生物欲望支配,而能有所选择,有所为有所不为,成为一个有教养的人。他不但控制自己兽性的欲望,还创造了由文化决定的某种新的激情和需要。当然,这还不算真正的道德,只是人为最无节制的图谋服务的自控能力和选择能力而已。更多的教育会使人狂妄自大;精致的趣味会产生反复无常的倾向;新获得的文化兴趣可能导致像妒忌、忘恩负义、幸灾乐祸、无情竞争这样"文化的恶习"。[①]尽管如此,规训的文化还是能"把意志从欲望的专制中解放出来,由于这种专制,我们依附于某些自然物,而使我们没有自己作选择的能力"[②]。规训的文化是为道德意志的统治做准备,不驯服人的自然意志,理性意志就无能为力。

尽管无论是技巧的文化还是规训的文化,都有自身的问题,但康德还是相信,人类的前途是光明的。文化产生的自由、平等、和平和开明的司法系统很可能提升个人幸福或福祉的水准。即便是属于人的自然状态、不断威胁人类的战争状态,也会随着文化的进步(民主共和制、自由国家的联盟、世界公民权利的建立)而彻底终结,永久和平终将实现。

但是,现实的历史即便是现象,也有它不可拒绝的实在性。康德自己也承认:"唯有以人性的经验原则为基础的实践,而不认为从世界上实际发生的情况中为自己的准则汲取教训是件低贱的事,才能够希望为国家智虑的建筑找到一个牢靠的基础。"[③]一旦离开他从理论上构筑的本体界而回到现象界,康德对人性的认识是完全悲观的。在他眼里,人类根本就是一种"弯曲的材料",从这种"弯曲的材料"中,"是凿不出什么彻底笔直的东西的"[④]。人的"非社会的社会性"使得"他对他的同类必定会滥用自己的自由的;而且,尽管作为有理性的生物他也希望有一条法律

① 康德:《纯然理性界限内的宗教》,《康德著作全集》(第6卷),李秋零主编,北京:中国人民大学出版社,2007年,第26页。

② Kant, *Kritik der Urteilskraft*, S. 301.

③ 康德:《永久和平论》,《历史理性批判文集》,第131页。

④ 康德:《世界公民观点之下的普遍历史观念》,第10页。

来规定大家的自由界限，然而他那自私自利的动物倾向性却在尽可能地诱使他要把自己除外”①。“人性的卑劣”甚至“在各民族的自由关系之中可以赤裸裸地暴露出来”②。尽管共和制是“完美地符合人类权利的唯一体制”，可是它“也是极其难于创立而又更加难于维持的体制……因为人类因其自私的倾向是不能够有那么崇高的形式的体制的”③。无论如何，人身上的自然禀赋使他“也在尽自己的能力致力于毁灭自己的种类”④。

很显然，如果“以人性的经验原则为基础”的话，康德关于人类历史的乐观主义是完全没有根据的。因为即便文化是理性在现象界的发用和表现，可经验的现象界或人类实际的历史却根本不是一部理性发展史。支配着人类历史的文化虽然是广义的理性发用和表现，其实还不是纯粹理性本身，而是工具理性或理智，是一种算计的能力，这种工具性能力不但人有，魔鬼，甚至也许高等动物也会有。理性不仅是一种工具性的算计，也是一种自足的关切(Interesse)。它以自身为目的，而不像文化，是以自身以外的事情为目的。此外，根据康德哲学的二元论结构，他也不能像黑格尔那样，主张经验的历史就是理性本身的发展史。但是，作为一个彻底的理性主义者和观念论者，他又不能不像黑格尔那样，承认历史的合理性，即历史的目的就是理性本身的目的，或理性的目的本身。这样，他就必须面对黑格尔不可能面对的难题，即如何以超越的理性来解释经验的历史。

经验的历史是一个经验的整体。整体是经验的统一性，它本身无法经验，需要靠理性来把握。在第一批判中，康德为此提出了“范导性”(regulativ)原理，它的目的“是要从知觉中产生出经验的统一性”⑤。在面对经验的历史时，康德同样将理性作为范导性的理念来使用，以从整体上把握和解释历史。在康德的理论哲学中，“这种理念先行于各部分确定的知识，并包含先天地确定每个部分的位置及其对别的部分的关系的那些条件”⑥。这还说得过去，毕竟按照康德的理论，所有知识都是以理性的主观建构为条件的。但经验的历史首先不是主观知识，而是人的客观存在，这就不能不借助他的目的论观念。

---

① 康德:《世界公民观点之下的普遍历史观念》，第 10 页。

② 康德:《永久和平论》，第 111 页。

③ 同上，第 124—125 页。

④ Kant, *Kritik der Urteilskraft*, S. 299.

⑤ 康德:《纯粹理性批判》，A180/B222。

⑥ 同上，A645/B673。

三

虽然康德是到了第三批判才系统阐述他的目的论思想,但目的论却是贯穿他整个哲学发展(前批判哲学时期和批判哲学时期)的核心主题。康德青年时代便被经验世界中的种种目的论表现吸引,虽然他那时还是用纯粹机械论术语来解释它。到了批判时期,他在《纯粹理性批判》中已经认识到:"一切在我们力量的本性中建立起来的东西都必然是合目的的并且与这些力量的正确运用相一致的。"①虽然按照约威尔(Yirmiahu Yovel)的研究,康德的目的论有着经验和经验科学的根据②,范导性原理才是他目的论的基础。③

与亚里士多德和中世纪的目的论不同,康德的目的论不是一种宇宙论意义上的目的论。自然的、宇宙论意义的世界服从机械规律,它本身没有目的论意义,只有人的理性和实践(道德)才能赋予它种种目的。赋予世界以目的的,是被理解为道德理性或目的论理性的人的意志,它作为实践理性起作用。这些当然是康德批判哲学的成果。康德把自己的哲学比作哥白尼式的革命,但哥白尼的日心说实际剥夺了人在宇宙中的中心地位,而康德的疑似哥白尼革命却赋予人以宇宙的中心地位。人不再是与自然其他成员一样的自然的一员,而是成为自然本身的焦点。自然要服从机械规律,而这些必然规律却是由人的建构性理性强加给自然的。只是因为给予自然某种逻辑结构,它对我们才可能。因此,人的理性成了一种形成世界的力量。

人的理性不但是一种建构性力量,也是一种改变性力量。如果说理论理性主要体现理性的建构性力量,那么实践理性便体现为它的改变和重塑的力量。但是,这种改变和重塑不是指物理意义上的改变和重塑,而是指人赋予自然以人的秩序、目标和意义,使之不再自在存在,而是也体现实践理性的目的和反映人的理性形象。康德的政治哲学和历史哲学,尤其是后者,就是为了论证这个思想。

可是,康德哲学的二元论前提从一开始就隐含了事实与价值、应然与实然、主观与客观、现象与本体的截然二分。只服从必然的机械规律的自然界,本身没有内

---

① 康德:《纯粹理性批判》,A642/B670。

② Cf. Yirmiahu Yovel, *Kant and the Philosophy of History*, pp. 128-132.

③ Kant, *Kritik der Urteilskraft*, S. 223.

在或超越的目的，它只是作为一个服从它自己的机械规律的物理事实与我们相对。而另一方面，实践理性的目的并不表现在客观世界，而是体现为人的自由意志；它的实现不是自然的过程，而是理性意志的作用。康德不得不承认，在作为感性东西的自然与作为超感性东西的自由概念之间有着巨大的鸿沟，它们之间不可能有任何过渡。①

从表面上看，作为文化的历史似乎把自然与人的目的紧密结合在一起。通过使用工具、开垦土地、适应气候、改变生态条件等等，人类似乎把自己的目的赋予了自然。其实不然，这只不过是让自然满足自己的物质需要而已。即使是以财产的形式从法律和道德上改变物理自然，从而使自然对象进入社会关系和司法制度中，人的自由意志仍然没有得到实现。另一方面，自然对象还是服从其自身必然性的客观的自然对象。也是由于这个缘故，人类历史本身还是现象领域，与道德领域本身还有无限的距离。

康德对此并不讳言。我们也不能想象作为典型的观念论者的康德会依靠经验来论证世界的统一性。虽然康德很清楚他哲学的二元论前提使得他不得不面对一个分裂的世界，因而是分裂的理性和哲学，但他从未放弃论证世界统一性的努力。毕竟对于他来说，追求世界的统一性的形而上学属于人的天性。世界的统一性，不能通过任何经验的事实来论证，只有通过原理才能证明。在《实践理性批判》中，康德已经试图在内在于道德和经验世界的法则形式中寻找沟通两个世界的中介因素。道德虽然本身是先验的，但却只有在经验世界得到运用才有意义。所以他当时就试图"要在感官世界中发现一种情况，它既然就此而言永远仅仅服从自然法则，却又允许一条自由法则运用于其上，而且应当在其中具体地展示出来的道德上的善的超感性理念也能运用于其上"②。而要证明这种"看似荒唐"的情况实际是可能的，也就是证明自然和道德两个领域是可以沟通的，只有证明自然法则和道德法则之间存在着某种形式上的一致。

然而，这显然是不够的，道德领域与自然领域的内容是非常不同的，前者是自由的领域而后者是必然性领域，它们各自法则形式结构上的某种一致无法消除它们内容上的冲突。所以第二批判实际并没有解决打通这两个领域的问题。康德在

---

① Kant, *Kritik der Urteilskraft*, S. 11.

② 康德：《实践理性批判》，《康德著作全集》（第 5 卷），李秋零主编，北京：中国人民大学出版社，2007 年，第 73 页。

第三批判中试图以目的论图式来解决沟通自然和自由两大领域的问题。在第三批判的第二部分即“目的论判断”部分，康德把目的论用作一个范导性原理来表明，只有在目的论基础上，自然才能被把握为一个统一的系统。

虽然自然规律的具体内容取决于一些偶然因素，但这些要素的融贯性却是惊人的；事实上各种自然规律形成了一个融贯一致的体系。这表明，自然中那些给予的偶然因素与各种合理性结构，也就是内在的合目的性有着某种类同。事物有外在目的(实用性目的)和内在目的。康德目的论注重的是事物的内在目的，或者说，有内在目的的事物，如有机存在者。因为“它的起源的因果性不是在自然的机械作用中去寻找，而是必须到一个由概念来规定其起作用的能力的原因中去寻找，就要求该事物的形式不是按照纯然的自然法则而可能的，也就是说，不是按照仅仅由我们通过知性在应用于感官对象上时能够认识的那些法则而可能的；相反，甚至这形式根据其原因和结果的经验性知识，也是以理性的概念为前提条件的”①。这里说的不是出于自然的机械作用的因果性，其实就是康德说的出于理性的自由的因果性。有机物也是自然物，必须服从必然性，但康德在这里用匿名的自由因果性来规定它的因果性，而且公然说它们不是“按照仅仅由我们通过知性在应用于感官对象上时能够认识的那些法则而可能的”，显然是要模糊自然和自由的明确界限。这还不算，康德紧接着又说：“这种因果性在这种情况下就是按照目的来行动的能力(一个意志)。”②这是已把人的行为特征(按照目的来行动)赋予自然物了。

然而，康德并不想放弃他的自然和自由的根本区分(如果放弃的话，他的整个哲学也就必须放弃了)，所以他不能不承认，有机化的自然只是类似人的活动，虽然我们是根据我们的实践理性能力在类比中观察自然的合目的性原因，但自然目的不是实践目的。③此外，目的论是范导性原理，不具有建构价值，它对自然事物的种种规定不属于自然本身，而只属于我们对自然事物主观的反思判断。再者，目的论现象中的理性模式是认知型的，没有道德意图；而道德行为中的理性模式是实践型的，以道德为目的。④即便作为自己原因和结果的自然目的也根本不是道德目的或实践目的。类比意义上谈论自然的目的论特征并不能打通自然和自由两大领域。

---

① Kant, *Kritik der Urteilskraft*, S. 232.

② Ibid.

③ Ibid., S. 239.

④ Cf. Yirmiahu Yovel, *Kant and the Philosophy of History*, p. 85.

但是,前面已经说过,文化还不是道德本身,文化或人类历史,作为现象,还不是自由的领域,而属于自然的必然性领域。自然本身充其量只是一个为自由的实现做准备或铺平道路的外在的准道德的系统。而作为本体的人是一个自由的存在者,他有一个终极目的,就是成为一个服从道德法则的人。作为道德存在者(本体)的人"就是创造的终极目的;因为若没有这个终极目的,相互隶属的目的的链条就不会被完备地建立起来……整个自然都是在目的论上隶属于这个终极目的的"①。但是,将自然目的论隶属于人这个最终目的,并不能统一自然和道德、必然与自由。对自然的目的论说明是范导性而不是建构性的,它完全不能取代或取消建构性的自然知识。将自然合目的性隶属于人这个最终目的,无非是说自然与道德一样,都由人为其立法,但一为必然的法则,一为自由的法则,分属现象界与本体界,它们有人的主体性这个共同起源不等于它们是没有本质区别的统一体。康德寻求世界的统一性的努力最终是失败了。

康德二元论造成的困境不仅仅是理论的困境,也暴露出他哲学实践本身的困境。从理论上说,康德自己要求自然法则和道德法则最终应该是包含在一个唯一的哲学系统中②,但实际上他的理论哲学和实践哲学分别是两个互补相关的哲学系统,并未构成一个有机的整体。就像世界在康德哲学中是分裂的那样,哲学在他那里也是分裂的。这种分裂不仅暴露出他哲学的缺陷,而且也使他的哲学不能实现其初衷。

康德哲学是有着强烈的现实关怀的哲学,在他看来,哲学的最终目的"无非是人类的全部使命"③,哲学的根本问题是"人是什么"。这个"人",当然不是抽象的概念,而是生活在现实世界中的人。"他所关心的不是普鲁士甚至欧洲社会的特殊性,而是全体人类的命运"④,是人类命运的改善。他说:"我常常觉得,假如我[作为研究者]不想在奠定人权上给大家作些贡献,我就会比那些普通的劳动者更没有用处。"⑤"康德的终极关怀在于道德……他想要证明,即使我们无法认识绝对的实在,但是道德仍然可以对我们要求说它是绝对且不可抗辩的。"⑥可是,既然作为应

---

① Cf. Yirmiahu Yovel, *Kant and the Philosophy of History*, S. 305.

② 康德:《纯粹理性批判》,A840/B868。

③ 同上。

④ 曼弗雷德·库恩:《康德传》,黄添盛译,上海:上海人民出版社,2008年,第322页。

⑤ 转引自上书第167页。

⑥ 曼弗雷德·库恩:《康德传》,第306页。

然的道德和作为实然的现实世界被划分在泾渭分明、无法打通的本体和现象两界的各一边，道德实际上如何对(服从自然法则的)现实生活产生真切的影响？康德的道德哲学最多只是实践哲学范畴中的理论哲学。

但最要紧的还不是康德哲学本身的性质，而是按照康德自己的要求，自由如何通过它的法则所提出的目的在感官世界中成为现实；另一方面，自然形式的合法则性至少与要在它里面造就的目的按照自由法则的可能性相协调。①如果不能妥善解决这两个关键问题，康德哲学就没有达到它自己给自己提出的目标，就是失败的。

康德本人对此当然洞若观火，一直在试图解决这两个关键问题。康德试图让人成为自然这个目的系统的最终目的来解决他哲学的二元论前提造成的这个困境。他论证说："人是世上唯一能够给自己形成一个关于目的的概念，并能通过自己的理性把合目的地形成的诸般事物的集合体变成一个目的系统的存在者。"②人固然是自然目的链条上的一个环节③，但他是唯一能给自己设定目的的存在者，他的道德法则给他先天规定了一个终极目的，这就是追求实现尘世的至善。④"至善"(*summum bonum*)这个概念成了康德解决自己哲学体系上述困境的关键。⑤

四

按照康德的有关论述，"至善"是道德法则给我们规定的终极目的，在世上通过自由实现至善是人的义务。至善的根据是先验的，但它的思想却是经验的，它不是一个彼岸的目标而是一个要在此世实现的目的。至善既有本体的属性，又必须有经验的表现，是一个必然成为实然的应然。早在《实践理性批判》的"辩证论"中，康德就把至善作为实践理性对象的无条件总体加以提出。⑥在那里，他把至善规定为

---

① Kant, *Kritik der Urteilskraft*, S. 11.

② Ibid., S. 295.

③ Ibid., S. 299.

④ Ibid., S. 321.

⑤ 在此问题上，作者深受约威尔在《康德与历史哲学》(*Kant and the Philosophy of History*)一书中有关论述的启发。

⑥ 康德：《实践理性批判》，第 115 页。

德性与幸福的统一。①也就是说，至善是德福一致，它体现先验与经验、本体与现象、理性和感性、道德和自然的统一。但是，在这里，至善还只是就个人人格而言，是某个个人的至善。但是，到了第三批判时，康德就在人类而不仅仅是个人意义上谈至善了："这种福祉就在于理性的尘世存在者的最大福利与他们善的最高条件的结合，也就是说，在于普遍的幸福与最合法则的道德性(Sittlichkeit)的结合。"②这里，至福包括了人类的所有目的：现实生活的和道德的。在《纯然理性界限内的宗教》中，至善不仅"既把我们所应有的那些目的的形式条件(义务)，同时又把我们所拥有的一切目的的所有与此协调一致的有条件的东西(与遵循义务相适应的幸福)，结合在一起并包含在自身中"，而且是"出自自由的合目的性与我们根本不能缺乏的自然合目的性的结合"。③也就是说，至善兼有自由的合目的性与自然的合目的性于一身。或者用《实践理性批判》的话讲，是"自然王国与道德王国的精确一致"④。

虽然至善并非超越者，但它也不是现实者，而是有待实现的义务，在此意义上，它是应然。康德在他的实践哲学著作中几次强调实现至善是道德命令。作为义务，至善不仅包含我所有终极目的(我私人的幸福和德性)，也包含以道德宇宙的最终安排。至善不仅包含理性意志，也包含人的经验意志(追求尘世幸福)，把人的欲望也整合进一个道德对象。配得上德性的幸福被包括在道德意志的共同目的中。在经验意志层面，幸福是一个人与人冲突和分裂的原则，但在道德意志层面，它参与将所有人联合在一起的共同的最终目的，这就是至善。

但是，至善又不是一般的应然，它始终有经验的要素，这就是一般意义的自然(康德主义指人与社会的自然，即文明；但也包括物理自然，就它进入人的行动，受人控制而言)。⑤康德在第三批判中把至善叫作"理性存在者在道德法则下的实存"⑥。按照约威尔的说法，"在……法则下的实存"是标准的康德对自然的定义。⑦"在道德法则下的实存"既然是"实存"，就是指人的经验存在，也就是说，上述至善

---

① 康德：《实践理性批判》，第118页。

② Kant, *Kritik der Urteilskraft*, S. 325.

③ 康德：《纯然理性界限内的宗教》，第6页。

④ 康德：《实践理性批判》，第154页。

⑤ Cf. Yirmiahu Yovel, *Kant and the Philosophy of History*, p. 68.

⑥ Kant, *Kritik der Urteilskraft*, S. 314.

⑦ Cf. Yirmiahu Yovel, *Kant and the Philosophy of History*, p. 69.

的定义表明,人在服从道德法则的同时,也服从自然法则。至善指一整个世界。“至善是一个世界的名称,在此世界中,道德的法则性即支配了所有个人的主观态度,从而构成一个普遍的伦理共同体,也支配客观的,人们在其中生活和行动的经验领域。”①

其实,至善是应然和实然在时间中的统一。在第一、第二批判中,康德倾向于把至善看作是一个超越于我们的现实世界,与之分开的一个世界,是批判哲学和理性版的来世概念。但从第三批判开始,康德的思想变了,至善成为“创造本身的终极目的”②,这个世界的完美状态。它的实现便是“上帝在地上的国”③。但是,至善的实现无限遥远,虽然它包含道德意志和经验实在的综合统一,这种综合统一永远有待在无限的时间中实现。至善与所予世界不是两个不同的世界,而是两种状态,即当下的状态和理想的状态。因此,至善是一个历史目标,但只是作为范导性理念的历史目标。④

作为范导性理念的至善,不可能真的统一道德和自然两个世界,尽管康德把它叫作“道德自然”。它有经验自然的成分,但它是理念而不是经验,是理想而不是现实。再者,道德自然充其量是指人类社会,而不能包括物理自然。但不管它是哪种自然,只要它不是超感性的自然(根据康德对至善的规定,它既不是单纯的感性自然,也不是单纯的超感性自然,而是二者的统一),在康德哲学中,它就不是原本的自然(*natura archetypa*),而是摹本的自然(*natura ectypa*)。⑤它的摹本性质表明它只是一个超越的原本的自然在感性世界中的体现,但它不是那个超越的超感性自然本身,而是与之有不可逾越的鸿沟。如果至善如约威尔所言是范导性的历史理念,是历史的顶点的话⑥,当康德强调文化无论如何不是道德本身时,他实际已经承认,就像圆的方不能把圆和方实际统一在一起一样,“道德自然”也不能把道德和自然实际统一在一起。要主张这两个领域最终统一为一,理性是无能为力的,因为正是它主张道德与自然是两个完全不同的领域,必须有一个超越的理由和根据。

---

① Cf. Yirmiahu Yovel, *Kant and the Philosophy of History*, pp. 71-72.

② Kant, *Kritik der Urteilskraft*, S. 303.

③ 康德:《纯然理性界限内的宗教》,第 137 页。

④ Cf. Yirmiahu Yovel, *Kant and the Philosophy of History*, p. 72.

⑤ 康德:《实践理性批判》,第 47 页。

⑥ Cf. Yirmiahu Yovel, *Kant and the Philosophy of History*, p. 75.

另一方面，将至善理解为人类历史必将实现的终极目的显然是一个独断论的主张，如果没有对其可能性的证明的话。现实的历史充满了苦难和罪恶，康德对此从不讳言。他之所以将历史理解为一个不断向善，或者至善逐渐得以实现的过程，并不是出于进化论的思想，而是出于目的论。这个宇宙论意义的目的论，也必须由一个超越者来为它背书。总之，康德哲学自身的逻辑使他不可能用先验理性演绎的方法来论证自然和道德、实然和应然的统一，论证至善的可能性，即世界的统一性和合理性。人最终能把世界改造成一个"最好的世界"①，他只能通过设定一个超越的根源来解决这个他的哲学从一开始就注定不可能解决的问题。为此，必须设定上帝，更进一步说，上帝的实存。②

五

康德当然知道，现实世界对道德法则无感，甚至还是它们的障碍。它的经验法则完全取决于偶然的材料，并不服从理论的设计或理性主观的控制。虽说天道无亲，常佑善人，实际却是往往好人无好报，现存世界的种种常常既伤害个人也伤害社会。从自然法则的观点看，"道德上绝对必然的行动在物理上被视为完全偶然的（也就是说，那应当必然发生的事常常并不发生）"③。但至善的基本规定就是德福一致（但康德在第二批判中已经承认这在经验世界中是不可指望的④），人最终能根据道德法则来改变世界，可他又对自然法则除了服从毫无办法，这可说是一个实践的悖论。康德自己对此悖论是这样描述的："在他们里面一个作为义务提出的终极目的，与他们之外的一个没有任何终极目的，尽管如此那个目的又应当在其中成为现实的自然，是相互矛盾的。"⑤那么，作为义务的至善究竟是否可能？上帝的设定，就是对这个问题做出肯定的回答，就是为了保证至善的可能性。

在康德看来，人是有局限的生物，无论在知识和行动能力上，人都是有限的。

① 康德：《实践理性批判》，第133页。

② 同上，第132页。

③ Kant, *Kritik der Urteilskraft*, S. 269.

④ 康德：《实践理性批判》，第153页。

⑤ Kant, *Kritik der Urteilskraft*, S. 331.

人的这两方面的有限性导致他无法在自然领域和道德领域之间建立起内在的联系。这就需要设定一个超越的力量——上帝来帮助人克服他的局限,使自然服从他的目的。这个力量包括自然和道德,是一切二元对立的原始统一。它也是人种种能力的本源,它保证人有能力在世上实现至善(这个至善是摹本的自然,它是上帝这个原本的自然的摹本)。有了这个设定,理性与经验、应然与实然的相遇不再是偶然的,它们实际的统一就有了形而上学的基础。①

然而,康德设定的上帝完全不是传统神学意义的上帝,他既不是道德律令的作者,也不是爱与敬畏的对象,不是宗教的对象。它不是无所不能的,它不能干预自然规律,它对自然与道德都没有直接的影响,它的价值就是人类的价值。说白了,康德之所以需要这个设定,是为了解决他理论的二元论前提所造成的困难。“如果康德的体系不是从严格区分自发的内容与接受的内容出发的话,就不会需要这个设定,无论它被表象为上帝还是别的什么。”②在《纯粹理性批判》中,康德为了沟通感性与知性,提出了图式论。他设定的上帝在他的体系中其实也是一个图式,只不过沟通的是自然和道德两大领域。作为自然和道德的共同根源,上帝使得异质的它们可以在一个共同基础上协调一致。上帝本身并不实现至善,而只是保证至善的可能性和人有实现至善的能力。历史的主体与知识的主体一样是人,而不是上帝。康德在他的宗教哲学著作中对此说得很清楚:

> 造就一种道德的上帝子民,是一件不能期待由人来完成、而只能指望由上帝来完成的工作。但是,也不能因此就允许人对这件工作无所作为,听天由命,就好像每一个人都可以只致力于他在道德上的私人事务,却把人类(就其道德上的规定性而言)的事务的整体托付给一个更高的智慧似的。毋宁说,他必须这样行事,就好像所有的一切都取决于他;只有在这个条件下他才可以期望,更高的智慧将使他的善意的努力得到实现。③

正如约威尔所言,康德神的学说是为严格人的利益服务的。康德体系的最终对象不是上帝,而是被理解为历史实现的理想的至善;上帝的存在只是一个辅助性

① Cf. Yirmiahu Yovel, *Kant and the Philosophy of History*, pp. 90-91.

② Ibid., p. 116.

③ 康德:《纯然理性界限内的宗教》,第 101 页。

命题，它的意义就在于至善是可能的且可以在历史中实现的。“上帝被明确变为人的助手。”①“藏在传统宗教术语后面的是世俗的历史进步和自然中的道德合目的性。”②就这样，康德让人上升到神的地位，他上帝的设定恰恰是让人悄悄地篡夺了上帝超验的全能。一位当代德国哲学家这样来形容康德哲学：

> 康德自己运用了一种聪明的方式来替代形而上学：他并没有以绝对确定的附庸身份去分享虚幻的财富，取而代之的是，这位哥尼斯堡的大哲选择以展现其自身权利的主人这个身份来掌握一种澄清的能力。这有时会被误解为在更高要求面前的听天由命，然而这种听天由命的特征在康德动机的核心处着实没有起到任何作用。他的罗盘坚定不移地指向自主(Souveränität)。③

设定上帝的存在不是为了任何超验形而上学，而是为了先验哲学本身的超验需要：需要上帝这样的超验设定来保证体系的最终完成。当然，这种与其批判哲学原理相矛盾的做法不可能成功。他把在理论哲学中否定的人的能力加以无限化以后赋予他设定的上帝。但是，他的体系需要这么做不等于这么做是对的，更不等于这么做是成功的。

其实，康德自己也承认，理性无法客观地决定我们表象至善的可能性的方式，即究竟是根据普遍的自然法则而无须一个掌管自然的智慧的创造者，还是在预设这个创造者的条件下来表象它，理性不能客观地决定。从客观上说，我们设想善是可能的方式是由我们选择的，是出于纯粹实践理性的兴趣。④说到底，上帝只是实践理性的一个信念。由此主观信念保证的至善及其在历史中的实现，只能是一厢情愿的主观愿望。康德自己公开承认：“我们不能在客观上阐明‘有一个有理智的元始存在者’这个命题，而是只能为应用我们的判断力反思自然中的目的时主观地阐明它。”⑤也就是说，为了说明自然目的论，以及进一步，自然中的道德合目的性，就不能不设定一个假定是设计和创造了它们的外在的理智创造者的存在，这是一

---

① Cf. Yirmiahu Yovel, *Kant and the Philosophy of History*, p. 116.

② Ibid., p. 109.

③ 彼得·斯洛特戴克：《哲学气质——从柏拉图到福柯》，谢永康、丁儒亢译，桂林：漓江出版社，2018年，第62页。

④ 康德：《实践理性批判》，第154页。

⑤ Kant, *Kritik der Urteilskraft*, S. 264.

个主观的过程。

但是，早在第一批判讨论对上帝存在的自然神学证明时，康德就已经指出这种推论过程在逻辑上是有缺陷的，它是自然理性以与人类技艺相类比的方法产生的：

> 自然理性是从某些自然产品与人类技艺在对自然施加暴力、并强迫它不是按照它的目的来运作而是服从于我们的目的时所产生的东西的类比中……推论出正是这样一个原因性即知性和意志将成为自然的根据，如果自然理性还把那自由地起作用的自然（它使得一切艺术乃至也许还使得理性首次成为可能）的内部可能性从另外一种哪怕是超人类的艺术中推导出来的话，而这种推论方式也许会不能经受起严格的先验批判。①

现在康德虽然不是类比人类技艺来推出上帝的存在，但同样是根据“我们的目的”推出自然目的论及其道德合目的性的根据；同样是从客观设定的自然的道德合目的性推出纯粹主观的上帝观念，虽然这是一个完全没有宇宙论意义，也没有神学意义的上帝。但不管怎么说，康德的上帝设定正是他“我的兴趣不可避免地规定着我的判断”②的一个典型例子。但是，主观兴趣的产物毕竟无法真正解决他体系客观的困难。

作为康德哲学核心内容之一的至善，不能建立在主观任意的设定基础上，而应该从体系本身得到充分支持。但是康德的体系不但不能提供这种支持，而且还会从根本上否定康德关于至善的设想，除了上帝这个设定外，康德哲学根本不能证明自然与道德有任何的内在协调和一致；相反，它实际上是以它们的根本区分为出发点的。并且，正如约威尔指出的：“哥白尼式的革命是反对赋予上帝在体系中的一个决定性作用的。”③因为康德把传统形而上学赋予上帝的功能——确保知识、规定道德命令、沟通身心等等都转到了主体一人身上了。只有在要证明自然与理性的最终类同，证明至善不但可能而且必然会实现这点上，康德又回到他反对的旧形而上学的老路，乞灵于 *deus ex machine*（万能的神）了。当然，在设定上帝存在时，

① 康德：《纯粹理性批判》，A626/B654。

② 康德：《实践理性批判》，第 152 页。

③ Cf. Yirmiahu Yovel, *Kant and the Philosophy of History*, p. 275.

康德一再声明,他设定的上帝完全不是传统那个有着神圣的理智和意志的独立的、超感官的实体。但这样一来,他的"上帝"也就只是有一个不太确定的规定的"某物",这个"某物"确保至善是可能的。但"说至善是可能的与说有'某物'使它可能是同一回事"①。

康德要解决他哲学的二元论基础造成的困境的努力最终失败了,他的失败为后康德哲学的发展指示了一个共同的方向。然而,由于康德哲学乃现代性思维的经典范例,所以它的内在困难只有部分专业哲学家才重视,而它的错误前提,却仍然构成了普通现代世界观的基本预设。事实与价值的二分,当属这些预设中最深入人心且最不易动摇者。事实与价值二分是现代性的经典思维范式②,有人认为事实与价值的区分源于休谟"是"与"应该"的区分③,但它的哲学基础无疑是康德哲学予以奠定的。康德哲学的现象与本体的二元结构是上述事实与价值二分思维范式的存在论基础;而自然领域和道德(自由)领域的二分则直接导致了事实与价值的二分。与此二分相应,人们相信,科学处理的是服从自然必然性的事实,而道德则与价值有关。我们只能认识事实,对价值则只有信仰。因此,只有科学知识,没有道德知识;后者留给了信仰。然而,人如果本身是一个统一体而不是分裂的话,那么他的经验也应该是统一的。可是,自然与自由、知识与信仰、事实与价值的二分,分明表示现代人的经验是分裂的。这种分裂的结果不是康德设想的世界在道德基础上的统一,而是相反,道德在必然性的压迫下日渐虚无,在现代性条件下,事实与价值二分的最后结果将会是,只有事实,没有价值,或者说,事实是唯一的价值。④

作者单位:复旦大学哲学学院

---

① Cf. Yirmiahu Yovel, *Kant and the Philosophy of History*, p. 276.

② 真、善、美截然三分是此二分的逻辑结果。

③ Cf. Stanley Rosen, *Nihilism: A Philosophical Essay*, New Haven and London: Yale University Press, 1969, p. 59.

④ 根据斯坦利·罗森在他的著作《虚无主义》中的分析,事实与价值二分的哲学基础将使得事实与价值既是不合理的,也是无价值的。Cf. Stanley Rosen, *Nihilism: A Philosophical Essay*, p. 71.

The Dilemma of Dualism in Kantian Philosophy Viewed from Kant's Philosophy of History

Zhang Rulun

Abstract: What Kant pursued all his life was a worldview and philosophical system that was bound to be unified with freedom. However, the dualistic presupposition of his transcendental philosophy made it difficult for him to achieve this goal. In *The Critique of Judgment*, Kant tried to unify the natural world and the moral world with the concept of purposiveness, but was unsuccessful. In order to solve the problem of the division between the world and philosophy, he tried to use the philosophy of history as a schematism to prove the unity of nature and freedom. This effort also failed due to the dualism presupposition of his philosophy. He also tried to make people become the ultimate goal of nature as a system of ends, so as to solve the difficulty caused by the dualistic premise of his philosophy. As the ultimate unity of moral will and empirical reality, the concept of "the highest good" will guarantee the ultimate unity of the world. God is the guarantee of the possibility of the highest good itself. But for him, God is only a teleological setting, at best, it is an "ought" that does not include "is", and it cannot overcome the world division caused by modernity itself.

Keywords: Kantian philosophy, Dualism, Philosophy of History, Purposiveness, The Highest Good, God, Modernity

黑格尔论理性的困境与出路*

庄振华

摘　要：广义上的理性，无论像传统形而上学中那样作为通达永恒秩序的手段，抑或如经验论或批判哲学所见的那般作为人类局限性的体现，都没有动态性的"困境"可言；然而如果人们深察理性的历史面向，比如它作为前现代的素朴独断与作为现代性的自我强化的一面，就无法忽视理性在历史上的诸般弊端，如分裂、外在化、个体化、二重化。黑格尔并不认为这是理性不可摆脱的宿命，而是将其当作一定条件下产生的困境。他青年时期便深感理性在现代陷入种种分裂，在《精神现象学》中更是从义理与历史两方面展现了理性困境的内涵、来源与整体影响，而《逻辑学》的"本质论"则将这一思考系统化，并预示了思辨的概念逻辑这一出路。本文结合"思想对待客观性的三种态度"，简要介绍黑格尔这一思想历程。

关键词：黑格尔　理性　反思　《逻辑学》

现代生活无论表现为启蒙还是反启蒙，其坚守或批判的中心无不是理性及其系列衍生物（如工具/价值理性、理论/实践理性、意识/潜意识等等）。对理性的特质与局限的反思归根结底必然是对现代生活本身的反思，而不是在现代生活方式这一前提下的学派之争。如果在单纯的学派意义上争执，便很难对理性本身进行深度反思，反而会认为此类反思是神秘又抽象的思辨游戏，远离了现实生活。

黑格尔对理性的反思便属于最深刻的一类。他自青年时代以来就发现了理性的分裂、外在化、封闭化、自我固化等现象，此后不断深入近代理性的困境，并寻求出路，到《逻辑学》达乎极致。黑格尔由此反观到费希特为止的整个西方哲学，历史

---

* 基金项目：本文系国家社科基金年度项目"黑格尔逻辑学视域下现代理性的自我调适研究"（批准号：20BZX090）的阶段性成果。

上的种种思想自然纤毫毕现。正如其他大哲学家对哲学史的评价一样，黑格尔的这个探索历程或许不无偏见，但却是我们了解与反思现代性时不可或缺的宝贵资源。本文借助黑格尔的若干文本（《小逻辑》[①]的“绪论”、部分早期论著、《精神现象学》第五与第六章、《大逻辑》[②]的“本质论”），首先澄清黑格尔在何种意义上探讨理性的困境与出路，然后介绍上述探索历程，以为学界之参考。

一、何言困境？何种出路？

在人们通常的印象中，近代似乎是一个彻底肯定理性的时代，我们很难想象尼采、弗洛伊德、萨特会出现在近代。作为形而上学的顶峰，黑格尔哲学似乎只是理性空前绝后的集大成形态，根本谈不上反思理性。这种刻板的印象往往还因为一种大而化之的历史对比而得到强化：从一个被脸谱化的中世纪形象（理性与自由得不到伸张的“黑暗时代”）出发反衬近代哲学，我们只觉理性的可贵，它在社会、经济、法律、政治、道德等方方面面塑造了现代生活，使我们进入一个“有序”而“澄明”的时代。拥有理性的人在这个时代备感尊荣，“保卫”理性似乎也成了现代人的道德义务。这样一来，我们对理性仿佛只许感激涕零，根本无须反思。在这种情形下，理性有何困境可言，又何须寻找出路？

事实上近代早期思想家对人类理性的高扬绝非孤明先发，西方历史上对理性的重视是一以贯之的。有趣的是，历史上对理性的批判之声也从来都不绝于耳。单就近代而论，由于理性具有了历史上空前绝后的自我强化的特征，对此有所警觉的帕斯卡尔、休谟、赫尔德、雅可比便纷纷起而加以批判。只不过这类批判大都不太系统，而且虽然表面上与理性相“攻错”，客观上却对后者起了补充乃至巩固的作用。即便像康德这样深刻的哲学家，在对现象与自在之物做出关键区分，认为最高的理念只能归诸理性时，也只将理性当作人类的一种主观机能。近代思想家中将理性作为现代的生活方式与世界的构造方式加以彻底反思的，只有谢林、黑格尔等极少数思想家。一个不争的事实是，他们的这方面思想在不同的方向上启发了后世哲学家对现代性的反思，遂使我们认识到，自我独立、自我强化乃至自我封闭的

---

① 指《哲学科学全书纲要》中的《逻辑学》（严格翻译应为《逻辑科学》，暂从通行译名）。

② 指中学校长时期与海德堡时期出版的单行本《逻辑学》（同上，暂从通行译名）。

理性是现代性的核心要素，对现代性的任何反思都离不开对这种理性的反思。

黑格尔素来对此有高度的自觉。在梳理他对理性的探究历程之前，我们要先弄明白，在他看来历史上理性的种种形态有何局限。为此我们不妨借助他的一份文本，了解一下他对前人和自己在这一问题上的"定位"，那就是《小逻辑》"绪论"中关于"思想对待客观性的三种态度"的探讨。①这部分论述看似只关心"客观性"②这个问题，实际上非常重要。从形式上看，它在《小逻辑》中占了53小节和全书近五分之一的篇幅③，又是统领全书的"绪论"的主体。从内容上看，"客观性"恰恰是黑格尔最关心的一个问题，它指的是达到了德国观念论"思有同一"高度的客观性，而非普通实物意义上的客观性(那样的客观性或者只是定在，或者只是实存)，认识到这种客观性的思想方可称作"客观的思想"。而在黑格尔看来，以往的思想都没有达到这样的高度，因为"**客观思想**这个术语表示**真理**，这真理应该是哲学的绝对**对象**，而不应该只是哲学追求的**目标**"④。而在以往的思想史上，将真理当作目标而非对象的做法却似乎是主流。

黑格尔的整个论述堪称一部小型的哲学史，这里蕴含了黑格尔对到费希特为止的前人思想的一些基本判断。但严格来说，黑格尔在这里并不是在给整个哲学史进行历史分期和完整叙述，因为他只是按照对待客观性的三种态度，将历史上的部分——而非全部——哲学进行大致的归类。如果撇开细微的历史考证，只将这三种态度当作为展示黑格尔本人的逻辑学所用的一些"理想类型"，我们不难发现这里的大致线索：在古代、中世纪以及近代唯理论中，第一种态度更为盛行；近代经验论与康德、费希特的批判哲学属于第二种态度；作为对观念论哲学的反动，雅可比"直接知识"学说则属于第三种态度。纵观三种态度的分疏，可以发现黑格尔实际上是以康德批判哲学为界标在判别各种哲学，黑格尔对它论述得最细致(雅可比

---

① 近来西方学者亦颇关注黑格尔的这一探讨的深刻意义。参见 Hegel, *Der "Vorbegriff" zur Wissenschaft der Logik in der Enzyklopädie von 1830*, hrgs. v. Alfred Denker, Annette Sell und Holger Zaborowski, Freiburg/München: Verlag Karl Alber, 2010。

② 客观性在黑格尔逻辑学中是存在在"概念论"层次的表现——后者在"存在论"和"本质论"层次的表现分别是定在(Daseyn)和实存(Existenz)。正如后文的解析表明的，黑格尔列举的三种态度实际上都局限在"本质论"的层次，都没有做到在合适的层次("概念论")上看待客观性。

③ Hegel, *Enzyklopädie der philosophischen Wissenschaften im Grundrisse. Erster Teil. Die Wissenschaft der Logik*, mit den mündlichen Zusätzen, Frankfurt am Main: Suhrkamp Verlag, 1970, S. 93-168.

④ Ibid., S. 91.

的态度只是对批判哲学的一种反拨,如果没有批判哲学,这种反拨是不可理解的)。通过下文中的解析可知,在黑格尔看来批判哲学最主要的缺陷是主观化,因此他称之为"主观观念论"。相较之下,他将他自己的态度称作"绝对观念论"。这种态度毋宁将康德认为属于人的主观分疏的"现象—自在之物"结构当作事物本身的分疏①,它不属于前述三种态度中的任何一种。简而言之,在黑格尔看来,他之前的整个哲学史都没能正确理解客观性,而能否正确理解客观性恰恰决定了我们能否真正进入《逻辑学》。

何谓以批判哲学为界标判别各种哲学?简单说就是看各种哲学是否认识到了事物的观念性,是否承认事物的客观性以这种观念性为前提。以常识来衡量,这是一种匪夷所思的想法:客观事物既然是客观的,如何会以观念性为前提?好在康德"哥白尼式的革命"流布已广,稍有哲学史知识的人们都不会认为上述想法是奇谈怪论。康德首先抉发的一种观点几乎已成现代哲学的基石,无论观念论哲学、生命哲学、现象学、存在哲学抑或分析哲学,都是承认它的:人类只能理解他所能构造的东西,反之事物也只能遵循人类知识的构造方式在生活世界中显现。但不太为人所注意的是,就在康德于《纯粹理性批判》"第二版序"中明确将他自己的工作与哥白尼的相比之前,他还谈过数学与自然科学在历史上早就完成了类似的工作。比如说,"那第一个演证出**等边三角形**的人(不管他是**泰勒斯**还是任何其他人),在他心中升起了一道光明;因为他发现,他不必死盯住他在这图形中所看见的东西,也不必死扣这个图形的单纯概念,仿佛必须从这里面去学习三角形的属性似的,相反,他必须凭借他自己根据概念先天地设想进去并(通过构造[Konstruktion])加以体现的东西来产生出这些属性,并且为了先天可靠地知道什么,他必须不把任何东西、只把从他自己按照自己的概念放进事物里去的东西中所必然得出的结果加给事物"②。而自然科学家们也明白,"理性只会看出它自己根据自己的策划所产生的东西,它必须带着自己按照不变的法则进行判断的原理走在前面,强迫自然回答它的问题,却决不只是仿佛让自然用襻带牵引而行;因为否则的话,那些偶然的、不根据任何先行拟定的计划而作出的观察就完全不会在一条必然法则中关联起来了,但这条法则却是理性所寻求且需要的"③。这就是说,无论数学还是自然科学,

① 关于绝对观念论与主观观念论的区别,参见 Ibid., S. 122-123。
② 康德:《纯粹理性批判》"第二版序",邓晓芒译,北京:人民出版社,2004 年,第 12—13 页。
③ 同上,第 13 页。

它们研究的根本就不是世界上那些具体的形状、单位和杂多现象,它们的对象与方法都是理性的东西,比如抽象的几何形状、数字和自然规律以及与之相应的各种推论方式,后面这些东西在自然界中永远无法直接找到,只有人的理性才能认识。当然,康德还提醒我们不要走入另一个极端,仿佛这些东西完全是人在内心向壁虚构的:物理学的革命归功于那样的一闪念,即"依照理性自己放进自然中去的东西,到自然中去寻找(而不是替自然虚构[anzudichten]出)它单由自己本来会一无所知、而是必须从自然中学到的东西"①。可见康德常说的"理性放进自然中去的东西",并不是理性凭空虚构出来然后硬塞入自然的东西,它不是虚构(andichten),而是构造(konstruieren)了自然的形式结构,亦即将自然中可为理性所理解的形式结构有条理地理解并表述出来了。这绝不同于反映论所以为的"照镜子",而是同时意味着两个方面:一是理性无论探索到哪里,都只能把握到合乎理性的东西;二是世上的事物无论如何被我们深入研究,都只能以合乎理性的形式结构呈现,否则就不会被现代人承认。理性不是任意而为的理性,事物也不复是前人理解的那种素朴的、直接的事物了。换句话说,理性与事物都只能走在这条合理性(或可理解性)的轨道上,从此以后,把握上述形式结构就成了德国哲学的根本任务。沿着这个线索,我们再看"哥白尼式的革命"中的另一个问题,就不难索解了:与我们通常关于"康德高扬主体性"的刻板印象不同的是,哥白尼分明将问题的重心从地球转移到太阳了,既然如此,康德为何还要将哥白尼引为同道?这是否反过来表明我们对康德的印象也不尽准确呢?其实康德欣赏哥白尼的并不是什么主体性的张大,而是他敢于将理性所能把握到的"太阳—地球"关系模式(或曰太阳与地球关系中的可理解性)设定为我们日常观察与科学观测的基础,而不是像以往的人们那样,仅以直接的感知与观测为依据。

或许是受到康德这方面思想的启发,新康德主义者卡西勒在他著名的文艺复兴研究中发现,达·芬奇、伽利略等文艺复兴哲人关于"自然之书"的思想早就认识到了理性与事物二者都以合理性为共同根据,比如伽利略就说过:"哲学是在我们眼前的自然这部大书中写就的,但这部书无人能读,除非他先学会破解这部书撰写时采用的那些密码,即数学图形及其必然的结合。"②这体现出近代自然科学在起

① 康德:《纯粹理性批判》"第二版序",第13—14页。

② Cf. Ernst Cassirer, *Individuum und Kosmos in der Philosophie der Renaissance*, Berlin: Springer Fachmedien Wiesbaden GMBH, 1927, S. 165.

初进行数学公理化时就有深刻的义理依据了。从这个大背景来看,近代以来的各门科学似乎有个整体规划,那就是以世界的合理性或可理解性为线索,在世界内部寻求一整套可为理性把握的形式结构作为世界的真理。这样看来,康德的"革命"其实既非空前,亦不绝后,只不过相比于前人,康德在哲学上做得最深刻、最系统而已——可能有鉴于此,黑格尔才拿他作为判分三种态度的界标。

众所周知,韦伯有所谓现代世界的"合理化"与"祛魅"之说,殊不知那可能只是近代思想的大洪流退潮之后留下的一些比较显眼的滩涂沟壑罢了。相比之下,作为德国古典哲学中坚的黑格尔要深刻得多。和已经跨入现代思想对理性的怀疑大潮中的韦伯不同的是,黑格尔在坚持世界的可理解性这一点上与近代以来的整个规划是一致的,但这并不妨碍他深刻洞察到理性与世界关系中的种种悖谬难解乃至自造陷阱的现象——正因此,他对理性出路的寻求便更值得重视了。

我们先从他对前述三种态度的分疏说起。第一种态度是"一切初期的哲学,一切科学,甚至日常行为和意识冲动"的素朴态度,黑格尔常称之为"旧形而上学"。它抱持一种信念,即"通过**事后思索**就可以**认识到真理**,将真正是客体的东西带到意识面前来"①,思维凭着这种信念,以为它感觉和直观到的内容直接等同于思想的客观内容,等同于客观世界,也等同于真理。综合后文中对另两种态度的描述来看,这里所谓的"一切初期的(anfängliche)哲学"指的是近代早期以及更早的大部分哲学,比如黑格尔还说,"这种哲学思维最确定的、紧邻我们的发展形态,就是像在康德哲学以前在我们中间通行的那种**从前的**(vormalige)**形而上学**"②。初读黑格尔对这种态度的界定,难免以为这就是人们通常所理解的那种"反映论"或"经验论"(经验论恰恰被黑格尔归入第二种态度)。其实正如前文中说过的,严格说来黑格尔这里并不是在写哲学史,他无意于将康德与经验论之前的前人全部归入某个"学派",比如他在对这种态度的探讨的末尾就明确说,柏拉图和亚里士多德绝不属于此类③,而在谈到莱布尼茨充足根据律时,他也赞扬莱布尼茨已经达到了"概念论"的层面④。这里的第一种态度只是黑格尔制造出来的一个"理想类型",它只有与第二种态度相比才是有意义的。说到底它只是一种信赖思维的直观内容具有客

---

① Hegel, *Enzyklopädie der philosophischen Wissenschaften im Grundrisse*, S. 93.

② Ibid.

③ Ibid., S. 106.

④ Ibid., S. 251.

观性的朴素态度,它认为人直接感知到什么,客观世界就是什么样的,人只需要事后对这感知内容做点抽象总结的工作,就可以得到真理了。换句话说,它还没有像第二种态度那样开始反思认识本身,没有像后者那样发现人的一切认识只是理性化的成果,并不直接等同于客观事物,因而并不具有直接的客观性。在这个意义上看,近代早期以及更早的许多哲学,尤其是康德眼中的独断论,的确对自己心目中的客观世界有一种素朴的信任①,并不认为那只是人所认识到的世界,都还没有开始康德与经验论(尤其是怀疑主义的经验论)的那种自我反思。

表面看来,第一种态度认为思维直通现实事物,但黑格尔洞察秋毫,认识到这种态度只是在知性思维中描绘事物的种种合乎知性要求的图景。换言之,它根本没有触及事物本身,只是在与它自己的思维打交道,而且对这一点不自知。黑格尔说,这种态度的优点是,经过发展,已经认识到抽象的知性思维是客观事物的本质;其缺陷是坚守知性的抽象同一性,即坚持认为本质性东西是本质性东西,非本质性东西是非本质性东西,而无法设想具体的同一性,即无法设想具体事物的同一性中总是含有差异性。换言之,它根本无法理解具体事物,因为具体事物的同一性总是具体的同一性。反过来说,它只能设想一种固守自身界限、与各种有限事物相对立的无限性,即只能设想一种有限的无限性,因而它永远无法设想具体的无限性,或曰真正无限的无限性。②

黑格尔将经验论与批判哲学归于第二种态度之下。维护康德、费希特的人可能对于黑格尔将批判哲学与经验论归为一类感到愤怒,因为康德早就以克服经验论的怀疑论为己任,也自信完成了这一任务,站在比经验论更稳固的基础上了。但不得不承认的是,黑格尔在以下几方面对经验论与批判哲学的相似之处的分析还是令人折服的:它们对思维不能触及事物本身这一点有了自觉,而且多多少少开始限制人类理性的作用范围;与此同时,它们不再像旧形而上学那样,直接将思维中的东西认作符合于客观事物的,因而以其为真,而是承认现实事物本身才是真的,尽管思维不一定能达到这真理;而在方法上,它们并不知道自己和旧形而上学一样陷入了知性思维,尽管这种知性思维显得很科学、很谨慎,将“恺撒的归恺撒,上帝

① 一些貌似消极的思想形态其实也是建立在对其心目中所以为的事物本身的信任之上的,比如古代怀疑论与中世纪否定神学大体上都是在质疑和节制人的认识能力,他们绝没有将世界卷入人的认识之中,并在其中寻求某种确定性结构的意图。

② Hegel, *Enzyklopädie der philosophischen Wissenschaften im Grundrisse*, S. 106.

的归上帝”。

黑格尔对经验论的一个总体判断是，它的优点在于开始将现实事物（而不是思维）认作真理，但它的缺陷在于使用了形而上学的知性方法而不自知，对形而上学的范畴没有批判就直接使用，这主要表现为它对知觉和分析方法的信赖。经验论认为将知觉中的各要素分析出来，就能得到关于对象的普遍知识，仿佛这只不过是将具体对象中原本合拢在一起的东西一个个拆分出来，对象本身的客观性在这个过程中并无损害。殊不知经过这样的分析，具体的无限性和客观性就消失了，剩下的只是一些主观的抽象东西。[①]比如说，经验论通过分析我们的知觉得到的颜色、重量、大小等要素，其实一经脱离具体事物并被建构为知识，就都成了主观的抽象东西。如果说旧形而上学的关注点最终落在上帝、自我等“无限的材料”上，经验论的关注点则落在“有限的材料”上。[②]经验论虽然对旧形而上学的那些“大词”的虚妄性（主观性与局限性）有所警觉，但当它埋首于具体知觉，以为对象既然是有限的、无可否认的明晰知觉，那就大可放心地对这种知觉进行分析，此时它却重新落入了旧形而上学知性方法的窠臼。究其原因，二者无论瞩目于无限的东西还是有限的东西，只要它们将对象当作“材料”，任由思维在此前提下活动，就必定会陷入主观的知性抽象物而不自知。

而批判哲学则以对理性能力的反思见长。我们试看批判哲学是否能摆脱与事物本身相隔绝（旧形而上学）或离开事物本身滑入主观抽象之中（经验论）的命运。康德的批判哲学虽然还没有像费希特那样进入思维规定本身的内容，没有尝试让思维规定本身运动起来，而只是就思维规定如何为主体所用、如何建构现象而言，对这些内容进行主观演绎和客观演绎，但这些演绎终究只是主观活动。“这个批判没有进入这些思维规定的**内容**和它们相互之间的特定关系本身，而是按照**主观性**和**客观性**的一般对立来考察它们。……但批判哲学把这个对立扩大到这样的程度，以致经验的**整体**，即那两种要素一道，都落入**主观性**中，除了**自在之物**以外，没有任何东西还与主观性相对立。”[③]这就是说，康德虽然在有限的意义上承认思维规定在作为现象的客体上体现出来，具有客观性，但在根本上，整个现象世界连同它的种种规定终究是人类的主观建构——虽然这种建构不像个人起起灭灭的主观

---

① Hegel, *Enzyklopädie der philosophischen Wissenschaften im Grundrisse*, S. 109-110.

② Ibid., S. 110.

③ Ibid., S. 113.

思绪那么主观。康德在此前提下的确完成了对日常看法的一个重要的纠偏工作，即改变通常人们认为"感官对象独立不依，而思想则依赖他物"的看法，表明事实恰恰相反，感官对象是依赖性的东西，而思想则是真正独立的和原初性的东西。[①]总而言之，黑格尔赞扬康德发现了客观事物(现象)的观念性。这的确是一项前无古人的工作，但黑格尔认为康德做得还不够。在黑格尔看来，不仅现象具有观念性，事物本身也具有观念性，而且这种观念性体现为范畴与范畴之间一个深浅有别、连贯有序的整体，也就是说，范畴不仅仅是为了主体建构现象所用的方法，而是我们的生活世界本身的存在方式。后者是第一位的，只有在它的基础上，主体的活动才是有意义的。

费希特的知识学试图在这方面有所推进。"**费希特**哲学仍有一大功绩，那就是它提醒了我们，必须揭示出**思维规定**的**必然性**，必须在本质上**推导出**它们。"所谓从本质上推导，指的是"一般思维规定或常见逻辑素材，即概念、判断、推理的各个**种类**，不再仅仅从观察中得到，因而单纯在经验的意义上加以把握，而是从思维本身推导出来"[②]。黑格尔所说的从思维本身推导出思维规定与逻辑素材，并不是从主观到主观的凭空遐想，恰恰相反，它是指让事物本身的各种形式规定(或观念性规定)在事物本身理路的进展过程中渐次出现，而人的主观思维和表达在这个过程中只起了一个经历与描述的作用。之所以说"经历"，是由于除了人类理智之外，尘世间没有别的东西能真正理解事物本身的观念性；之所以说"描述"，则是由于人在这个经历的过程中除了忠实记录与转述事情本身的进展之外，其实并不需要，也不应当进行过多的主观干预。由此反观康德，黑格尔针锋相对地说，我们直接认识的事物不仅对于我们而言是现象，而且对于它本身而言也是现象。[③]这就是说，所谓现象与自在之物的区别，其实是事物本身在某个阶段上做出的客观区分，而不是人在自己能力不足的情况下的主观无奈之举。可惜的是，由于费希特终究没能脱离主体性立场，上述工作成了他"本当"完成而没有完成的一项工作。[④]

黑格尔还注意到了思想对待客观性的第三种态度，即雅可比对批判哲学的反动。雅可比认为，康德批判哲学是一种建立于主观建构之上的理性主义，最终会导

---

① Hegel, *Enzyklopädie der philosophischen Wissenschaften im Grundrisse*, S. 115.
② Ibid., S. 117.
③ Ibid., S. 122-123.
④ Ibid., S. 117.

致虚无主义，他自己既然不愿意退回到旧形而上学中那种与有限性直接对立的绝对无限者上去，便主张要体验绝对者的具体展现，即个体对绝对者的直接信仰和直觉，试图以此开辟绕开理性推论的路子。这一路径在黑格尔看来并不令人满意。表面看来，雅可比看到了康德的种种思维规定的局限性，他特意要避免主观的东西、理性的东西，为上帝对我们的直接启示留出地盘，但这种简单回避的行为在黑格尔看来依然是知性的一种设定，只不过它是从知性思维的一个极端（康德的思维规定）走向另一个极端（避开思维规定的无规定状态），其结果依然是无法抵达事情本身："无思想性在于没有看到，**不同的**规定的统一并不仅仅是纯粹直接的，亦即完全无规定的和空洞的统一，而是恰恰在这种统一中设定了，这些规定中的一个只有经过另一个的中介才有真理——或者说，如果人们想这么表述的话，任何一个规定都只有通过另一个规定，才与真理协调起来。"①雅可比不了解绝对者与具体事物相互中介的道理，一心只想追求二者超出理性的理解能力之外的直接统一。他本想在旧形而上学的绝对者与康德的主体理性之间开辟出第三条道路，没想到还是落入主观东西的窠臼之中，只不过这主观东西不叫理性，而改叫直觉罢了。因为只要不进入事情本身，看到事情本身使无限者与具体事物相互中介的那个过程，而改由主体决定是投入理性还是投入直觉，那结果其实都是一样的："纯粹的**直观**也仅仅与纯粹的思维完全是一个东西。"②

后文中我们通过对《大逻辑》"本质论"的梳理会看到，上述三种态度都停留在反思思维的某个阶段或某个环节上，而黑格尔《逻辑学》的"本质论"则看到了事情本身对它们的克服。③比如旧形而上学更多处于抽象反思的阶段，满足于抽象思维的种种反思规定（与第一部分相关）④；经验论，尤其休谟的怀疑主义经验论，虽然

---

① Hegel, *Enzyklopädie der philosophischen Wissenschaften im Grundrisse*, S. 160.

② Ibid., S. 151.

③ 本节讨论这三种态度，是为了凸显这三种态度还没有达到黑格尔逻辑学最核心的层面（即"概念论"），以此排除从这三种态度出发来理解黑格尔的理性批判的做法；但这三种态度本身还是可以充当进入上述核心层面的进阶之法的，因而本文第三节是从事情本身的进展出发，说明这三种态度本身是《逻辑学》"本质论"中某阶段可以涵括的现象。这两方面并不冲突。黑格尔逻辑学极其广大，举凡西方文明史上的种种现象，几乎都可以囊括其中——尽管这种做法在有些地方带有黑格尔本身的偏见，因而并不一定完全合适。

④ 笔者无意在上述三种态度与《大逻辑》的章节做出僵死对应，也并非指这些形态与其他章节无关了，这里只是说这些态度的一些主要原则与《大逻辑》具体章节有相关之处，读者依此或许可以在相互攻错中深化对双方的理解。

克服了抽象的反思,开始划定这抽象反思的界限,却总是局限于从主观感知与观念中抽象出来的种种规定,实际上自觉地与事物本身隔开了(与第二部分第一章相关);批判哲学开始深入到思维规定的相互关系中,而打开了丰富多彩的现象世界之门,它在意的是在现象世界与自在存在世界二分的基础上建立世界的内在秩序(与第二部分第二章相关);雅可比的直接知识学说试图跳出反思规定的相互中介之外,像斯宾诺莎那样断定绝对者在现实世界的直接存在(与第三部分第一章相关),但正由于它排斥中介,所以依然自外于事物本身之外,无法进入真正的现实。当然,如果没有首先达到德国观念论所特有的"事物本身的观念性东西与实在性东西的同一性"的高度,是看不到这些态度的上述局限的,因而可以说,这些态度本身都处于事情本身的运动中而不自知。

二、早期论著与《精神现象学》对问题的发现和展开

黑格尔早年便对理性在近代的困境异常敏感,并借用不同的术语(爱、同一、生命、理性、精神等)描绘这一困境的出路。他在伯尔尼和法兰克福担任家庭教师期间,曾经相当服膺康德哲学,后来在荷尔德林与谢林的启发下,开始追求"同一与差异的同一",认识到真正的绝对者不是与有限事物相对立的一个他者,或抽象的同一,而是使同一与差异相互中介后达到的具体的同一,否则必然会像批判哲学那样陷入理性的分裂困境。

到了耶拿时期,他对自己前方的道路看得更清楚了,发出了"分裂是**对哲学的需求**的源泉"①的呼声。他认为上述分裂困境的出路是理性,但不能以知性的方式看待理性,否则无限者就成了本身有局限的他者,理性就被降低为知性,分裂的困境反而会因此得到强化。换句话说,人们并非没有看到分裂,没有感受到对真正的哲学的需求,但正因为他们在分裂之外设定了一种非分裂的状态(人们历来都懂得设定作为遥远目标的最高理念或上帝),并安于这种设定,他们反而强化了分裂。他不禁感叹理性在历史上沉沦于分裂之境的时间太久了:"这样被当作理性产物和绝对者的对立事物,不同时代的教养以不同的形式将它们建立起来了,知性在这些

---

① Hegel, *Differenz des Fichteschen und Schellingschen Systems der Philosophie*, in ders., *Werke 2. Jenaer Schriften 1801-1807*, Frankfurt am Main: Suhrkamp Verlag, 1970, S. 20.

对立物上费尽心力。”虽然我们不得不承认，分裂状态也是有意义的，“种种对立过去通常在精神与物质、灵魂与肉体、信仰与理智、自由与必然等形式下，并且在有限的层面上，仍然在各种意义上曾经是重要的，而且将人类利益的所有重量加于自身上”，因而“扬弃如此固化的种种对立是理性的唯一兴趣”，但这种扬弃并不意味着“似乎理性要完全与对立和限制对立起来”，因为“必要的分裂是生命的一个因素，生命永远以对立着的方式构成自身，而且总体在最高的生机之中，只有通过出自最高分裂的重建，才是可能的”。[①]在这些话中，读者都能感受到黑格尔对于一种系统地克服分裂困境的理性的强烈吁求。但不可否认的是，黑格尔在耶拿前期还没有系统开展理性在义理与历史两方面的内涵，他将理性主要当作摆脱了知性的分裂状态就可以达到的一种美好前景，仿佛理性的困境只是它因为受到知性“拖累”而暂时遭逢的外部厄运似的。那时他还没有像在《精神现象学》与《大逻辑》中那样深刻洞察理性在近代自我设限与自我固化的时代命运。

进入《精神现象学》，黑格尔不再单纯从知性与理性的对立来看待理性在近代遭遇的困境，从而这一困境也远不仅仅呈现为分裂，而是表现出理性主动外在化、个体化、二重化等多种面向。

在“理性”章，黑格尔考察了理性在近代的三种形态：理论理性、实践理性和审核理性(或曰个体性)。总的来说，黑格尔虽然赞同近代所主张的理性的支配权，但是他和其他的近代哲学家还不太一样，他认为这种支配权归根结底属于事情本身，而不能是理性一己的权力。也就是说，事物本身通过理性而达到对自己的支配，这是他的基本思路，也是理性在这一章经过千辛万苦的摸索之后终于得到的教训。表面看来是理性在自主地进行理论、实践等行动，但是这背后实际上是事物本身通过理性在对自己进行反思。反观之下，他认为近代理性是一厢情愿的，因为近代理性只看到表面，只看到自己仿佛有权支配事物。理性认为可以尽情投入到世界中去，像享受它固有的果实那样把世界全都考察一遍，至少把每一个物种都记录在案(按照门、纲、科、属、种等级别)，也在行动中把各种道德方式都尝试一遍。但黑格尔说，只要这种外在支配的行事方式不改变，理性就无法真正进入世界，而是始终站在外面说事。

---

① Hegel, *Differenz des Fichteschen und Schellingschen Systems der Philosophie*, in ders., *Werke 2. Jenaer Schriften 1801-1807*, S. 21-22.

在观察理性(即理论理性)阶段,黑格尔详尽无遗地考察了理性在无机物、有机物、大自然整体、人类思维、面相学与骨相学等领域借助记忆、观察、描写等方式对事物进行考察,亦即用类似于“试错法”的程序抓住事物本质的做法。可是无论理性找到的本质是惰性的特征,还是动态的规律,从根本上看,它都是在从事物身上剥取一张它自身感到最便于理解又最能代表事物本身的“皮”,同时将它认为起干扰作用的那些感性杂质排除在外。理性为了把规律打扮成真理,反而将规律的经验性来源视作对规律的污染和干扰,似乎规律是一种纯粹而又普遍的东西,已经预先埋藏在事物中,就等着它发掘出来。它没有反思一下自己只是在进行归纳这一事实,反而觉得是那些不太合乎规律的特例干扰了它的知识,必欲除之而后快。比如在无机物领域,与其说科学实验是在拓展新知,不如说是在将理性已经认可的规律套用到新事物身上,通过后者来巩固前者,并拓展前者的内涵。在比无机物更复杂的有机物中,理性不断通过越来越细致的“内—外”二分,试图建立起生命的规律来,但它没有意识到,观察理性寻找规律的那种行事方式原本就不适合于观察有机体。因为有机体本身的存在方式恰恰是对规律的破除,这是它的自主性决定了的。理性对大自然整体、人类思维、面相学与骨相学进行观察的过程也与此相似,同样是规律思维在事物本身那里碰壁的过程。

在实践理性阶段,黑格尔认为自我意识不仅仅像在理论理性阶段那样确信自身就是客观现实,现在它还将自身与客观现实的同一性当作一种表面现象,进而在这表面现象底下挖掘另一种更根本的同一性,即我与同样独立自主的他人之间的同一性,它对这种同一性也是坚信不疑的。因此黑格尔对目前阶段的自我意识定位颇高,赞扬它达到了精神的层次,即已经初步接触到事情本身了:“它是那样的**精神**,那精神具有确定性,即确信它与它自身的统一存在于它的自我意识的双重化和双方的独立性中。”①这就是说,在人际关系这个问题上,实践理性再也不像“自我意识”章中讲的主奴关系那样了,它一开始就没有把他人当成敌对之人,而是当作自家兄弟,满怀自信地踏入人类社会。一开始自我意识还只是黑格尔所谓的“具有确定性的精神”,即主观上坚信其他人与我的认识是一致的,坚信其他人都会认同我,因为我得到了普遍真理。此时自我意识在主观上认为自己掌握了这个大家庭

---

① Hegel, *Phänomenologie des Geistes*, neu herausgegeben von Hans-Friedrich Wessels und Heinrich Clairmont, mit einer Einleitung von Wolfgang Bonsiepen, Hamburg: Felix Meiner Verlag, 1988, S. 233.

的真理,其他人不一定了解,所以其他人都应当听它的。可是这毕竟只是一种主观确定性,它想指挥别人,别人也未必会听它的,因为别人也确信自己掌握了真理。所以不同的自我意识之间自然免不了一场“恶斗”。此时的自我意识不仅不是自私的,往往还是志向远大、大公无私的。它真诚地认为自己掌握了世界上的真理,自己之所以指引别人,乃是为全人类谋福利,然而它没有意识到自己掉入了理性的外在化的窠臼之中,它不知道自己只是将理性自身所认可的一套规范强加给其他所有人。实际上它和理论理性一样,根本没有真正进入事情本身。理性认为世界现成就有了一种统一性,而不必由它去建立什么统一性,同时它还认为自己就代表了这种统一性。自我意识在这种心态下,主要以三种态度对待世界:第一种态度是自我意识认为自己直接就代表了真理,于是它径直到他人那里去寻找对自我的确证和承认(“快乐与必然性”);第二种态度是在上述做法碰壁之后,自我意识克制自己的私欲,以成全它想当然地认为自己具有的某种理当通行于全世界的德行,但它没有意识到自己终究是个别的,它妄图以个别代表普遍,就必然会遇到其他人的抵制,因为其他人也有这种企图(“心的规律与自大狂”);第三种态度是自我意识满足于不断行动并以行动本身为善,与实际的世界进程相抗衡(“德行与世界进程”)。在这三种态度下,实践理性始终没有脱出人类理性本身的视角。

无论理论理性还是实践理性,都是一种看似很客观,实际上很主观的形态,它们的根本缺陷在于没有从世界本身出发看世界,而是从理性出发在看世界。理性的第三种形态(审核理性)既是对理性的整个行事方式的一种总结,也是向下一章展示的事情本身的运动的过渡。审核理性已经开始尊重作为事情本身的世界,但它坚持以“个体对个体”的方式对待世界,即只将世界当作一个强大的、不可忽视的他者。这就注定了它在世界上始终不得其门而入,它对世界的审核只不过是一种局外人的自言自语。此时意识认识到它的生活世界中有一种根本性的实体,成为各种事物的支撑,是它不能忽视的一股力量。但意识对这种实体采取一种惰性的态度。人认为这个世界本身有它的真理,但他并不了解那种真理,也不认为那种真理与他有什么根本性的关系,而是像局外人一样看待它。目前这个阶段的缺陷是,自我意识还是从事情的各个环节(目的、手段、行动、现实等)出发,将它们一一归于精神,而不是立足于精神本身来看精神,因为它在目前这个阶段虽然努力厕身于事情本身之中,但终究还是由于它的行为方式而外在于事情本身了。用黑格尔自己的话来说就是,“事情本身还不是主词……它作为那些环节的这个**普遍的**类,是所有环节的谓词"①。这就是说,理性总是很兴奋地把这个那个现象一一归于那个很强大的事物本身,却从未立足于事情本身说话。黑格尔还以讲真话、尊重私有财产等通常被认为神圣而确定的口号为例,具体分析了立法的理性与审核法则的理性,展示了它们自我消解的过程,这里不详细介绍了。黑格尔要表达的深意是,"立法"和"审核法则"这两者恰恰是不适合于事情本身的活动方式。这两种方式在日常生活中是必要的,但如果我们在精神层面上看问题,它们就不够了。如果一定要讲立法和审核的话,那也不是人在立法和审核,而是精神自身在做这些事情。精神有它自己的生命力,不需要人站在外面,凭着形式逻辑的外在尺度给它立法和审核。个人对伦理的态度首先应该是投入,而不是任何外在的判断。

到了"精神"章,黑格尔按照历史发展的序列,分析了作为精神形态的中世纪教化、近代启蒙与道德世界观。这三者都与理性相关,但如果单就理性在近代的遭遇而论,前者可以视作近代理性的一个源头,后两者则是近代理性的两种表现形式。这一章集中展示的是近代理性承袭自中世纪教化的"二重化"特征。

自从打破古代伦理实体状态与法权状态而进入中世纪"天国与尘世"的二重世界架构之后,精神从质朴的统一状态进入二重化(Entzweiung)②和异化状态(Entfremdung),一直在天国与尘世、善与恶、国家权力与财富、高贵意识与卑贱意识、信仰与纯粹洞见等种种两极结构中辗转不宁。启蒙运动一向以荡涤蒙昧的高尚面貌示人,但黑格尔明察秋毫,发现它在"启蒙驱除迷信"的名义下,实际上改头换面地继承了中世纪信仰与纯粹洞见相争执的模式,它仅仅在有用性的层面上看待事物的意义。启蒙的时代看起来有极多崇高的理想,但是说来说去无非是为了利益二字——这里的利益倒不是指个人私利,而是指事物对于理性的有用性(Nützlichkeit)。黑格尔并不绝对反对理性利用事物,但有用性不能囊括事物存在的全部意义。但启蒙恰恰为所有事物设置了一个天花板,它想将事物的意义仅仅局限在它自己的理解之下。启蒙也是一种纯粹洞见,只不过它是一种失去了信仰的超越性指向的纯粹洞见。理性只是启蒙用来约束自己不因快乐过度而毁灭的一个工具。而它之所以快乐,是因为它拿着这杆尺子在世界上耀武扬威的时候,一切

---

① Hegel, *Phänomenologie des Geistes*, S. 271-272.

② Entzweiung 字面上含有"分裂"的意思,但这里之所以译成"二重化"而不译成"分裂",是为了强调"精神"章里实体分裂而成的双方总是有一方处于上位,另一方处于下位,双方不是简单并列的关系。这层意思虽然暗含于黑格尔早期对于理性的分裂的描绘中,但并未得到强调。

都是等着它去征服的对象,全世界都是它享乐的园地。理性表面看起来是为了给人制定规则,是为了限制人,实际上只是为了让快乐无限延伸所用的一个工具。因而理性实际上不是限制,而是无限定,不是有序,而是盲目。比如针对宗教,启蒙将争论的重心从真正的信仰转移到感性特征、文本流传等实证因素上,使得信徒们在自我辩护时也不自觉地以对于理性的有用性为标尺来衡量自己。表面上看,对于同一个问题,信仰和启蒙在观点上可能针锋相对,但双方对问题的把握很可能处在同一个高度。信仰被启蒙矮化,失去了它真正宝贵的东西。它变成了另外一种形态的启蒙,即黑格尔所谓的没有得到满足的启蒙。尘世间的事物已经被启蒙夺走,成为自然科学的研究对象,彼岸的东西又只是一个空虚的对象。所以它两头都不讨好,成为一种没有得到满足的心情。但是黑格尔一针见血地指出,此时的信仰也被启蒙悄然改造了,变成了一种貌似反启蒙的启蒙。①

黑格尔在分析"道德世界观"时同样呈现了近代理性的二重化之弊。首先要注意的是,黑格尔之所以给道德加上"世界观"字样,并不是为了投合什么思想潮流,而是强调康德式的道德哲学代表了整个时代对世界的观点,或者说代表了整个时代的一种根本生活方式。他对这种道德世界观的批评依然放在它的二重化上。他认为康德把道德的希望寄托在非道德的事情上了,因为上帝存在和灵魂不朽都是道德以外的事情。在康德那里,道德意识承认自然是独立于自身而存在的,具有自己的独立性,不受道德意识的控制。但是他的公设学说又要求我们相信灵魂会不朽,相信有上帝存在,并设定幸福一定能达到。这二者实际上是矛盾的,即便采取"应当"(Sollen)这样的术语,也无法消除这种矛盾。而上帝的公设是用来解决这一矛盾的,也就是说上帝按照义务实施的程度,按照人的德性的程度,在彼岸会施予这个人幸福。这实际上是将道德的本质寄托在道德之外了。黑格尔认为这种道德意识还只是思维(或曰表象),还不是概念,即还没有把握到人与世界的真正统一性:"它只是以思维的,而不是以概念性把握的方式在行事。因此,在它看来,它的**现实**意识的对象还不是透明的;它不是绝对的概念,只有绝对的概念才把**他在**(Anderssein)本身或它的绝对对立面理解为它本身。"②黑格尔这里并不是在进行空洞的思辨,他的争执涉及一个重要的问题:这种二重化的道德哲学,看似"孤胆英

① Hegel, *Phänomenologie des Geistes*, S. 378.

② Ibid, S. 403.

雄"一般义正词严,实际上却有走向伪善的危险。为了表明这一点,黑格尔尝试解构"良心"这个核心概念。黑格尔发现这种道德起初为了保持自身的纯洁,被迫在幸福的外在性与追求幸福的必要性、道德的纯粹义务与特定义务、道德本身与道德的实现、此岸与彼岸之间来回躲闪。他说良心并不是什么特别的东西,也没有为解决这个困局带来什么新的法子,它只是道德意识在认识到它先前曾当作真理的那些东西不过是一些假冒的真理之后,所采取的一种自欺欺人的防守姿态:"如果这个颠倒错乱的世界无非只是道德自我意识在它的各环节中的发展,因而即是它的**实在**,那么依照它的本质而言,它通过返回自身之中,也不会变成任何别的东西;它返回自身之中,这毋宁只意味着它**已经意识到**:它的真理是一个假冒的真理。然而它又似乎**必须**始终用这个假冒的真理**混充它的**真理,因为它似乎必须把自己说成和呈现为对象性的表象,却又仿佛**知道**,这样做只是某种颠倒错乱;它因此事实上就是伪善,而且对于这种颠倒错乱的那种**鄙视**就已经是伪善的初步表现了。"①因为对自身的格局不加反思,宁愿坚持采取二重化的存在方式,所以这个良心本身就是一种伪善。包括它有时表现出的对伪善的厌恶,其实也是伪善的一种表现。

三、《逻辑学》的深化与奠基

《精神现象学》对理性境况的"极广大而尽精微"的展开,与早期著作中不可同日而语。然而现象学在黑格尔那里毕竟只是科学的前厅,是引导自然意识进行自我调适直至抵达《逻辑学》中观念与事物合一之境的道路,"绝对知识"章在该书中更多只是对全书的总结和对科学体系的大体预示,还没有正式展开绝对知识本身,而后者正是理性困境的出路所在。因而作为科学体系之本体论依据的《逻辑学》,才是我们了解这一出路的关键。我们知道,《逻辑学》"本质论"最集中地展现了反思思维或知性思维向思辨思维的转变过程,让我们明白了包括前文中讨论的"思想对待客观性的三种态度"在内的种种反思思维的局限和出路,因而我们将它作为这里讨论的文本。

为了在适当的意义上讨论问题,在进入细部之前,我们有必要先澄清阅读《逻辑学》必备的几个条件。首先,《逻辑学》的起点是很高的,它一上来就要求读者从

---

① Hegel, *Phänomenologie des Geistes*, S. 415.

事情本身的角度看问题,正如黑格尔在《大逻辑》"导论"开篇就说到的,"没有任何科学比逻辑科学更强烈地感到,需要在没有先行反思的情况下从事情本身开始"①。一些读者由于没有耐心将《精神现象学》中向绝对知识攀升的历程一一走过,没有达到事情本身中"观念东西"与"实在东西"的同一性的高度,极容易认为黑格尔在《逻辑学》里谈论的各种范畴就是常识意义上的主观与客观,比如当黑格尔谈到"反思"(Reflexion)以及各范畴之间的进展时,便想当然地认为那只是哲学家头脑中的主观操作,当他说到根据、现象、现实等等时,又将其等同于抽象且现成意义上的客观。其实经过康德、费希特自觉或不自觉的前期工作之后,在谢林与黑格尔这里不言自明的一点是,事物本身是谢林所谓的观念东西(das Ideale / Ideelle)与实在东西(das Reale)两个方面同一的状态,这两个方面只是同一个事情本身在世界上呈现的两种方式,根本不应当用常识意义上的主观与客观去理解。当然,正如罗森所说,黑格尔这里与费希特不同的一点是,事情本身的主客同一性并非一开始就充盈饱满的,而是有一个由贫乏向充实发展的过程。②其次,更困难的一点是,黑格尔全书的叙述思路是从人最易于理解因而也最抽象的地方入手,逐步深入地让事情本身展现其核心,与此同时也逐步扩大和推进世界的可理解性,读者如果忽视事情本身自我展示的一面而只强调人的理解如何推进的一面,就只能看到一个个范畴像变魔术一般无根据地"变幻"出来,不明所以。实际上,如此这般只知其一不知其二的阅读方式,也无法真正明白世界的可理解性是如何逐步深入地展现的,因为它以人的理解过程与事情本身自我展示的过程为前提。用黑格尔的话来说,科学的"前行(Vorwärtsgehen)乃是向着**根据**(Grund),向着**原始东西**(Ursprünglichen)和**真实东西**(Wahrhaften)的某种**回退**(Rückgang)"③,而真正的概念,尤其是事关世界之根据的绝对者概念,必须是结果④,必须在那个既前行又回退的过程的结尾出现。再次,《逻辑学》中的每个范畴虽然并不排斥其常识含义,却都不仅仅限于这类含义,而是被融入事情本身运动的整个过程之中了。这一点带来的一个结果是,在先的范畴中包含了在后的范畴的种子。正如前文所解释的,虽然不能说前者凭

---

① Hegel, *Wissenschaft der Logik I*, Frankfurt am Main: Suhrkamp Verlag, 1969, S. 35.

② Stanley Rosen, *The Idea of Hegel's Science of Logic*, Chicago and London: The University of Chicago Press, 2014, p. 233.

③ Hegel, *Wissenschaft der Logik I*, S. 70.

④ Hegel, *Wissenschaft der Logik II*, Frankfurt am Main: Suhrkamp Verlag, 1969, S. 196.

空“产生”了后者,我们不能仅仅将这个演进过程看作范畴的“突变”,而要将事情本身的自我开展这一面也考虑进来;但事情本身的自我开展还是有迹可循的,我们要充分留意在先范畴中含有的在后范畴的蛛丝马迹,不能将它们割裂开来。

根据德国学者匡特的考证,黑格尔曾明言“本质论”是《逻辑学》“最困难的部分”①。阅读这种体大思精的文本,我们需要寻找一个既易于上手又能体现整个文本运思方式的“入口”。正如“存在论”可以借“存在—虚无—变易”的辩证法导入,“概念论”可以借推论学说导入,“本质论”也可以从黑格尔对三种反思的论述进入。“反思”是整个“本质论”的核心词汇②,从客观上看,它也构成了哲学史上最为通行的思维方式。在历史上,无论人们将重要的、核心的、本真的东西当作秩序、目的、造物主、理念还是实体,它总是被设定为与现实可见的一切东西不同而又更为根本的东西,简言之,它总是被设定为本质。③而我们深入考察这种设定活动会发现,本质性东西与非本质性东西这两造都只有关联到对方而言才成其为自身,而且这种相互需要不是外部的、暂时性的,而是内在的、必然的。黑格尔将本质设定活动背后的这种思维方式或生活形式——二者在逻辑学的意义上是合一的——称作反思。黑格尔的整个“本质论”都可以被视作对这种思维方式或生活形式的来源、特质与局限的探讨。然而在黑格尔看来,反思也不是铁板一块的,它分为进行设定的反思、外在的反思和进行规定的反思。④进行设定的反思仅仅朴素地以它在非本质性东西(后演进为现象)背后设定而成的本质性东西(或曰本质)为根本,执意贬低前者,却缺少对自身这种设定方式的反思。外在的反思开始了对素朴反思本身的反思。它认识到,从演进的历程来看,前一种反思仅仅是一种进行设定的反思,而这种设定却是有条件的,因为所谓的设定(Setzen)其实是有所预设(Voraussetzung)的,即这种设定只不过是建立在“存在论”的结尾部分被扬弃了的存在之上的;另外从

---

① Michael Quante, “Die Lehre vom Wesen. Erster Abschnitt. Das Wesen als Reflexion in ihm selbst”, in ders. (et. al. hrsg.), *Kommentar zu Hegels Wissenschaft der Logik*, Hamburg: Felix Meiner Verlag, 2018, S. 278.

② 与此相关的另一个核心词汇是 Scheinen(映现),它与“反思”(Reflexion)的字面寓意直接相关。黑格尔曾在《小逻辑》第 161 节的附释中分别将过渡(Übergehen)、映现和发展(Entwicklung)作为“存在论”“本质论”和“概念论”的演进方式。(Hegel, *Enzyklopädie der philosophischen Wissenschaften im Grundrisse*, S. 308.)

③ 尼采对柏拉图主义的批判正是从发现这一点开始的,但他的批判也有局限于这个层面的嫌疑。

④ 这三种反思实际上构成了理解整个“本质论”的一把钥匙:就整体而言,“本质论”的三个部分分别具有这三种反思的特质,就每一章的细部结构而论,它们也都大致遵循了这三种反思的进展形式。

非本质性东西与本质性东西之间的共时性关系来看，二者是相互依赖的，没有一方，另一方便毫无意义。然而事情并不止步于外在的反思，因为如果仅仅如此，非本质性东西与本质性东西依然是敌对的、相互外在的。此时反思发现，这种相互外在的状态其实是事情本身制造出来的一种表面现象，只是事情本身在某一个阶段的表现，而有所表现或曰进行规定的事情本身才是最重要的因素，达到这种自我意识的反思便是进行规定的反思。进行规定的反思既没有失去对“根本”或“本质”的追求，也不抛弃现实的事物，而是兼具这两种性格，实际上这第三种反思是对前两种反思的成全。[①]总的来说，黑格尔有关三种反思的学说给我们的启示是，追求本质的思维所区分出来的本质性东西与非本质性东西是互为前提、互相依赖的设定物，但如果单纯固执“本质”这一方为真理，就看不到这一点，也看不到人对待本质性东西与非本质性东西的种种方式其实说到底只是事情本身的运动的表现。

下面我们以《大逻辑》文本为例，分别概述“本质论”的三个部分。为避免论述空泛，我们会将《小逻辑》“绪论”中介绍过的思想对待客观性的三种态度作为辅佐，展开讨论。

(一)“本质论”第一部分名为“作为自内反思的本质”(Das Wesen als Reflexion in ihm selbst)。这个“自内反思”不是指个人主观内省，它的含义要比这深刻得多。它说的是，本质不是一个现成存在的物件，而是由一种追求本质的活动设定出来的，这种活动以它内部本质性东西与非本质性东西的相互对照为特征。与此同时，本质性东西与非本质性东西之间也不是外在的，而是相互以对方为自己的内在条件，每一方没有了另一方都是不可想象的。但“本质论”第一部分的缺陷在于，它对自内反思的了解仅仅停留在抽象的层面，包括对上述“每一方没有了另一方都不可想象”的理解也停留在抽象的层面。具体而言，它认识到事物的规定都是反思的架构本身设定起来的，因而都是“反思规定”(Reflexionsbestimmung)，它也可以接受事物有千差万别的各种规定，正如“存在论”第一部分中呈现了定在(Daseyn)的种种性质一样，但它终究是在抽象的意义上接受这些规定，亦即只由思维外在地比较事物的种种规定的同一、区别与矛盾，直至最终认定任何事物都有其根据(而且是内在根据)。因此这一部分中的思维只能站在外面推测“各种规定必有其内部的根据”，但并未真正了解那根据是如何内在的，亦即如何作为根据起作用的。这便导

① 对三种反思的详细探讨见 Hegel, *Wissenschaft der Logik II*, S. 25-35。

致一种局面,即各种规定相互之间也必然是外在的关系。这根本不像"本质论"第二部分("现象")中那样,事物的具体规定与其根据之间,以及这些具体规定相互之间,都实实在在相互内在地起作用了,反思规定不是让思维从外部感觉或猜测其有内在根据,而是让内在根据有力地起作用了,而且让思维逐步深入地了解这种作用的强大与无可逃避——这作用便是"规律"。这就是说,第二部分会发现反思规定本身大有乾坤,而且这乾坤可以公之于世了。不仅如此,这种乾坤还可以成为一个完整的世界,于是就有了康德的"现象世界与自在存在的世界"的两分。①当然这是后话,目前我们仅看第一部分。

联系黑格尔对"旧形而上学"的论述,不难看出他主要是在这一部分的意义上批判它的。黑格尔认为,旧形而上学值得肯定的地方是,它认为事物本身是可以认识的。②这看起来像是肯定旧形而上学达到了事物本身,然而事实并非如此,旧形而上学只是自以为可以通达事物本身,实际上它是误将它自身所认定的那种经过反思的感觉与直观等同于事物本身了。③事实上由于它没有像康德那样对自己的认识方式本身进行反思,不仅没有达到康德那里现象与自在之物二分式的自觉,更不可能超出康德所在的层面,达到由事物自己规定自己的层面,即黑格尔所谓的"自由的思维"或"无限的、思辨的思维",它只是一种有限的知性思维,因而在并不自知的情况下成了一种未经检验的独断论。④换句话说,旧形而上学只是一种素朴的、直接进行设定的反思,它还根本没有对这反思本身进行反思。它只是素朴地认定它心目中的本质性东西是非本质性东西的真理,并不知道这只是一种设定,更没有认识到它所设定的两造其实互为条件,也都是有局限的。

(二) 正如"本质论"第一部分的标题虽然名为"本质",但实际关注的是自内反思的整个结构,而不仅仅是与非本质性东西对立的本质性东西。第二部分虽然名曰"现象"(Erscheinung),但并非只讲我们通常说到的与本质相对立的那种现象,而是作为自在之物(Ding-an-sich)或自在存在的世界(die an sich seiende Welt)之显现(Erscheinen)结果的现象。换句话说,它依然关注自内反思的整个结构,而不是它

---

① 当然,"本质论"第二部分也有局限:它只知道内在根据实实在在在且层次分明地在起作用,而不了解内在根据的内在机理,即不了解它是如何内在地起作用的。

② Hegel, *Enzyklopädie der philosophischen Wissenschaften im Grundrisse*, S. 94.

③ Ibid., S. 93.

④ Ibid., S. 98, 95.

的一部分,只不过这个结构演进到了对素朴反思本身加以反思,并明确认识到本质性东西与非本质性东西互为内在条件的层面。(1)这一部分从实存(Existenz)开始,而实存便是有根据的具体实在,或者说是根据呈现于外的状态,可见这一部分是在对根据有了充分信心的基础上,发现了事物的外部实存便是根据的"落实"之处,开始重视这种实存了。本来在抽象的意义上而言,第一部分也达到了这样的认识,但它对于"根据是何种根据""它究竟如何呈现于外"这类"内情"实在不甚了了;而如今在第二部分,虽然不能说这内在的根据本身及其表现方式暴露于光天化日之下了,但实存与其根据之间的内在条件关系确实开始呈现出来。表面看来,黑格尔在"实存"章中讨论的种种主题,比如事物及其特质、事物的相互作用、事物的物质构成,似乎都是哲学史上一些陈旧的话题,卑之无甚高论。它们有什么理由隶属于一个颇具康德特色的标题("现象")之下?如果黑格尔真是在这种表面印象的意义上谈论问题,那么事物就应该是稳固的,也就谈不上什么产生(Entstehen,见第一章第二节标题)和消解(Auflösung,见第一章第三节标题)了。实际上这里的"产生"和"消解"都不能在实物的意义上理解,而应在事物的可理解性的意义上理解。所谓的"产生",并不是像几块橡皮泥捏合成一个大的团块那样的结合,而是在那种将事物的各项特质(比如热、光、色、味)看成物质(热素、光素、色素、味素)的眼光下所见的"结合";所谓的"消解"也不是指一个大的团块分解开来,而是指上述眼光无法维持下去,迟早会归于消散。而它之所以无法维持,是由于没有看到,一个事物不能仅仅靠"这一个"(Dieses)这一外在的集合性便将它的各种特质统一起来,而是需要某种内在的统一性,但后者显然落于各种特质之外了。[①]在这里,将各种特质当成一些固定的物质,希望以此使事物获得统一性的企图,终究是要失败的。而失败的原因则在于,这种眼光虽然看到了实存的重要性,看到了实存就是事物实在性的落脚之处,却由于仅仅在抽象的意义上看待现象,而没有看到现象在事物的相互关系这一维度上自有乾坤——那就是规律。(2)规律不仅仅是有幸发现现象中偶然呈现的规则性那么简单,它是一种带有强迫性的思维方式。如果我们还记得《精神现象学》第三章的论述,就不难理解,规律带有一种不断自我强迫的趋势:它从现象下探,设定现象"背后"的某种本质,一旦这种设定活动本身及其主观性、偶然性、

---

① 《精神现象学》第一、二两章对于理解《大逻辑》"本质论"第二部分第一章,前书第三章对于理解后书"本质论"第二部分第二章,均大有益处。

归纳性被人揭露出来，便后退一步，将这里的现象与本质合成一种貌似更广泛也更根本的现象，继而在这种新设定的现象“背后”再设定某种貌似更大更深的本质。如此等等，屡试不爽。走到最后，规律思维甚至还将整个世界都当作现象，在它背后设定一个自在存在着的“真实”世界。而这种二分格局实际上是无法长久撑持的，因为思维终归会发现，对偶然的规则性的归纳并不能代替真理本身，设定终究只是设定，它可能在一时一地的某一个层面上起作用，但究其实质总是无法代替事物本身的。(3)于是到了第三章，思维只得承认，所谓现象与自在之物的区分，其实只是事物本身的呈现方式。无论事物本身以整体与部分的关系、力与力的表现的关系，还是内在与外在的关系这三种结构中的哪一种出现，只有事物本身及其自我呈现才是最重要的，而思维先前种种固执的反思规定都只具有有限的意义。

从前文所述黑格尔对经验论的批判来看，它已不再像旧形而上学那样素朴地认定思维内容合乎客观事物，而是对思维本身有了明确的反思，认识到人的认识与事物本身是有距离的，在此基础上选择坚守主观的感知，并走上了一条将感知内容进行抽象解析的路。但经验论如果像休谟的主张那样贯彻到底，便不仅无法维持事物与事物之间的普遍关系(比如我们熟悉的因果性问题)，甚至连个体事物内部的统一性都无法维持。从经验论可以得出的一个教训是，事物的观念性绝不是可以任由人们加以裁剪解析的主观之物，而是具有不以个人感知为转移的实在性，如果无视这一点，我们只会沉陷于主观幻景之中，在渴望事物本身的同时又永远与事物本身相隔离。

在上述“三种态度”中，与第二部分相关的是批判哲学的态度，我们仅以康德哲学为例略作介绍。黑格尔认为就现象世界这一面而言，康德哲学与经验论相距并不遥远，但与激进经验论不同的是，康德哲学还坚持了思维的独立性和自由的原则，因而是一种二元论：“康德哲学的来源、内容和考察方式仍然保持不变(指与经验论的相同——引者按)。反之，另一个方面则是把握其自身的思维的独立性，是自由的原则，这原则是它(指康德哲学——引者按)与从前的、通常的形而上学共有的。”[①]凭借这后一方面，康德坚守了事物本身的内在性一面，而不是像激进的经验论那样仅仅坚持从外部看待事物(因而只能得到事物外部的呈现)，因而得以在现象的规律方面提出一套广大丰富的学说(即理性在理论、实践两方面的“立法”)。

---

① Hegel, *Enzyklopädie der philosophischen Wissenschaften im Grundrisse*, S. 145-146.

然而令人惋惜的是，他只是抽象地看待这种内在性，“这种绝对的内在性……由于抽象而不能从自身发展出任何东西，也不能产生任何规定，既不能产生认识(指理论认识——引者按)，也不能产生道德规律”①。这就使得康德那里事物绝对的内在性终究未能自行呈现，未能与事物的外在表现相贯通，因而终究未能领悟黑格尔意义上的“现实”。——黑格尔对康德哲学的这一判断可以与他对“本质论”第二部分第二章的界定互为参佐。

(三)“本质论”第三部分名为“现实”，可以视为《逻辑学》全书的核心枢纽。经过书中“存在论”和“本质论”漫长的跋涉之后，人认识到绝对者并不像传统上一直教导的那样是一种极端高远而与现实事物相对立的东西，而是就在现实事物中，是现实的核心。这不仅仅是出于绝对者在人的生活世界中显现自身的需要，也是现实事物回到其自身根基与核心后的必然结果。黑格尔的这个步骤在客观上也真正实现了近代内在性世界观的一个长久的愿望，即在吸纳绝对者维度的前提下，真正将世界的可理解性建立在世界内部。而这一部分在其后文所开启的“概念论”中，则开始正面讨论作为绝对者的现实，或作为现实的绝对者，而不再纠缠于“相互远隔的绝对者与现实如何建立关系”这类属于“本质论”层面的问题。照此看来，第三部分的三章也不难理解。(1)“绝对者”章在抽象反思的意义上阐述绝对者在现实中是何以可能的。黑格尔认为历史上有一位初步完成这一阐述的前辈，那就是斯宾诺莎。他以其“实体—属性—样式”三层结构表达了绝对者与现实事物之间的双向结构(绝对者向现实事物的表现与现实事物向绝对者的欲求)。另外，在相当大的程度上，莱布尼茨的单子学说乃是基于斯宾诺莎大框架之上的个体性学说，也可被纳入这一章的例证之列。(2)“现实”章不再局限于对现实中的绝对者的抽象描述，而是深入到绝对者的种种更具体的反思规定之中。当然，黑格尔并未讨论某个具体事物的规定，而是致力于展示现实事物的一切规定究竟是偶然的还是必然的。实际上，我们并不能抽象地断定现实事物的偶然性或必然性，偶然和必然都是相对于事情本身的展露程度而言的。如果没有达到事物展现其与绝对者的深度相互内在的认识，就贸然断定现实事物的种种规定都是“必然”的，那是没有意义的。因此这一章实际上既是逻辑认识逐步深入的过程，也是事物本身逐步外展的过程。(3)了解绝对者与现实事物的相互内在还不够，还必须明了这种相互内在的究竟，

---

① Hegel, *Enzyklopädie der philosophischen Wissenschaften im Grundrisse*, S. 146.

才算是达到了第三部分的目的，由此才有了“绝对关系”章。这一章谈论的不是形式逻辑学或康德先验逻辑学中的实体性、因果性和交互作用，而是作为绝对者的自我表现的实体性、因果性和交互作用：作为绝对者的实现，实体性代表现实事物的持存性，因果性代表它们的关系网络的坚实性，而交互作用则代表这些事物都由里及外地彻底实现绝对者的临在。

雅可比在德国古典哲学发展史上的一大功劳就是客观上引起了同时代人——尤其是青年一代哲学家们——关注和研究斯宾诺莎的热情。尽管他本人并不完全认同斯宾诺莎，他那强调跨出理性之外的直觉、信仰的风格也的确大不同于斯宾诺莎，然而黑格尔在讨论思想对待客观性的三种态度时依然将其归于斯宾诺莎思想所在的层面，这个层面大致对应于“本质论”第三部分第一章。雅可比不愿陷入康德式的种种反思规定之中，并认为这些反思规定便代表了理性的命运，它们的局限性便等同于理性的局限性。与此相反，他自己选择跨出这种理性的局限之外，投入到与绝对者相互内在的直觉状态和信仰状态。从绝对者与具体感性状态的合一来看，这里无疑有斯宾诺莎的影子。黑格尔将雅可比的直接性思想归于斯宾诺莎所在的层面，这一方面的确呈现出该思想比康德思想高明的地方。但黑格尔同时也表明了这种思想的局限，即它仅仅抽象地肯定了绝对者内在于现实事物中，却没有达到绝对者自身的动态性内在存在，更没有达到“概念论”的高度。

黑格尔在《逻辑学》中为理性指明的出路显然是“概念论”。不可否认，无论是黑格尔对“三种态度”的概括，还是他对它们的判断，都带有浓重的近代内在性世界观的偏见，我们不可在不留意这种偏见的情况下就一股脑地将他的看法照单全收，但正如每一个大哲学家都有其局限，他们的思想却并不因此而失去价值，黑格尔的上述概括、判断的重要性也并不因此便打了折扣，因为这本是两个层面的问题。正如上文已经澄清的，他应对理性困境的办法并不是像调解纠纷或超然物外那样外在地“解决”了问题(那很可能是以某种隐蔽的方式掩盖了问题)，而是教导我们从更深层次和更大整体的角度看待问题，使得人们原先认为逃无可逃的困境的条件性显现出来。他并没有因为写下两部《逻辑学》就一劳永逸地使理性免于前文中提到的种种困境，相反，我们的时代表明这样的困境可能是理性反复陷入的“常态”，历史并不善于“汲取教训”。但在他的《逻辑学》之后，人们至少明白了近代理性诸般困境的缘由，至少打开了思辨哲学的大门，人类文明也有了更多的选择，不会固执地陷入反思思维并误认为那就是人类的唯一归宿。①

作者单位：陕西师范大学哲学与政府管理学院

Hegel on Dilemma of the Reason and Its Way Out

Zhuang Zhenhua

Abstract: The Reason in broad sense, whether it serves as the way leading to eternal order, as in traditional metaphysics, or something embodying the limitation of human beings, as seen by empiricism or by the critical philosophy, has no dynamic "dilemma". But if we probe deep into the historical aspect of the Reason, for example, into the role it plays in the frank dogmatism of pre-modern ages and in the self-strengthening of modernity, we cannot ignore those various disadvantages it expressed in history, such as abruption, externality, individualization and dichotomy. Hegel doesn't deem them as unavoidable destiny, but takes them as some dilemma caused in certain condition. At his young age, Hegel felt already intensively that the Reason was lost in various kinds of abruption. Then in *Phenomenology of Spirit* he demonstrated, from aspect of meaning and that of history, the content, the source and the overall influence of the dilemma of Reason. Finally the doctrine of essence in *The Science of Logic* has systematized this thought, and has indicated the way out, namely the speculative logic of concept. This article presents briefly this course of thought of Hegel, in virtue of the so-called "three attitudes of thought to objectivity".

Keywords: Hegel, Reason, Reflection, *The Science of Logic*

---

① 这正如罗森说过的，黑格尔并非要用辩证逻辑代替传统逻辑学，他关注的是如何揭示那些涉及世界的可理解性结构的预设。参见 Rosen, *The Idea of Hegel's Science of Logic*, p. 242。

展示—科学映像、语用中介与概念的自主发展

——分析哲学的黑格尔式可能世界语用学及其批判 *

尹 峻

摘　要:当代分析哲学正在可能世界语用学上经历黑格尔式转向。分析传统单纯坚持科学语言的精确性,陷于所予神话中。塞拉斯借助康德现象与本体二元论,将语言与世界关系改造成科学实在论的展示—科学映像二元区分,但他依赖对象实质构造同一性的做法仍处所予框架内。这促使布兰顿依据黑格尔的规定性否定观点,将两个映像的区分奠基在世界的模态实在性上,以语用中介概念描述在可能世界中的适用性。然而,布兰顿的模态实在论正是黑格尔所批判的原形先蕴说。世界并不具有模态上的自主性,因而需要黑格尔所谓的概念自主发展,并以语用自主的方式实现概念在可能世界中的适用。

关键词:展示—科学映像　语用中介　语用自主　布兰顿　黑格尔

当代分析哲学正在可能世界语用学上经历黑格尔式转向。分析传统单纯坚持科学语言的精确性,陷于所予神话中。塞拉斯借助康德现象与本体二元论,将语言与世界沟通方式改造成科学实在论的展示—科学映像(the manifest-scientific images)二元区分,但他依赖对象实质构造同一性的做法仍处于所予框架内。这促使布兰顿依据黑格尔的规定性否定观点,论证世界的模态实在性,并以语言与世界间的语用中介保证概念描述在可能世界中的适用性。然而,如果注意到,世界的模态实在论是同黑格尔所批判的原形先蕴说同构的,那么黑格尔又怎会认可如此语用学呢?本文将对当前的黑格尔式转向提出批判与推进。

---

* 基金项目:本文系教师专业发展项目“黑格尔语言哲学研究”(FX2020005)和国家社科基金项目“分析哲学的黑格尔式转向及其批判”(18FZX031)的阶段性成果。

一、语义所予与展示的—科学的映像

在概念与世界的语义关系上，分析传统企图通过科学语言对日常语言的校正来实现概念对在世之物的精确描述。而塞拉斯批判其是所予神话，并会导致回溯论证，他希望借助康德的现象与本体的二元论，将日常语言和科学语言分别置于展示映像与科学映像的二元区分中，使概念具有在可能世界中的适用性。然而，为何当代分析哲学还需要黑格尔式转向？

逻辑原子主义强调概念与世界的一一对应关系。①按罗素观点，概念是指称在世之物的符号。基于逻辑分析，复合命题可还原为简单命题，再基于亲知原则对感觉材料的直接接纳，科学语言，如作为直接指称的“专名”和作为间接指称的“摹状词”可对在世之物逐个描述。②这个观点企图借助科学语言的精确性，校正日常语言的暧昧性，保证概念对在世之物的描述及其在可能世界中的适用。但是，感觉材料并不处在由语言构造的理由的逻辑空间中，它只是向语用主体释放着经验上的知觉所予。知觉所予是直接的，而非命题性的，它不能被任何语言，包括科学语言所描述。因此将概念的适用性定位在知觉所予上，这是个神话。

逻辑实证主义意识到上述神话，企图以作为分析之真的逻辑规则来规范作为综合之真的概念对在世之物的描述。如卡尔纳普所言，语用规则是命题构造世界的“脚手架”。③命题只有具有逻辑上的可证实性，才具有意义，进而才能被追问真理性，即被逻辑规则所规范的语义先于并决定着概念的指称或描述。这等于将规范活动与描述活动隔绝在两个前后相继的步骤上。为了获得语用规则，人们必须已经掌握了关于语用规则的语言和语用，这便陷于回溯论证。

为了摆脱上述困境，塞拉斯借助康德的现象（phenomena）与本体（noumena）二元论，将日常语言和科学语言这两种语言与世界沟通方式重塑为科学实在论式的展示映像与科学映像，并将之解读为康德式范畴理论。在康德二元论中，超出人类知识范围的本体只是以刺激人类感官的方式来保证经验性判断在现象界中的适用性。而塞拉斯依据科学实在论主张，作为本体的科学对象“可伴随岁月流转

---

① 罗素：《数理哲学导论》，晏成书译，北京：商务印书馆，1982 年，第 163 页。

② 罗素：《西方哲学史》（下卷），马元德译，北京：商务印书馆，1976 年，第 395 页。

③ 卡尔纳普：《世界的逻辑构造》，陈启伟译，上海：上海译文出版社，1999 年，第 286 页。

并最终被认知到"①,可被科学映像语汇专门地描述和阐明。同时,基于"科学是所有事物的尺度",科学映像语汇也在语用学上具有知识尺度(scientia mensura)那样的资格。②

展示映像相当于康德的现象,康德将现象视为日常经验的世界。而在科学实在论看来,现象仅具有现实的且可获得的概念性表象活动的内容。③展示映像是关于如此内容的,它由专门描述和阐明生活世界的普通语汇组成,它的语汇只表达着在世之物的单纯显现方式。只不过,其不是单纯被物自体所刺激的,而是被科学对象所注解的。因此如果现象被适当地关系到最终会被科学所描述和解释的实在者,那么它是如此实在者的显像(appearances),否则便是错觉。

尽管如此,属于现象界的范畴却是沟通本体与现象的桥梁,而塞拉斯正是基于此,将康德的范畴视为元语言。按康德观点,范畴是"赋予一个判断中的各种不同表象以统一性的……功能"④。这表明,范畴使概念对在世之物的经验性描述成为可能。这促使塞拉斯也像卡尔纳普那样意识到,在语言与世界的语义关系中,某些概念是使其他概念对在世之物的经验性描述得以可能的"脚手架",它们承担着类似范畴那样的功能,具有元语言学作用。它们在语言与世界关系中除了经验性地描述在世之物之外,还不仅具有使如此描述清晰化的作用,即让如此描述处在理由的逻辑空间中,而且同时表达着如此空间的必然特征,即规范着语义的语用规则。

而与卡尔纳普不同的是,塞拉斯没有将"脚手架"视为预先决定着概念描述的东西,而仅将它们视为在概念描述世界时具有功能上的差别。⑤任何概念都既有描述性的又有规范性的作用,而概念的规范性使用是蕴涵在它的描述性使用之中的。因此概念的描述作用与规范作用"携手并进"⑥,这会摆脱所予神话和回溯论证。

---

① Wilfrid Sellars, *Science and Metaphysics: Variations on Kantian themes*, the John Locke Lectures for 1965-66, London: Routledge and Kegan Paul, 1968, p. 174.

② Wilfrid Sellars, *Empiricism and the Philosophy of Mind*, London: Harvard University Press, 1997, p. 83.

③ Wilfrid Sellars, *Science and Metaphysics: Variations on Kantian themes*, p. 173.

④ 《康德三大批判合集》(上卷),邓晓芒译,杨祖陶校,北京:人民出版社,2009年,第64页。

⑤ Wilfrid Sellars, "Counterfactuals, Dispositions, and the Causal Modalities", in H. Feigl, M. Scriven, and G. Maxwell(eds.), *Minnesota Studies in the Philosophy of Science*, vol. II, Minneapolis: University of Minnesota Press, 1957, p. 282.

⑥ Wilfrid Sellars, "Counterfactuals, Dispositions, and the Causal Modalities", p. 307.

然而，在面临着概念对在世之物的经验性描述如何在可能世界中具有适用性的问题时，塞拉斯仍陷所予框架中。按莱布尼茨法则，如果被概念所指称的对象在同一性标签下是不可辨识的(indiscernible)，那么使某个对象为真的东西也是其他对象的真。而这个法则被奎因基于意义与指称严格区分的外延论所否定。概念对在世之物的确当描述并不取决于概念与对象间的意义—指称关系，否则就类似于给展品贴标签那样的“博物馆神话”，而是取决于外延性概念所处的具体语用语境，即外延谓述及其所表达的属性只有在某个给定的世界中才具有明确意义。①因此非外延性概念并不具有最终的可理解性，并不能在可能世界中具有相同的意义。

面对此，塞拉斯希望将具有知识尺度资格的科学映像的对象视为展示映像语汇的适用性的保证。依据此保证，概念对在世之物的任何描述都是将在世之物“置于蕴涵空间中”，并且是对之“进行着完全描述”。②这会使展示映像语汇蕴涵着科学映像及其知识尺度语汇，并因此使概念对在世之物的经验性描述蕴涵着在可能世界中的适用性。

为了实现这种蕴涵，塞拉斯让经验性描述概念的适用性依赖于它对于可能世界中的对象，尤其是对于在科学映像中“最终被认识到的科学对象”的适用性。③这会要求建立一个还原性阐释层级：展示映像处于顶部，科学映像处于底部，而知识尺度是底部的最终根基。在这个层级中，展示映像、科学映像及其知识尺度这三类语汇所经验性描述的对象必须具有同一性。塞拉斯将该同一性置于对象的实质构造(Material constitution)上。但是，按黑格尔的例示，脱离“实存的现实生命”的果实，如其被端上餐桌，只能勾起对现实果实的“朦胧回忆”，或古希腊世界瓦解后丧失宗教功能的雕像只是一堆“失去了生命灵魂的死尸”④。这表示，不同层次上的语汇所描述的对象尽管具有相同的实质构造，但却不是同一的。

其后果在于，经验性地描述着最终科学对象的知识尺度语汇并未处在塞拉斯所希望的蕴涵空间中。当概念对在世之物的当下描述在可能世界中的适用性被寄

① W. V. Quine, *Ontological Relativity and Other Essays*, New York: Columbia University Press, 1969, p. 27.

② Wilfrid Sellars, “Counterfactuals, Dispositions, and the Causal Modalities”, p. 306.

③ Wilfrid Sellars, *Science and Metaphysics: Variations on Kantian themes*, p. 173.

④ 黑格尔：《精神现象学》，先刚译，北京：人民出版社，2013 年，第 463 页。

托于知识尺度语汇的对象的保证时,塞拉斯得到的不过是源自未来的所予神话,这与康德将经验性判断的可能性寄托于本体而得到的不过是单纯刺激相类似。因此概念对在世之物的描述仍未具有在可能世界中的适用性。这就需要当代分析哲学批判这种神话的康德式根源。而黑格尔正是关于此的重要批判者,故当代分析哲学转向黑格尔。

二、世界的模态实在性与语用中介

布兰顿的黑格尔式转向在于,以黑格尔规定性否定(determinate negation)观点来论证世界的模态性本来就是实在的。借此,上述两种映像仅被视为不同的,而非具有不同层级的,进而主体的语用而非对象的实质构造可被充当中介标准概念在可能世界中的适用性。然而,如果注意到,黑格尔所批判的原形先蕴说同世界的模态实在论是同构的,那么这种转向便是可疑的。

对布兰顿而言,要摆脱对未来最终科学对象的乞灵,就要放弃追问对象在可能世界中实质构造上的同一性及其康德式的根源。这促使布兰顿将视角转向黑格尔。在其笔下,黑格尔对康德二元论的批判方式在于,否认本体的单纯刺激是任何经验判断的依据,而采取了《现象学》"知觉"章中的洞见,即漠不相关的区别与排他的区别之间的区分。按黑格尔观点,某物"事关本质的、使它有别于他物的特性"是它的"单纯的规定性"①,即它自身的"排他的"(ausschließende)而非"漠不相关的"(gleichgültige)区别。②

布兰顿将排他区别解读为实质不可兼容性,并试图使展示映像和科学映像的对象都具有"虚拟语气上的后果"(subjunctive consequences)。③对象的属性会被归入不同的家族,如形状、颜色、质量和数量等家族。尽管源自不同家族的属性是不同的,但它们一般是可兼容的。如某个对象可以同时具有源自上述不同家族中的属性,如圆的、红的、纯铜的和 1 公斤等,并是如此的诸属性的组合体(combination)。相反,源自同一家族的诸属性不仅是有区别的,并且其区别是不可兼容性的。如某个

---

① 黑格尔:《精神现象学》,第 79 页。

② 同上,第 73 页。

③ Robert Brandom, *From Empiricism to Expressivism: Brandom Reads Sellars*, Cambridge: Harvard University Press, 2015, p. 68.

单一点不能既是红的又是绿的。在此意义上，属性是其所是的根源在于，那个属性被定位在“不可兼容性属性的可兼容性诸家族的空间”中。①

同时，属性间的不可兼容性是“对象的个别性的本质”②。对象是对属性的不可兼容性做出说明的单位。要成为一个单个对象，就要排除不可兼容的属性。这是由于属性可以具有颠倒者(converses)，而对象不可以。如果属性 p 的颠倒者是 p′，那么属性 p 被所有不具有属性 p′的对象所具有。这表明，在世之物在可能世界中的模态性本来就实实在在地蕴涵在其自身中，而并不需要知识尺度语汇的对象与其他可能世界的，尤其是与展示映像语汇的对象在实质结构上的同一性作为保证。

基于世界的模态实在性，布兰顿重构两个映像间的构思承继着上述塞拉斯的未尽希望，即概念对在世之物的任何经验性描述已经具有在可能世界中的适用性。他的做法是让展示映像语汇蕴含科学映像语汇，也就是在蕴含的意义上让展示映像语汇适用于科学映像的，包括知识尺度的对象。进而，概念在可能世界中的适用性会摆脱塞拉斯式困境。

为了实现该希望，布兰顿将两个映像关系的定位从对象的实质构造同一性转移到主体在可能世界中的语用上，即语用中介着概念与在世之物之间的语义内容。该措施可扩展到两个方面。一方面，尽管非描述性语汇并不进行描述性表达，但它的使用却蕴涵在普通经验性描述语汇的使用中，并可从后者方面来说明自身(elaborated from)。这便不再需要对语用规则的回溯论证，因为语用的清晰化已经蕴涵在经验性描述中了。另一方面，它的表达作用使蕴涵在普通经验性描述语汇的使用中的特征(features)清晰化。即是说，它的使用就是普通经验性描述语汇的清晰化。③这等于说，所有语言活动都是溯因实践，而所有溯因实践都是有意义的(meaningful)，即表达着模态上实在的世界。因此上述两个映像的关系便无需求助于知识尺度语汇的最终科学对象在实质构造同一性上的保证，而任何描述性概念的使用，都已经完整地具有在可能世界中的适用性。

在此意义上，展示映像与科学映像没有层次上的高下之分，而只是彼此“不同的”(different)。④概念对在世之物的任何经验性描述都会通过溯因实践在语用上

① Robert Brandom, *From Empiricism to Expressivism: Brandom Reads Sellars*, p. 69.

② Ibid.

③ Ibid., p. 90.

④ Ibid., p. 96.

中介着概念在可能世界中的语义内容。[1]这会表明,展示映像与科学映像的关系是一种溯因实践上的语义中介关系。因此尽管从分析传统的和塞拉斯的困境中分别吸取到的教训是展示映像和科学映像都在描述上不具有自主性,而如果世界在模态性上是自主的,那么概念的任何经验性描述活动就都已经是概念在可能世界中的语义中介。

然而,布兰顿的规划是以剥夺世界的生灭变幻和有生命的存在方式为基础的,这正是黑格尔从近代法国自然主义身上看到的缺陷。法国自然主义否认世界的目的性和生命性,也否定精神的精神性和自由性,而只将世界理解为当前的东西。因此它所得到的只是对自然的抽象以及感觉、机械作用、自利和效用。[2]

布兰顿在批判塞拉斯时恰恰暴露出来这种缺陷。如其所言,在那两个映像中,"展示映像中所谈及的每个东西都是在最终自然科学语言中可指明的(specifiable)东西"[3]。这表示,虽然布兰顿不再追问对象的实质构造同一性,但却依赖于在世之物在某一给定世界中的实质构造已经蕴涵着它在可能世界中的实质构造。为了实现这一主张,在批判塞拉斯求助于康德二元论时,布兰顿错误地依据黑格尔的规定性否定观点,将世界的模态性视为静态上实在的。

似乎世界在实在性上只能是如此这般的。在世之物预先在模态上只具有如此这般的实质构造,它只是静待语用中介。只有如此,某个被表达出来的——哪怕只是部分地——概念描述才能蕴涵着在世之物的模态性。只不过某些尚未被意识到的可能性要静待进一步的经验观察的逐渐揭示,进而概念的语义内容才能被填充关于在世之物的一切细节。如果如此描述要在可能世界中具有适用性,那么就要乞灵于被描述者在既定世界中的实质构造已经蕴涵着它在可能世界中的实质构造。因此在世之物必须在一切可能世界中都维持住如此这般的实质构造。

这种维持需要世界是原形先蕴的。按黑格尔观点,原形先蕴说(Einschachtelungstheorie)把在世之物的模态性视为"已经现实地、然而极其细微地"存在着的。其错误在于"把那种仅仅以理想方式存在的东西看作业已现实存在的"[4],或"用一

---

① Robert Brandom, *From Empiricism to Expressivism: Brandom Reads Sellars*, p. 48.

② 黑格尔:《哲学史讲演录》(第四卷),贺麟等译,北京:商务印书馆,1987 年,第 219 页。

③ Robert Brandom, *From Empiricism to Expressivism: Brandom Reads Sellars*, p. 87.

④ 黑格尔:《哲学全书·第一部分·逻辑学》,梁志学译,北京:人民出版社,2002 年,第 295 页。

种直接的、不遭反对的、不受阻挡的方式"①进行的。在世之物作为对象及其属性只能预先业已处在实质不可兼容性关系中。如若不然,它便不能具有这种"无害无争的宁静"②。但是,世界是发展着的。③无发展的东西并不具有在可能世界中的可能性,它只停留在既定世界中并具有唯一可能,即"消亡"。④因此在实质不可兼容性关系中世界的发展性或历史性在模态上都被忽略掉了。

其后果是布兰顿只把握到被原形先蕴的世界的模态性,而未把握到可能的或动态的世界的模态性。像塞拉斯一样,布兰顿也无力应对上述黑格尔的例示所提出的挑战,即如何表达如此雕像与"失去了生命灵魂的死尸",或如此果实与对现实果实的"朦胧回忆"之间的模态关系。⑤在实质不可兼容性关系中,果实或雕像自身是不可能包含对现实果实的"朦胧回忆"或"失去生命灵魂的死尸"这样的模态性的。如此的模态性并不处于世界本身之中,而要在人与世界的历史性关系中把握。这就牵涉到,如上例示,人与古希腊时代的遗存雕像的关系是处于历史性发展中的。在此意义上,世界在模态上也是非自主的,它并不会自主地具有自身的一切可能性,它的模态性还牵涉到它与语用主体的历史性关系。因此依赖语用的单纯中介,概念描述不会蕴涵概念在可能世界中的适用性。

三、世界与概念的自主发展

面对世界本身在模态性上的非自主性,解决之道已经隐现在黑格尔上述例示中了。世界的模态性处于人与世界关系中,而要在这种关系中经验性地描述在世之物,不仅需要语用中介,更需要语用自主。布兰顿正当地把握到前者,摆脱了源自未来的知识尺度的对象在同一性上的所予。而黑格尔将后者置于概念的自主发展上,这会同时使概念适用于可能世界。

就黑格尔而言,他对康德批判在于,将本体世界的一切可能性都纳入主体活动范围内。该观点也隐含在塞拉斯对康德现象与本体二元区分的科学实在论式改造

---

① 黑格尔:《历史哲学》,王造时译,上海:上海书店出版社,2001 年,第 55 页。

② 黑格尔:《历史哲学》,第 56 页。

③ 黑格尔:《哲学全书 · 第一部分 · 逻辑学》,第 230 页。

④ 黑格尔:《逻辑学》(下卷),杨一之译,北京:商务印书馆,1976 年,第 67 页。

⑤ 黑格尔:《精神现象学》,第 463 页。

中，即本体可被日益发展的自然科学最终把握到。仅就将这种最终把握视为发展过程而言，黑格尔和塞拉斯都认可，概念在可能世界中的适用性需要发展进化的过程。按黑格尔的表述，“哲学科学的产生和发展是以经验物理学”——其作为自然科学的典型——“为前提和条件”①。这表明，黑格尔并不会像布兰顿那样，将展示映像和科学映像仅仅视为不同的，而是同塞拉斯一样，将它们视为具有某种层级的。

而分歧在于，黑格尔没有像塞拉斯那样，将自然科学及其科学映像置于终极根据的层次上，而仅仅将其作为前提的层次视为历史性的。黑格尔明确表示，自然科学是自然哲学的“准备工作”。②如开普勒依据试验，“以归纳法从经验方面所做的事情”为自然哲学，即关于世界的哲学开辟了道路。③但是，自然科学的历史性准备工作和自然哲学却并非一回事。一方面，后者并不以前者，而以概念必然性为基础。另一方面，尽管从开普勒的示例中能够得出，概念必然性同经验性经验(empirical experience)相一致，但它“绝不诉诸经验”，否则这便只是“从外面强加给对象一些规定和图式”。④

这表明，展示映像只在时间上依赖于科学映像，并且反而是它的逻辑前提。这是由于：就《哲学全书》结构而言，自然是外化的理念，而自然哲学从理念的纯粹外在性，即空间开始，先天地推演出自然的全部逻辑结构。在此意义上，运用并通过概念能够使在世之物清晰化，因此概念是针对世界的“合理考察方式的基础”⑤。而在语义学的意义上，概念是合理地表达在世之物的方式的基础。

这并不是说，展示映像基于此就能独立说明在世之物在可能世界中的全部细节。黑格尔明确表示，自然作为外化的理念是矛盾体。自然不仅包含各在世之物(即理念的各形成物)的必然性及其在有机整体中的理性规定，而且包含它们的漠不相关的偶然性和不可规定的无规则状态。这表明，自然或世界本身是非自主的，它没有能力完全合乎理性，它只能将自己的特殊性委身于“外在规定性”，这是“自然的无奈”(impotence of Nature)。⑥就此而言，尽管概念使被表达的东西成为自明

① 黑格尔：《自然哲学》，梁志学等译，北京：商务印书馆，1980年，第9页。
② 同上。
③ 同上。
④ 同上。
⑤ 同上，第112页。
⑥ 同上，第33页。

的和可靠的，但在世之物仍有许多细节“没有得到解释”①，展示映像仍需自然科学在时间上提供协助，尽可能多地提供关于世界的所有层面及其规律的经验性信息。基于此，科学映像和展示映像的语汇需要分别在时间上和逻辑上携手并进，并且如布兰顿所言，需要概念在语用上的中介。

然而，概念在可能世界中的适用性却不仅依赖语用中介，更需概念在逻辑上的自主发展。按黑格尔的构思，概念不能单纯停留在异在上或将自身寄托于外在世界，更要借此再返回到自身并获得自身的发展，然后才能成为“最具体的”②，即不同规定的统一。这个论点可以成为可能世界语义学的黑格尔式构思。基于此，黑格尔才既不会像塞拉斯那样遭到布兰顿的批判，又不会陷入布兰顿的困境。

按照这个构思，概念对在世之物的经验性描述具有两方面作用，即语用中介和基于中介而进行的概念的自主发展。语用中介已经由布兰顿正当提出，它保证所有溯因实践都是有意义的(meaningful)。但这种意指并不能表明，概念具有在可能世界中的适用性。按黑格尔观点，其根源在于知性思维，即“知性总停留于有限的中介作用”③。世界并不静待语用中介，它是实在的。实在性受时间支配，是包含否定环节的肯定的规定性。④实在性世界看似固定不变，实则生时即死期。⑤同时，上述已知，世界在模态性上并不自主。因此单纯语用中介并不能满足概念在可能世界中的适用性，而只是在将这种适用性寄托于外在世界，这只是中介了原形先蕴的世界的语义内容。

被诉求的适用性要求概念的自主发展，即概念使自己成为最具体的。这是由于概念并不是完全被动地中介着世界，而更是主动地对自身和对在自身中的整个世界的评论。如果心灵只是把世界视为一个区别于自身的、被给予的对象，那么这会将在我之内的对象同在我之外的独立持存的对象进行恶的无限比较。⑥而要摆脱于此，就要求“对象自在地是与精神同一的”。这便需要概念在其自主发展中使其结构就是世界自身的结构。⑦

---

① 黑格尔:《自然哲学》,第 112 页。

② 黑格尔:《精神哲学》,杨祖陶译,北京:人民出版社,2015 年,第 1 页。

③ 黑格尔:《自然哲学》,第 564 页。

④ 黑格尔:《逻辑学》(上卷),杨一之译,北京:商务印书馆,1966 年,第 104 页。

⑤ 黑格尔:《哲学全书 · 第一部分 · 逻辑学》,第 107 页。

⑥ 黑格尔:《精神哲学》,第 183 页。

⑦ 同上。

在黑格尔看来，如此诉求是概念在理论精神的自由且自我规定着的活动中实现的。理论精神的认知活动包括直观、表象（包括回想、想象力、记忆）和思维这三个环节，而概念在其中经历了意象（Bilder）、符号（包括名称与语词）和思想这三种形式。理论精神通过直观的内在化，将被直观的在世之物中介为意象。然后，在偶然遭遇中，理论精神无意或有意地回想到在世之物并固定住其意象。进而，想象力从意象的共性中抽象出作为象征和作为姿势或语词的符号的关于在世之物的意义领域。然而，语词即使构成了语言系统也如声音般是短暂和直接消逝着的，因此需要记忆保存住在世之物的名称，并进而无须意象便可理解这些名称。这表明，记忆具有深刻的自由，它是不再依赖于在世之物就能够支配不同名称的力量，即“完全抽象的主体性”①。至此，理论精神成为思维。

思维是在自身之内表达出在世之物的真正本性的。理论精神“用名称进行思维”②，“在名称中认识”世界③，形成了思维与世界的同一，即思想。黑格尔由此表述出他的著名命题，“凡被思维的，都存在；而且凡存在的，只有就它是思想而言才存在”④。因此思维本身就是世界的本性。

同时，按黑格尔的观点，思维是概念借以存在的普遍规定性，而概念就是给予自身规定的思维，是思维“自身发展的总体”⑤。这个命题看似主张世界是由概念流溢出来的，而实质只是强调概念并不完全被动中介世界，它还包含着，例如在直观中基于对世界的主动注意——即回想、想象力和记忆——以“更为自由的任意（Willkür）和支配权”运用符号来表达语用主体与在世之物的关系。⑥这表示，概念是自由地自我规定着的，它要按语用主体的自决的意图和意志对世界进行评论，使之成为为我的世界，而不仅仅单纯地中介。因此概念对在世之物的描述需要“思维在对象中只是寻找和发现自身”⑦，即语用主体是描述着在世之物的概念的语义内容的自决者，而概念在自决中的自主发展才是适用于可能世界的条件，而无须原形先蕴的世界的模态实在性。

---

① 黑格尔：《精神哲学》，第 255 页。

② 同上，第 253 页。

③ 同上，第 257 页。

④ 同上。

⑤ 黑格尔：《哲学全书 · 第一部分 · 逻辑学》，第 55 页。

⑥ 黑格尔：《精神哲学》，第 246 页。

⑦ 同上，第 260 页。

四、概念及其在可能世界中的适用性

在语用自决的意义上，概念在自主发展中自觉着关于世界的一切语义内容。这是由于黑格尔将概念发展的目标设置为使概念具有自由本性，使概念对在世之物的描述符合自由本性。这表示，概念对在世之物的描述只有在世界的异己性的完全克服和语用的主体性的彻底觉醒中才是“具体普遍”的①，即在可能世界中可适用的。

概念发展的目标是在现实领域中或黑格尔所谓的实践精神中达成的。黑格尔将此领域区分为三个环节，即实践的感觉、冲动的任性以及普遍的满足。在实践的感觉中，概念是“以直接的方式，因而它是在形式上”获得自主发展的，它只是依据偶然的好恶来“发现”(finder)自身是其内容的自决者。②然而，概念的自主发展的特点在于自决，它的描述是对世界的主动评论，因而语用主体实际上要把自身的“全部生气勃勃的兴趣”都投入到关于世界的活动上去，这被黑格尔称为冲动的任性或热情(Lerdenschaft)。③这表示，世界总是已被烙刻上主体意志，而概念对在世之物的描述必然参与着主体的语用兴趣，否则按黑格尔的表述，如果没有任性或热情，任何事情都做不成。④

在此，被做成的是概念的自由本性。黑格尔将此置于整个人类的历史性中，即所谓客观精神领域中。这其中包含人类的一切活动，如政治、经济、艺术、宗教、道德等以及上述已提及的自然科学活动。这些活动所形成的自由的规范性成果同时也是概念的规范性本性的实现。在此意义上，黑格尔也不认可概念是单纯与在世之物一一对应的符号，而主张其是在对在世之物的描述中隐含着自由规范的东西。

在此，仅就自然科学与概念的自由本性而言，前者确实在时间上会挑战概念对在世之物的某些固有表达，但却不像塞拉斯所以为的那样，会撼动概念的自由本性，并且反而是这种自由本性的结果。这表示，自然科学不是同哲学相对立的

---

① 黑格尔：《精神哲学》，第 263 页。

② 同上。

③ 同上，第 269 页。

④ 同上。

挑战者,而只是成就黑格尔意义上的哲学科学或概念的自主发展的环节,即把握人与世界关系的必然性并将自由揭示出来的环节。作为环节的自然科学是在哲学的概念的自主发展中获得推进和完善的,并且它的推进与完善并不改变而是恰恰证明了概念的自由本性。科学映像语汇并不是单纯指明在世之物最终是什么的语汇,而是像展示映像语汇一样的,并且本来就展示映像语汇的固有之物,即它要隐含着展示映像语汇才能使自身成为可能。就此而言,黑格尔不会像塞拉斯那样,将范畴视为最高种类的元概念。黑格尔明确主张,没有任何概念是所谓的最高的。每个概念潜在地都具有绝对性。只不过,那种绝对性要在概念发展中,如《逻辑学》"概念论"中,才既作为概念的本性,又作为世界的本性而被揭示出来。

当然,将概念的自由本性的实现置于社会历史文化传统中,这并不是像乞灵科学尺度那样,将这种实现置于未来的最终结果上。按黑格尔观点,在概念的自主发展中,"区别开的东西在概念里同时直接被设定为彼此同一的、并且与整体同一的东西";同时,它们的"规定性是整个概念的一种自由存在"。这是由于概念自主发展的每个环节与其他环节的关系都不是彼此外在的,而是自相关的,即某个环节并不受到另一个环节的外部决定。这表示,自由并不是人类历史的未来结果,而就是其自身不断显现的东西或不断被把握到的整个规范性成果的各个环节。

综上,确如布兰顿所言,概念在可能世界中的适用性在于语用,但语用不只是语用与世界之间的单纯中介,更是规范性地构成二者关系的社会历史实践。基于概念的自由本性,对这种规范性构成关系所进行的实践是自由的,进而是无限的。在自由的无限性中,概念对在世之物的经验性描述并不受外在的在世之物的约束,无须像布兰顿那样依赖于"在最终自然科学语言中可指明的东西"①。概念是自决的,即自主的,因而是自我约束的。概念自主描述着在世之物,也自决着自身在可能世界中的适用性。概念的如此能力如同麦克道威尔所谓的无边界性概念能力,它能使概念适用于可能世界。因此"朦胧回忆"或"失去生命灵魂的死尸"那样的语言能够基于语用主体的自决,被用来评价端上餐桌的果实或古希腊时代遗存的雕像;并且尽管这些语词是感伤史诗性的,但其并未把植物学、地质学或解剖学等自

① Robert Brandom, *From Empiricism to Expressivism: Brandom Reads Sellars*, p. 87.

然科学观念排除在外，否则语用不会将如此果实同回忆或如此雕像同死尸中介起来。

结语：可能世界语用学与黑格尔式转向

最后，回到开篇所提到的：当代分析哲学正在可能世界语用学上经历黑格尔式转向。如果将概念对在世之物的经验性描述寄托于在世之物的所予上，那么世界并未受到描述；如果概念的语用只是对在世之物的单纯中介，那么概念只在描述着静态世界；如果概念不能以自主发展实现其自由品性，那么就不能适用于可能世界。因此可能世界语用学需按黑格尔方式重估自然科学与哲学的关系，需要承认展示映像的自主性和概念描述的自由的规范性，而当代分析哲学需要向黑格尔学习这种自由观念。

作者单位：浙江工业大学马克思主义学院　复旦大学哲学学院

Manifest-scientific Images, Pragmatical Mediation, and Self-autonomy Development of Concepts: Hegelian Possible Worlds Pragmatics of Analytic Philosophy and Its Criticism

Yin Jun

Abstract: Contemporary Analytic Philosophy about the possible worlds pragmatics is experiencing the return of Hegelian thought. Analytic tradition about scientific vocabulary led to the myth of the Given. Although Sellars transformed the world-language relation into the dualism of manifest-scientific images in terms of Kant's distinction between phenomena and noumena, his argument depending on identity of material constitution was still within the framework of the Given. Brandom, according to Hegel's view about determinate negation, claims that the dualism of images is based on modal realism, and claims that application of descriptive concepts in all worlds is based on pragmatical mediation. However, Brandom's modal realism is Einschachtelungstheorie Hegel criticized. World is not modally autonomous. Only by Hegel's so-called self-autonomy development of concepts can a concept applied to an object in this world possesses, in the pragmatically self-autonomous way, application in all other possible worlds.

Keywords: the manifest-scientific images, pragmatical mediation, pragmatical self-autonomy, R. Brandom, G. W. F. Hegel

普通人类理性的自然的辩证法

袁　辉

摘　要:康德在《道德形而上学的奠基》中明确表示,实践哲学的目的在于克服普通人类理性在实践中遇到的自然的辩证法。这种辩证法起源于普通的人类理性在实践的运用时所产生的幻相,是纯粹实践理性和经验性的实践理性之间的矛盾,等同于后期著作中的趋恶的倾向。康德任何时期的实践哲学的目标都是克服它,为道德教育提供准绳以驱散实践时产生的逻辑幻相。

关键词:康德　普通人类理性　实践理性　辩证法

在《道德形而上学的奠基》第一章的末尾,康德首先认为,"每个人,以至最普通的人"都能判定道德善恶。但在谈完普通人类理性这种"天真无邪之后",他却笔锋一转,批判起了这种理性的缺陷:"它难以保持自身并易于被引诱而走上邪路。"而这个缺陷是普通人类理性的自然的辩证法(*GMS*, AA4: 404)。①

康德并非偶然提及这种自然的辩证法,因为在他看来,正是这种怀疑甚至败坏实践法则的辩证法使得理性"踏进实践哲学的领域",以便摆脱这种辩证法所产生

① 本文有关康德著作的引用使用普鲁士科学院版《康德全集》的卷数和页码(Kant's gesammelte Schriften. Königlich Preußische Akademie der Wissenschaften[Hrsg.]. Reimer, später de Gruyter. Berlin, später Berlin und New York 1900 ff.),例如,*GMS*, *AA*4: 429 =《道德形而上学的奠基》,科学院版全集第4卷,第429页。译文参考李秋零主编《康德著作全集》,有改动。文中所涉及引用著作的缩写及对应中文名、书名如下:*AA* = 科学院版《康德全集》(*Akademie Ausgabe von Kants Werken-Kant's gesammelte Schriften*), *GMS* =《道德形而上学的奠基》(*Grundlegung zur Metaphysik der Sitten*), *KpV* =《实践理性批判》(*Kritik der praktischen Vernunft*), *KU* =《判断力批判》(*Kritik der Urteilskraft*), *Idee* =《关于一种世界公民观点的普遍历史理念》(*Idee zu einer allgemeinen Geschichte in weltbürgerlicher Absicht*), *Rel.* =《纯然理性界限内的宗教》(*Die Religion innerhalb der Grenzen der bloßen Vernunft*), *MS* =《道德形而上学》(*Metaphysik der Sitten*), *Päd.* =《教育学》(*Pädagogik*), *Logik* =《逻辑学》(*Logik*)。

的无所适从(ebd.)。可惜的是,在之后的文本和著作中,他再没明确提及这种辩证法,仅仅在阐述人趋恶的倾向时间接地使用过它(*Rel.*, AA6: 41f.)。而对此的研究也乏善可陈,或将之和"厌理症"(Misologie)等其他问题混为一谈,或认为它不是一种真正意义上的辩证法,或认为《道德形而上学的奠基》已经解决了这个问题。本文将在第一、第二节分析这种辩证法的含义、起源和结构,排除误读,考察康德的这个辩证法的合理性,理清它和人趋恶的倾向的关系。第三节则将考察《道德形而上学的奠基》和《实践理性批判》间的差异,证明后者依旧坚持前者中的观点:实践哲学研究的根本目的在于克服普通人在道德实践中遇到的自然的辩证法。

一、普通人类理性的自然的辩证法的含义及其根源

"普通人类理性的自然的辩证法"这个表述并非康德的随意之笔。通过对它的分析,我们不仅可以具体理解这一辩证法包含的深层次意义,还可以避免误读。

和唯物辩证法这种研究自然、社会、历史和思维的哲学方法相比,康德的辩证法首先取其最初的逻辑上的意义,即幻相逻辑。这种逻辑最初的意义是相对于真理逻辑而言的,它装出与客体相符合的样子,是对理性的误用。从《道德形而上学的奠基》文本来看,普通人类理性的自然的辩证法也是取这种意义。因为这种看起来颇有道理的道德幻相"自作聪明地"(vernünfteln)怀疑真正的实践法则的纯洁性和严格性,甚至与之相混淆,因而也是一种幻相。①

但是,如果将普通人类理性的自然的辩证法看作是一种人为的、对实践法则的怀疑,那这就是一种误读,因为它忽略了定义中"自然的"这个词。自然的辩证法(die natürliche Dialektik)不是关于自然的自然辩证法(die Dialektik der Natur)。后者是关于自然规律的认识,而康德的自然的辩证法是一种来自自然的幻相。"自然的"这个特点可以进一步定义普通人类理性的辩证法:它既不是一般意义上的逻辑

① 因为古希腊的法律辩护人和演说家用这种幻相逻辑将错误的原则以真理的幻相的方式陈述出来,误导民众,使得逻辑和哲学"有失体面",因此康德"废除"了辩证法的这种旧义而引入了新的意义,即对幻相的批判。通过这种批判人们能够认识到,"某事和真理的种种标准不符合,即便它和它们貌似符合"(*Logik*, AA9: 16f.)。在幻相逻辑、幻相批判这两个意义的基础上,有的康德学者将第一批判里的辩证法进一步区分为四个意义:逻辑幻相,对逻辑幻相的批判,先验幻相,对先验幻相的批判(R. Bittner, *Über die Bedeutung der Dialektik Immanuel Kants*, Heidelberg, Univ., Diss., 1970, S. 4-7)。

幻相，也不是编造出来的幻相。[①]逻辑幻相产生于"对理性形式的单纯模仿，它只是产生于对逻辑规则的单纯忽视。所以一旦加强对当前具体情况的重视，这种幻相就会完全消失"(*KrV*, AA3：236f.)。而编造出来的幻相是某个诡辩论者"为了迷惑有理性的人而故意编造出来的"(ebd.)，这种人为的幻相，一旦"我们看透了它，它就马上会消失"(*KrV*, AA3：290f.)。

相反，自然的幻相不是主观过失，更不是蓄意的误导，而是来自自然的，因此是不可避免的、必然的幻相。这种自然产生、不可避免的特性，既可以在经验性理论理性中找到[②]，也可以在纯粹思辨理性那里找到[③]。这样，我们可以理解实践理性的辩证法为什么也"不愿意通过任何(道德的)命令而被取消"(*GMS*, AA4：405)。

那么，这种自然属于人的什么自然呢？无论先验幻相还是经验幻相，其必然性归根结底都源自我们的理性自然。例如，纯粹理论理性的先验幻相，其根源在于我们的理性自然：理性的运用有一些主观的准则以进行某种连接的主观必要性。在它们被误用的时候，即被看作对物自身进行规定的客观必然性时，幻相就产生了(*KrV*, AA3：236f.)。如果先验辩证法的根源是人的理论理性，那么普通人类理性的根源就在于实践理性。在《道德形而上学的奠基》的文本里提到，这种辩证法的争执是"义务的命令"和与之相反的"强烈要求"，这种强烈要求源于感性的"需求和爱好"，而它们的全部满足被概括为幸福(*GMS*, AA4：405)。

这样，我们可以排除对普通人类理性的另一种误解。这种误解认为辩证法在于人的感性自然，即本能，因为人的感性自然会和实践理性产生矛盾。康德称这种矛盾为"对理性的憎恨"(Misologie)。[④]但这种憎恨是感性对理性整体的否定：如果作为一种自然的手段来实现自我保存和幸福的自然目的，理性真是"太笨拙了"，相反，人的本能"要比由理性来规定更加适宜，更有把握来达到目的"(*GMS*, AA4：

---

① 这里采用比特纳(Bittner)对先验辩证法的解读：它是自然的，因而是不可避免的。参见 R. Bittner, *Über die Bedeutung der Dialektik Immanuel Kants*, S. 40-44。

② 例如，"我们不能避免海面在中央比在海岸对我们显得更高，因为我们是通过比岸边更高的光线看到海中央的；或者更有甚者，正如哪怕一个天文学家也不能阻止月亮在升起时对他显得更大些，尽管他不受这些幻相的欺骗"(*KrV*, AA3：236f.)。

③ 例如，纯粹实践理性的先验幻相，"在我们已经把它揭示出来"的情况下，在我们"通过先验批判清楚地看出它的无效性"的情况下，"它仍然不会停止"(ebd.)。

④ 这种解读，参见 M. Forschner, "Über die verschiedenen Bedeutungen des Hangs zum Bösen", in：Otfried Höffe (Hg.), *Die Religion innerhalb der Grenzen der bloßen Vernunft* (Klassiker Auslegen, Bd. 41), Berlin, 2011, S.86。

395)。但是,正如前面所总结的,产生道德幻相的自然是人的理性自然,具体地说是普通人的实践理性。因此,辩证法的根源不是人的感性自然和理性原则之间的冲突,而是受感性限制的实践理性的原则和纯粹实践理性的原则之间产生了矛盾。①

进一步说,感性本能不是道德的对立面,而是中性的自然禀赋,它既不是善也不是恶。康德甚至称之为"人性(自然)中向善的原初禀赋",只不过它们会"嫁接"在各种恶习上而已(*Rel.*, AA6: 26f.)。而真正对道德产生威胁的是理性的道德判断,是将实践法则置于自身幸福之下的任性自由(*Rel.*, AA6: 36f.)。正如在认识领域,经验幻相不产生于感官,因为感官中既无真判断也无假判断,而是产生于知性的判断。

康德对普通人类理性的辩证法的描述也证明了这一点。在《道德形而上学的奠基》中,康德这么描述道:普通人类理性的辩证法是一种道德原则的规定和"以需要和爱好为根据的准则相反的规定"之间的争执,只有实践哲学和实践理性的自我批判才能给出一个"明确的主张和了解"(*GMS*, AA4: 405)。准则(Maxime)"就是意志的主观原则"(*GMS*, AA4: 400),尽管它是主观的,但也是一种实践理性的规则,人的理性行为正是通过准则才得以和动物的直觉反应区别开来。②而制定这个准则的理性是实践理性。在它以理性自身的法则,即实践法则为依据的时候,是纯粹实践理性;而经验的实践理性以人的感性需求和爱好为依据,尽管这种理性受欲求和爱好限制,但却不能和它们等同。纯粹实践理性的原则是实践法则,而经验性实践理性的原则是规定达到目的的手段的技巧性,或者是规定利益最大化的手段的机智,即幸福原则。实践法则是定言命令,其他法则是假言命令。因此,普通人类理性自然的辩证法的本质是这种理性在运用时产生的自相矛盾。

这样,我们也可以澄清对普通人类理性的辩证法的第三个误解。这种误解在于将普通人类理性的辩证法和《实践理性批判》的纯粹实践理性的辩证法相混淆。两种辩证法首先在幻相的对象上不同,《道德形而上学的奠基》里的辩证法是对实践法则的幻相,而第二批判里的则是对至善的可能性的幻相。本文第三节还会指出,这两者的差异体现了这两部著作在写作目的上的差异。更重要的是,两者的来

---

① H. Allison, *Kant's Theory of Freedom*, Cambridge: Cambridge University Press, 2001, p. 152.

② L. W. Beck, *A Commentary on Kant's Critique of Practical Reason*, Chicago and London: University of Chicago Press, 1960, pp. 95-97, 154-163.

源不同。前者来自普通人类理性,后者则来自纯粹理性。普通人类理性的辩证法是一种道德幻相,受经验限制的实践理性越过了其界限并试图占领纯粹实践理性的地位,因而和纯粹实践理性产生了争执;而纯粹实践理性的辩证法则是对道德的幻相,因为纯粹理论理性和纯粹实践理性在至善是否可能上产生了争执。①

综上所述,普通人类理性的自然的辩证法并非人为幻相,而是产生于人的自然禀赋,不可避免。这种自然禀赋既非源于人的感性禀赋,亦非源于人的纯粹理性,而是普通人的实践理性在运用时产生的自相矛盾。当然,需要进一步考察的是,这种实践理性的辩证法是否是严格意义上的辩证法,这是下一节的任务。

二、人趋恶的倾向的辩证法表达

上一节仅仅考察了普通人类理性辩证法的含义和来源,这种辩证法事实上已经不同于传统的、仅仅局限于理论领域的辩证法。因此一方面需要考察,康德对辩证法的这种辩证法多大程度上对应于思辨理性辩证法,因为前者很可能只是一种隐喻式的表达;另一方面还需要检验的是,传统的讨论真理和幻相的逻辑话语是否能够运用在讨论善恶的道德范畴之上。

首先必须承认,除了来源之外,就形式而言,《道德形而上学的奠基》里的普通人类理性的辩证法和《纯粹理性批判》里的纯粹理论理性的先验辩证法、《实践理性批判》里的纯粹实践理性的辩证法存在一定的差异。《纯粹理性批判》里的辩证法源于纯粹理论理性:它无法认识物自身,却试图认识它,因而将自己主观的理念当作了客观的物自身(*KrV*, AA3: 236)。而纯粹实践理性的辩证法则是纯粹实践理性和纯粹理论理性之间的争论。②这两种辩证法的形式有一个共同点:它都是纯粹理性自身的各种法则之间的争论,都源于有限的理性对无条件的对象的追求。③围绕这个主观理念的正反命题都争取定义无条件的理念或追求至善,因而自相矛盾;双方虽然同样源于纯粹理性,却都不是对物自身的客观规定。

《道德形而上学的奠基》里的辩证法的形式则与此不同,尽管这里也有一种矛

---

① L. W. Beck, *Commentary of Kant's "Critique of Practical Reason"*, p. 240.

② Ibid., pp. 240-242.

③ E. Förster, "Die Dialektik der reinen praktischen Vernunft", in: *Kritik der praktischen Vernunft*, O. Höffe(Hg.), Berlin, 2002, p. 174.

盾，但矛盾的双方并非都来自纯粹理性，而是一方来自纯粹实践理性，另一方来自"以需要和爱好为根据的准则"的经验理性（*GMS*，AA4：405）。前者是纯粹实践理性的法则，即定言命令，具有客观有效性；后者是实践规则，即假言命令，只具有主观有效性。这种辩证法倒是和认识论中经验性幻相相似，只是感性或知性都不会产生错误，但在感性成为判断的依据时，"判断的主观根据和客观根据产生了混合"（*KrV*，AA3：234f.）。

但是，必须看到的是，普通人类理性的辩证法也符合辩证法的基本定义，即理性的自我否定。因为无论是纯粹实践理性还是经验实践理性都是普通人的实践理性的组成部分，它也是普通人类理性的内在的自我否定：这个辩证法是作为理性的有限存在者——人的内在矛盾，是实践理性自然内部的一场争论，而这个争论也只有通过实践哲学和理性的自我批判来解决。我们可以更加确切地重构这种新型的辩证法的正反命题的形式。因为在这个辩证法中实践法则的"有效性"存在自作聪明的争议，其"严格性和纯粹性"受到了怀疑，又因为它涉及实践理性，即意志的规定性，因此正题可以是：实践法则作为唯一而充足的条件规定人的意志。原文对反题描述得比较详尽，根据上下文中提到的"而需要和爱好的全部满足，则被总括地称之为幸福"，我们也可以模仿理论理性的二律背反进行重构：实践法则不作为充足条件规定人的意志，因而需要幸福原则。在理性的自我否定意义上，普通人类理性的自然的辩证法符合康德对辩证法的基本定义。

在后来出版的《纯然理性界限内的宗教》里，康德再次提到，人类理性会被偏好所诱惑而离开天真无邪的状态，自作聪明地怀疑实践法则的严格性，将之置于幸福原则之下，但是，康德不再将这个过程视为理性的自然的辩证法，而是称为人趋恶的倾向（*Rel.*，AA6：41f.）。而且这种新的理论还补充了道德幻相用辩证法所无法表达的特点：在认识论方面，人的意志不可以决定我们对真理的确信，否则人们就会陷入妄想（*Logik*，AA9：73-74）；与之相比，在道德方面，幻相影响了意志自由，即将个人主观的幸福置于客观的法则之上，甚至进一步自我欺骗（*Rel.*，AA6：38）。那么，是否可以说康德放弃了原来的说法，甚至说自然的辩证法这个表达只是康德用逻辑语言描述道德问题的一次不成功的尝试？

不可以。首先，在康德这里，实践理性即人的意志，因此，普通人的实践理性的主观准则怀疑甚至挑战实践法则的幻相就是意志明知实践法则却偏离它的行为，即人趋恶的倾向。其次，我们要注意到，在先出版的《道德形而上学的奠基》以及

《实践理性批判》中，康德只谈先验自由和自我立法意义上的意志自由，偏离实践法则的任意(Willkür)及其产生恶的倾向的自由要到后来的《纯然理性界限内的宗教》中才出现。因此，普通人类理性的辩证法是人趋恶的倾向的概念表达①，而后者是前者在意志和行为理论上的具体化。

进一步说，尽管趋恶的倾向这个说法要比普通人类理性的辩证法更具体，更贴近日常的道德判断，但我们也不可以放弃概念的表达说法，因为"自然的辩证法"这个表述还体现了康德对道德之恶的更高层次的解释，即目的论的解释。"自然的辩证法"里的自然是目的论里的自然，甚至人性的恶也包含着自然推动人类历史进步的目的，尽管个体的行为是滥用自己的自然禀赋的结果(*Idee*, AA8: 25)。从这种辩证法根源——即人的目的论自然中——可以得出自然的辩证法更积极的意义，即其正确的运用。无论在第一批判还是在《道德形而上学的奠基》里，提到的首先都是自然的辩证法的错误运用。但自然的辩证法并不总是消极的、有害的。"一切在我们力量的自然中建立起来的东西都是合乎目的的并且与这些力量的正确运用相一致的，只要我们能防止某种误解并找到它正确的方向。"(*KrV*, AA3: 426f.)我们可以将自然的辩证法看作是自然的一种安排，尽管这种幻相在误用的时候会使理性陷入无尽的形而上学争吵，但如果它得到正确运用，则会促进知识的扩展或道德的进步。例如，纯粹思辨理性的幻相在得到正确运用，即调节性的运用时，它们会"使知性对准某个目标，由于对这个目标的展望，一切知性的规则都归于一点"；这个点作为主观理念尽管是无法实现的，却可以使得我们概观知识，"实现知识的系统化"；这种系统化正是理论理性的兴趣所在，也是自然的目的(ebd.)。经验性幻相更是在日常生活中得到了运用，例如远处的街道在我们看来好像交汇在一点，这个点帮助我们概览和定位街道两边所有事物。②

普通人类理性的辩证法也有其合理运用，也实现了自然的目的。这种自然的辩证法涉及人的自然中恶的倾向，其中有一个阶段，即人的心灵的不纯正，就有其正确运用。人们在公开场合合乎道德的行为可能动机不纯，但作为榜样，却可以在道德培养初级阶段彼此鼓励，促进人们彼此效仿，促进道德的进步(*KrV*, AA3: 489)。

---

① H. Allison, *Kant's Theory of Freedom*, p. 152.

② K, Smith, *Commentary to Kant's "Critique of Pure Reason"*, London: Palgrave Macmillan, 2003, pp. 427-428.

通过以上探讨可以得出，普通人类理性的辩证法在人的实践理性的自相矛盾的意义上还是一种辩证法。这种逻辑形式不能直接表达人趋恶的倾向，但能体现康德在目的论基础上对道德之恶的更深刻的理解。

三、普通人类理性的辩证法和实践哲学的目的

在阐明了普通人类理性的辩证法的含义、逻辑形式，解释了其目的论背景之后，需要考察它对康德实践哲学的意义。首先是《道德形而上学的奠基》里的命题需要具体化，即研究实践哲学的目的在于解决这种辩证法；其次需要考察的是这个命题的延续性，即同属于实践哲学的《实践理性批判》是否还坚持这个命题。

让我们从第一个命题开始：研究实践哲学的目的在于解决这种辩证法。在《道德形而上学的奠基》里，康德认为，普通人类理性正是由于在实践中遇到了辩证法，它不得不求助于实践哲学。这种辩证法"从根本上把它(实践法则)败坏，使它失去尊严"(*GMS*，AA4：404f.)。因为实践法则的合理要求和"以需要和爱好为根据的准则相反的规定"的非分要求产生了争执，所以必须研究实践哲学，以便在一场批判中支持合理的要求，驳斥非分的要求，"使它(实践理性)脱离由对立要求产生的无所适从，不再担心因两可之词而失去一切真正基本命题"(*KrV*，AA3：405)。

一个细节值得注意。康德在谈及实践哲学的必要性时，提到这一过程"正如我们在理论理性里所看到的那样，除了对我们理性的彻底批判之外，再也不能心安理得"(ebd.)。在第一批判，即《纯粹理性批判》里，康德就是以同样的理由论证理论哲学的必要性的。独断论和怀疑论之间无休止的争论剥夺了形而上学作为科学的女王的尊严(*KrV*，AA3：7ff.)。作为"判断力成熟"的结果，启蒙的时代要求纯粹理性派进行一场审判，这个审判的法庭"能够接受理性合法性保障的需求"，并依照理性的法则处理"一切无根据的非分要求"(ebd.)。

文本中另一个细节也值得注意。普通人类理性并非由于某种思辨上的需要，而是由于自己的实践理由，而走出了它的范围，踏进实践哲学的领域。也就是说，研究实践哲学的目的不是理论自身，而是实践。这一点在《道德形而上学的奠基》的序言里已经提到了：道德形而上学的必要性不仅仅是"为了从思辨方面寻求先天存在于我们理性之中的实践基本命题的泉源"，而且还是"因为如果找不到主导的线索，找不到正确评价的最高标准，那么道德自身就会受到各式各样的败坏"

(*GMS*, AA4: 404f.)。

这样,普通人类理性的自然的辩证法得到了与纯粹思辨理性的先验幻相同样的意义:正如《纯粹理性批判》的目的在于批判纯粹思辨理性,防止其僭妄地宣称认识了物自体,以避免理性被随之而来的先验幻相所摧毁,实践哲学的目的在于批判经验性理性,驳回其作为普遍实践法则的僭妄要求,以免普通人类理性为辩证法所误导。

既然康德在《道德形而上学的奠基》中认为,实践哲学的目的是解决自然的辩证法,那么第二个问题就比较尖锐了:如果《实践理性批判》也是康德实践哲学,为什么他没有再明确地说这本著作的目的也是为了解决普通人类理性的辩证法?为什么这部著作提出了另一种辩证法,即纯粹实践理性的辩证法?第一种观点认为,如果严格地按照康德原来的说法推断,普通人类理性的辩证法也是第二批判的目的,并且新出现的纯粹实践理性的辩证法不重要。[①]但第二种观点认为,《道德形而上学的奠基》已经解决了前一种辩证法,而且康德手稿显示,他是因为新的辩证法的出现而认为有必要撰写第二批判。[②]

第一种观点是正确的,第二批判并没有放弃解决辩证法的努力,甚至可以说解决它是第二批判的主要意义。这里只需要引用康德在导言里的观点:第二批判探讨的问题在于,"是否纯粹理性自身就足以对意志进行规定,还是它只能作为以经验性为条件的理性才是意志的决定根据";而实践理性批判的任务就是"阻止以经验性为条件的理性充当唯一对意志进行规定的根据的僭妄"(*KpV*, AA5: 16)。如前文所分析的,经验理性的这种僭妄正是普通人类理性的辩证法产生的原因。

最后需要进行讨论的是,这个辩证法是在何种意义上通过批判哲学得到解决的。前面讲到,自然的辩证法是不可避免的、必然的,因此不能指望哲学能够根除自然的辩证法。第一批判中的自然的辩证法是无法根除的[③],《道德形而上学的奠

---

① O. Höffe, *Kants Kritik der praktischen Vernunft. Eine Philosophie der Freiheit*, C. H. Beck, 2012, S. 168.

② H. Klemme, "The origin and aim of Kant's Critique of Practical Reason", in: *Kant's Groundwork of the metaphysics of morals a critical guide*, ed. Timmerman, Cambridge: Cambridge University Press, 2009, p. 26.

③ "一旦我们看透了它,它就立刻消失,而是一种自然的和不可避免的幻相,这种幻相甚至在我们不受它蒙蔽的时候还在不断地迷惑着我们,尽管不是欺骗我们,因而它可以变得无害,却无法被消除。"(*KrV*, AA3: 291)

基》里的自然的辩证法所提出的是一种“和义务命令完全相反对的强烈要求”，它们同样不会“因为任何（道德的）命令而得以取消”（*GMS*，AA4：404f.）。实践哲学所能起到的作用也是有限的，而且在双重意义上是有限的。一方面，如前文所说，自然的辩证法产生于人的本性，哲学不能根除它，而只能使它无害；另一方面，普通人类理性因为它与生俱来的正确性而已经在正确的实践的道路上了，因而不需要“离开它可爱的单纯，并且通过哲学把它的研究和教导带到一条新路上去”（ebd.）。哲学只能阻止自然的辩证法将天真无邪的普通人类理性诱入歧途。

《实践理性批判》结语里的论述更能表明哲学在解决这种哲学在教育上的意义。实践哲学“通过批判的寻求和有方法的引导”为科学提供了原则，这些原则“不是关于人们所应当做的事情，而且还被理解为应当作为教师准绳、以便妥善而明确地开辟那条每个人都该走的通往智慧的路并保证别人不走歧路的话”；普通人也许不关心哲学家的“玄妙研究”，“关心这种只有按照这样一种研究才能真正使他们茅塞顿开的教导”（*KpV*，AA5：163）。这个隐喻再次呼应的第一批判对理论科学的作用：对思辨理性批判同样像警察一样，保证了人们正确的道德实践。

作者单位：华中科技大学哲学学院

The Natural Dialectic of Common Human Reason

Yuan Hui

Summary: Kant expresses clearly in *the Groundwork of Metaphysic of Morals* that the purpose of practical reason is to overcome the natural dialectic of common human reason in its practical use. This dialectic is the logical illusion which originates from the practical use of common human reason and it is the conflict between the pure practical reason and the empirical practical reason, it is always the purpose of Kant's practical philosophy to overcome it, give the moral education a criterion to dispel the illusion in practical use of reason.

Keywords: Kant, Common Human Reason, Practical Reason, Dialectic

黑格尔论微积分:解决真无限问题的一种尝试*

武潇洁

摘　要:从耶拿时期开始,黑格尔试图建立一种非因果关系的关系形式的真无限,以解决无限者的现实性的问题。《大逻辑》则为该构想提供了一个更严密、更富于差异的形式。在《逻辑学》中,真无限的建立在"质论"中陷入困境,又在"量论"中获得一个新的契机,即到高等数学分析中探索真无限,即探索一种作为比率关系(Verhältnis)的真无限,这就是微分商数$\frac{dy}{dx}$。黑格尔认为,这个差商的形式扬弃了定量,建立了一种具有量的环节的质的关系,它表示作为一个整体的"比率的极限"。这是一种关系形式的真无限。但是黑格尔不满数学家总是在微积分计算中使用"无穷小"和级数法,二者都是坏的无限。他认为,要获得对"极限"的正确理解,只有用"概念"为微积分奠基。

关键字:黑格尔　无限　关系　微积分　极限

在无限性的问题上,斯宾诺莎提出一个重要的问题:无限者如何同时又是现实的,即一个已经完成的东西?斯宾诺莎对此是毫无疑虑的,这也许是为什么黑格尔认为,近代以来,斯宾诺莎哲学才是真正的哲学。同时,在黑格尔看来,斯宾诺莎并没有解决这个问题,他只是虚构了一个现实的无限性,无限者的现实性是被其无限性所直接许诺的。实际上,黑格尔并不否认"规定就是否定",但是,黑格尔认为,只有在把规定理解为直接的规定,而不是"绝对的规定性"的意义上,规定才会停滞在否定上,从而导致无限者沦为有限的,乃至于不复存在。[①]因此我们必须放弃对无

---

* 基金项目:江西省社会科学规划项目(2019)"柏拉图哲学的多重诠释路径及其意义研究",项目编号:19ZX07。江苏省双创计划项目(2018)"双创博士",项目编号:337090034。

① 黑格尔:《哲学史讲演录》(第四卷),贺麟、王太庆译,北京:商务印书馆,1996年,第100页。

限者进行直接规定的任何企图。黑格尔相信他可以给出一个方案,使得无限性既是现实的,又是有规定的,同时免于陷入斯宾诺莎所担忧的规定性会破坏无限性的困境。

从耶拿时期开始,黑格尔解决这个问题的方式是将无限者规定为诸要素之间的非因果性关系。黑格尔认为,因果关系中相关的双方在这个关系之外也是持存的,因此,它们在因果性中的统一对它们来说是偶然的、形式的,这个统一性对其中每一方都是无关紧要、可有可无的。与此相反,真正的相互关联应当取消相关的双方在它们的相关性之外的持存,除了彼此的相互关联,双方都没有其他的规定性,二者只有在这种相互关联中才存在,才有意义。①在此意义上,这种关联本身是一个单纯的东西,它因其内在差异而保持为一个单纯的东西。作为这种关系,某物(无限者)在其自身就是无限的,从而是现实地无限的。由此《逻辑学》(1812,1831)则试图为这一设想提供一个更严密、更差异化的形式。限于主题,本文将仅仅探讨这种相关性在"存在论"部分的发展,尤其是这种发展如何在"质论"中陷入困境,并在"量论"中出现了一个契机,使其暂时导向对数学的无限,即微积分的讨论。

一、"规定性"中的"界限"概念

我们可以把整个"质(规定性)论"部分看作对这种相互关联的多重规定,为此黑格尔动用了多组概念。某物之所以是有规定的,在于它的他者已经作为它的外在性而包含在自身之中,某物是从其自身出发而与他者发生关联的。某物所不是者内在于某物自身,或者说,某物已然是它所不是者。当某物以这样的否定为自身的规定性的时候,这种规定性就是"界限"(Grenze/limit)。无限性就是在某物试图确定(规定)它自身的时候出现的。黑格尔的"界限"概念在这里是一个枢纽,它在关于"微积分"的注释中还会以另外的面目再次出现。

在界限中,他者尤为突出地呈现出来,存在和非存在、有限和无限也在此处同时涌现。某物作为被界限之物,是有限的,但是这恰恰意味着某物是被它所不是的

---

① Hegel, *The difference between Fichte's and Schelling's system of philosophy*, trans. H. S. Harris and Walter Cerf, Albany: State University of New York Press, 1977, pp. 115-116; Hegel, *Faith and Knowledge*, trans. Walter Cerf and H. S. Harris, Albany: State University of New York Press, 1977, p. 75.

东西所限定的,从而是有限的。界限就是某物与它的他者的内在关联,是对这种内在关联的单一表达。某物作为有限的,不是在界限之内有一个存在,在界限之外还有一个存在,二者相安无事,而是说,有限者同时就是在自身的界限之外的东西。黑格尔的"界限"概念的特殊性就在于,它不是限制某物,而是释放某物。界限揭示出来:说某物是有限的,同时就是在说非存在是它们的本性。有限者之超出自身不是一种偶然的、可有可无的行动,而是有限者的本性。由此,无限性被启动了。反过来说,无限性不是直接的,相反,它只能在有限者中出现,只有让某物(有限者)坚持自己的本性,让它成为自身,而不是把有限者消灭,无限才有可能出现。毋宁说,无限是有限者的实现,是有限者的现实性。

这样,黑格尔的那个著名命题"同一性和非同一性的同一性"也将得到更合理的理解。这里的同一和差异不是二者彼此之间既有相同之处也有差异之处,这种理解仍然是把有限和无限之间的关系看作是因果性的;它们与对方的相同或不同之处在这种比较之外依然存在,不因为不做这种比较就有所损耗。而是说,有限和无限每一方都以对方为自身的环节,都是通过对方而是自身,每一方都是作为同其自身的关系而向对方过渡。"有限性只是对自身的超越,所以有限性中也包含无限性,包含自身的他者。同样,无限性也只是对有限性的超越,所以它本质上也包含它的他者,这样,它在它那里就是它自身的他物。"①黑格尔把这种关系称为"相互规定"。每一方必须通过对方来规定自身,即二者都以自我否定的方式包含着对方,并通过同对方的关系回到自身,每一方都在自身中既是自身,又是对方。在这个意义上,这种相互规定就"同时"表明了二者的同一性和非同一性。有限和无限是统一的,它们也是有区别的,这两种相关性本身就是不可分开来理解的。它们的统一在于它们是相互规定的,同样,它们的区别也在于它们是相互规定的。由此,有限和无限之间的关系本身是一个单纯的、彻底内在化的东西。这个关系以它自身为基础,而不是以相关项为基础。"当关系面对自身的时候,它依然是简单的,或者它设定自己为差异的这个差异不是对关系的一种分析,它无非是通过先行的诸环节向单纯的质的一个回归。"②相关的两个概念都是在与对方的关系中才创造出自身的,就此而言,只有一个概念。

---

① Hegel, *Wissenschaft der Logik* (*Erster Band*), Hamburg: Meiner, 1999, S. 133.

② Hegel, *Jenaer Systementwürfe II*, Hamburg: Meiner, 1971, S. 37.

二、坏的无限

然而,也正是因为如此,黑格尔感受到了“坏的无限”的压迫。有限和无限在界限概念中的相互规定是一种把一切外在性都转化为内在性的努力,有限者与它的他者的关系被转化为自身关系。但是,这种回到自身是以超出自身为中介的,这个自身永远携带着对自身的否定,有限者不断地返回自身,同时又不断地超出自身。这仿佛只是有限和无限的反复交替,是一种“空虚的躁动”。一旦否定或超越性成为内在的逻辑,有限性超出自身所实现出来的并不是无限,而是空虚或无,因为无论超越的结果是什么都将再次被超出,出现的永远都是有待于超出的东西。①在此意义上,无限不是别的,而只是“空无”。②这样的话,黑格尔所谓真无限同他所批判的无限进展的区别就仅在于,他把“无”本身命名为无限。

黑格尔不会接受这个结果,他反复强调,不仅某物在界限中是处在消灭中的,而且这个消灭本身也应当消灭。③或者说,有限者的自我超越本身也要被超越。所以,在“质论”的最后一章,“自为存在”出现了,自身关系建立起来了。在“自为存在”章,黑格尔进一步指出,无限必须是质的无限,作为质的存在,某物已经取消了它的他者,重新回到自身,从而是被规定了的东西。然而,黑格尔同时又发现,当他试图直接指明这个自身关系的时候,另一种坏的无限又出现了,它使得质的自身关系堕落为量的无限。

自为存在作为一个已经完成了的自身相关,通过界限在自身中建立了区别,从而自身为一个统一体。这种规定由于其单纯性而是“一”。“一”表示自为存在作为纯粹的自身关系的直接性的方面,即某物走出自身即同时转回自身。由于这种纯粹的直接性,一绝对在自身中,不与其他的东西相关。正因为如此,一同其自身的关系恰恰是一对自身的排斥。一又是绝对地超出自身之外的东西,但是一之超出自身之外,得到的仍然还是一,一又绝对地在自身之中,无处可去。一既是绝对的内在性,也是绝对的外在性。一不是在其否定中返回自身,而是对自身单纯的排斥。但是,排斥并没有造成区别,而只是造成同一性,一对自身的排斥恰恰意味着

---

① Hegel, *Wissenschaft der Logik* (*Erster Band*), S. 129.

② Alain Badiou, *Being and Event*, trans. Oliver Feltham, Continuum, 2007, p. 164.

③ Hegel, *Wissenschaft der Logik* (*Erster Band*), S. 118.

它只是与自身单纯等同的东西，所以，排斥也是吸引。排斥建立了多，但是这种多只是诸一。

一由于其单纯的同一性而对自身的排斥与吸引，黑格尔称之为量。在量的关系中，某物与自身，某物与他者是无区别的，而无区别不是使得它们彼此相关，反而意味着它们彼此漠不相关。一既是自身，又是另一个一。这个一在量中获得了一个新的名称：数。那个曾经在质的关系中将他者内在化的界限，在量的关系中则成为漠不相关性。否定变成了无尽反复的排斥和吸引，界限也成了松散的连续和分离。在质的关系中，界限通过他者为某物建立规定性；在量的关系中，界限不再是界限，或者说，界限只不过使量成为定量，其中没有质的区别。量是无否定的连续性和分立性，量对于它的界限是漠不相关的。数就是在这种漠不相关的界限中建立起来的量的规定，即定量。

黑格尔认为，定量在漠不相关的界限中的连续性也是坏的无限，因为数对其他的数是漠不相关的，彼此仅仅是量的区别，数在这个界限中就是没有界限。由此，定量只能达到无限大或无限小。“定量的增大并不更接近无限者，因为定量同它的无限性的区别本质上具有一个不是量的区别的环节。”[①]定量无论增加到什么程度，都是定量，而无限者并不是定量，也不是定量的拓展，拓展不会超出定量分毫。要实现无限性，必须重建一种质的关系。

三、微积分和“极限”概念

黑格尔并没有因此直接放弃在量的关系中探索真无限。黑格尔发现，在量的无限性中，除了上述量的无限进展之外，还有一种情况，就是量的比率（Verhältnis），量只有在这种比率关系中才有可能是真无限。黑格尔指出，在高等数学分析中就存在着这样一种真无限，它表现为一个特殊的比率/关系（Verhältnis/ratio, relation），这就是微积分。这个比率作为一个整体取消了定量的独立性，在量的基础上建立了一种质的关系，其自身就是一个单纯的质的规定。

在那三个关于微积分的漫长注释（严格来说只有前两个注释是关于微积分的）中，黑格尔一方面认为微积分建立了一种关系形式的真无限，另一方面又批评了迄

① Hegel, *Wissenschaft der Logik*(*Erster Band*), S. 221.

至当时的大部分数学家在进行微积分运算的时候都依赖“无穷小”观念,因为这个观念对说明一种关系形式的无限来说是不恰当的。也就是说,黑格尔认为,数学家并没有为他们建立起来的真无限形式提供一个有效的论证。

黑格尔首先以$\frac{2}{7}$和$\frac{1}{1-a}$为例。$\frac{2}{7}$可以表示为0.285 714……, $\frac{1}{1-a}$可以表示为$1+a+a^2+a^3+\cdots\cdots$。$\frac{1}{1-a}$是等比级数(Reihe)$1+a+a^2+a^3+\cdots\cdots$在$-1<a<1$的时候的极限(Grenze),或者叫作级数的和,也可以写成$\frac{1}{1-a}=1+a+a^2+a^3+\cdots\cdots$。所谓“极限”,即$1+a+a^2+a^3+\cdots\cdots$无论继续加到多少个项,这些项的和都不会超过也不会达到$\frac{1}{1-a}$。相应地,对于$\frac{2}{7}=0.285\ 714\cdots\cdots$也可以这样理解,这个算式不仅仅是初等数学中通过除法计算得到一个无限循环小数,更确切地说,$\frac{2}{7}$是0.285 714……的极限。同样,这个小数(虽然不被称为级数)无论进展到多远,都不可能超过$\frac{2}{7}$,也不可能达到$\frac{2}{7}$,同时,它和$\frac{2}{7}$之间的差小于任何给定的量。把此处的分数视为极限,也许能够更好地理解,为什么黑格尔认为分数本身虽然表现为一个有限的东西,反而是对真无限的表达。虽然在这里,黑格尔并没有采用“极限”这个说法,但是,他所谓的级数的“和”,级数形式的彼岸,级数所缺乏的那个东西,指的就是级数的极限,即此处所举的分数形式。相应地,等号右边的无穷级数(unendliche Reihe)的形式只是无限进展,级数无论怎样继续延展,都永远携带着一个无法扬弃的彼岸,它是不完全的,这是坏的无限。分数虽然本身也只是一个定量,但它是级数的极限,是级数的和,是“级数应该是而又不能够是的一个一定的定量”。这个定量恰恰是级数的现实性,分数以一个有限的形式表达的是无限者的完成状态。就此而言,这个分数就是无限,是完成了的、现实的无限。

不过,黑格尔在这里并没有使用“极限”概念,可能是因为他对当时流行的用趋近/接近(Annäherung)观念来解释极限感到不满。因而,他更关心的是这个分数形式本身。分数一方面是级数的现实性,另一方面又把这个现实性具体表现为一个比率的形式。黑格尔认为,正是这个比率的形式扬弃了定量,建立了一个质的规定。在分数中,是分子和分母之间的关系,而非各自的数值才是分数的本性,分子和分母可以按照这个比率被无穷地替换,但是该比率本身保持不变。在比率中,定量之间的界限不再是漠不相关的。定量本身是无关紧要的,定量之比由于仅仅把定量作为内在的量的环节,本身是具有质的规定的东西,定量在分数形式中的关系是一种质的对立。但是,$\frac{2}{7}$或$\frac{a}{b}$这种简单分数的关系形态还远远不够,因为其中分子和分母本身是一个具体的定量(或定量的符号),它们在分数关系之外仍有独立存在,这种比率(关系)对于它们并不是必然的。

黑格尔进一步指出,只有 x 和 y 作为一个函数尤其是像$\frac{y^2}{x}=p$ 这样的二次函数的环节才能构成真无限的要素。x 和 y 在函数中不再是定量,x 和 y 的比率也不再是定量。黑格尔强调,像 $y=ax$ 这样的一次函数是直线函数,它并不是微积分计算的对象,二次函数是曲线函数(抛物线),曲线函数才是微积分计算的真正对象。

微积分最初产生是为了处理一个变量对另一个变量的瞬时变化率的问题。我们以速度为例,速度就是距离对时间的变化率。当一个物体做匀速运动的时候,它在一定时间内的每个瞬间的速度都是一样的,我们只需要用距离除以时间求得平均速度就可以知道它在任何一个时间点的速度。但是当一个物体做变速运动(例如自由落体运动)的时候,如果我们想要知道它在任意时间点上的速度即瞬时速度(在这个瞬间距离对时间的变化率,即瞬时变化率),就不能通过直接求平均速度来获得了。数学家为此发明的方法是,计算该时间点和它相邻的另一时间点之间的这段时间的物体的平均速度,当这个时间间隔趋于 0 的时候,其平均速度所趋近的那个值就是该时间点的瞬时速度。①这样一个具体的物理学问题用纯粹的数学语言来表达,就是求一个曲线函数(例如自由落体运动的公式就是一个二次函数,在坐标轴上的图像就是一个曲线,即抛物线)的曲线上任意一点的切线的斜率(即该切线同 x 轴正方向之间的夹角的正切)。同样,这个斜率也没有办法直接求得,只能首先求经过该点的曲线的一条割线的斜率,该割线同时与曲线相交于另一点。该割线的斜率就写作(用莱布尼茨的符号)$\frac{\mathrm{d}y}{\mathrm{d}x}$, $\mathrm{d}y$ 和 $\mathrm{d}x$ 分别是该割线与曲线相交的两个点的纵坐标的差(差分)和横坐标的差(差分)(Differenz)。当这个差趋于 0 的时候,该割线趋近于曲线的切线,割线的斜率所趋近的这个值就是该点切线的斜率。②这就是

① M.克莱因,《西方文化中的数学》,张祖贵译,上海:复旦大学出版社,2016 年,第 216—218 页。

② R.柯朗、H.罗宾,《什么是数学》,左平、张饴慈译,上海:复旦大学出版社,2018 年,第 424—425 页。

微分运算的基本含义。那么,直线函数就相当于物理学中的匀速运动。很显然,对一条直线上的点求斜率不需要用到微分方法,直线上无论哪一个点,切线的斜率都是一样的,就是这条直线本身的斜率。所以,一次函数不是微分计算的真正对象。

在微分计算中,虽然$\frac{dy}{dx}$仍然表现为分数或除法的形式,但是却真正建立了一个具有质的规定的关系,即真无限。这个规定性在$\frac{2}{7}$这样的简单分数那里还不存在,因为 2 和 7 都是定量,二者之间没有质的差别,只有量的差别,二者组成分数得到的还是一个定量。但是在$\frac{dy}{dx}$这里,y 是 x 的函数(比如一个二次函数),所以,虽然 dy 和 dx 也有具体的值,有定量的形式,但是它们之间的比率并不是单纯的两个定量相比,分数线所建立起来的也并不仅仅是一个除法计算,而是以 x 和 y 之间的函数关系为基础的质的关系,是两个变量之间的质的相关性。正是因为如此,我们可以让 dx 趋于 0(同时导致 dy 也趋于 0),虽然分母为 0 的时候分数没有意义,但是在微分运算中,即便 dx 趋于 0(同时导致 dy 趋于 0),这个比率仍然有意义。因为这个运算并不是把 0 作为一个特殊的值代入计算,也不是为分子和分母分别求极限,而是通过使 dx 趋于 0,为$\frac{dy}{dx}$这个作为一个整体的比率求极限①,即通过极限运算获得该曲线函数的变化率。并且,这个比率也不会因为 dx 和 dy 都趋于 0 而变成$\frac{0}{0}$,因为 y 是 x 的函数,虽然当 dx 趋于 0 的时候,dy 也趋于 0,但是二者趋于 0 的“速度”是不同的,所以这个运算的结果并不一定是 0。按照黑格尔的说法,所谓 dy 和 dx“趋于 0”,这只是定量为零,并不是质为零,量以此方式成为质的环节,甚至可以说,定量消失,才使得质的关系建立并保持下来。②

这个求差商的极限的过程也被称为求导数,现在一般写作 $\lim\frac{\Delta y}{\Delta x}$(黑格尔使用的$\frac{dy}{dx}$是莱布尼茨的符号)。这是一个极限过程,而不是一个单纯的除法。在这个极限过程中,不仅定量,甚至比率本身都消失了。“大小比率的极限,就是在那里比

① M.克莱因:《西方文化中的数学》,第 220 页。

② Hegel, *Wissenschaft der Logik*(*Erster Band*), S. 257.

率既存在，又不存在。”[①]那么很显然，在$\frac{\mathrm{d}y}{\mathrm{d}x}$中，d$y$ 和 dx 离开这个比率形式就没有意义，它们不再是独立的定量，而仅仅是这个比率关系的量的环节，它们的意义也只在于彼此之间具有这种关系。在$\frac{2}{7}$那里，我们保留这个分数的形式而不写成小数，往往单纯出于运算或书写的方便。但是，$\frac{\mathrm{d}y}{\mathrm{d}x}$这个比率形式本身就有特定的质的含义，我们对它进行的是极限运算，而不是除法运算，即它不能单纯通过除法转化为一个直接的定量的形式。$\frac{\mathrm{d}y}{\mathrm{d}x}$是“唯一且不可分的”符号[②]，该比率就其形式而言表示质的规定。在此比率中，由于差分 dy 和 dx 不再是定量，它们也不再是有限的差分，而是无限的差分。“当区别不再是有限的大小的区别，它在自身之中也不再是一个杂多的东西，它消融为单纯的内涵(die einfache Intensität)，消融为一个质的比率环节相对于另一个质的比率环节的规定性。”[③]因为比率把量仅仅作为环节包含在一个质的关系中，比率本身就是一个纯粹的东西，而不是由两个项构成的东西。

正是由于把微分计算看作一个为比率求极限的过程，黑格尔比较赞赏牛顿的“流数法”，尤其是其中“最后比”的概念。牛顿把变量叫作“流量”，把变量的变化率叫作“流数”，把 dy 和 dx 称为 y 和 x 的增量，在其他地方也称作“瞬”(Moment)。牛顿先计算增量的比，然后假定增量消失，由此得到最后比。[④]黑格尔强调，牛顿的最后比不是最后的两个既定的大小量的比率，而是比率本身的极限，是“无限地减少着的大小的比率，它比任何给定的，即有限的差(Untershied)都更接近极限，但是不会超出这个极限，那样就会变成无”[⑤]。在这个观念里，定量已经消失了，量只是作为比率的环节而存在。

同时，黑格尔批评牛顿借助了“无穷小的增量”这样的概念。包括牛顿的前辈如费马和巴罗，以及牛顿的后辈如欧拉，也在使用无穷小量。他们为 x 和 y 添加一个增量，然后又让这个增量变成零，或者把这个增量看作是无穷小。在黑格尔看

---

① Hegel, *Wissenschaft der Logik*(*Erster Band*), S. 253.

② Ibid., S. 265.

③ Ibid., S. 268-269.

④ M.克莱因:《古今数学思想》(第一册)，张理京、张锦炎、江泽涵等译，上海:上海科学技术出版社，2014 年，第 298—302 页。

⑤ Hegel, *Wissenschaft der Logik*(*Erster Band*), S. 254.

来,这是用计算有限的量的方式来计算无限差分。哪怕这个增量是无穷小,它也依然是有限的量。因为当我们说它是无穷小的时候,其实是把它视为在比率之外已经给定的一个量,这其实还是无比率的定量。同样,对 x 和 y 做这样的加法和减法也完全是一种外在的运算。微分计算的对象是无限,求微分的极限过程不是对某种增量进行计算,而是为这个质的比率本身求极限。变量获得一个增长并不是增长了一个定量,只是为了把函数展开所使用的一个工具。而把增量重新取消为零,也仅仅否定了一个定量,并没有建立起来任何积极的东西。“知性必须超出比率各项作为定量是零这种单纯否定的方面,而要去把握它们是质的环节这种肯定的方面。”①实际上,黑格尔提出的这个任务就是要为“极限”概念尤其是“比率的极限”提供一个更恰当的说明。黑格尔认为,比率的极限是一种真无限,但同时又否认数学家目前对极限概念的处理方式的合理性。

在根本上,这里思维的困难在于,我们如何放弃定量的思维,在 $\mathrm{d}y$ 和 $\mathrm{d}x$ 不是有限的量的时候,即在 $\mathrm{d}y$ 和 $\mathrm{d}x$ 都趋于 0 的时候,仍然能够设想它们有比率,这也是问题的关键所在。由此得到的连续性不再是定量的连续,即在彼此漠不相关的界限中的连续,而是比率关系本身的连续,也即质的规定性的连续。②在这里,黑格尔和现代数学的观点是一致的,“无穷小量”没有很好地说明微积分方法的正确性,无穷小的观念不能为微积分提供严格的基础。

四、黑格尔的批评

黑格尔和现代数学观点的一个主要差异也许在于他对“级数”的态度。牛顿率先使用级数法进行微分计算,即把方幂函数中 x 得到一个“增量”之后的值按照二项式定理展开为一个无穷级数,即有 $f(x)=x^n$,那么 $f(x+\mathrm{d}x)=(x+\mathrm{d}x)^n=x^n+nx^{n-1}\mathrm{d}x+\cdots\cdots$, $\mathrm{d}y=f(x+\mathrm{d}x)-f(x)=\boldsymbol{nx^{n-1}}\mathrm{d}x+\cdots\cdots$。因为 $\mathrm{d}x$ 无穷小,就把含有 $\mathrm{d}x$ 的高次幂的项省略掉,得到微分计算的结果。一般而言,黑格尔对级数法的批评在于,级数形式是一种无限进展,所以级数本身就意味着坏的无限。具体来说,黑格尔发现,因为这些项足够微小就把它们省略掉,这是不精确的,但是由

---

① Hegel, *Wissenschaft der Logik* (*Erster Band*), S. 258.

② Ibid., S. 254.

此得到的结果却是精确的。①黑格尔认为，这里问题在于如何说明这种省略的合法性，即级数中其余各项被省略不是因为它们微小到可以忽略不计，而是因为这些项在物理学上没有意义。“这里级数的各项不仅仅被视为一个和的部分，而且是**一个概念整体的质的环节**。”②黑格尔认为，通过展开二项式对函数求微分仅仅是一个形式化的运算过程，微积分的真正对象应当是确定其中各项的力学含义。所以，与数学家不同，黑格尔在这里拒斥级数的“和”(Summe)的概念，对函数进行二项式展开不是为了方便求级数各项的和，也即求得 dy 的值，而是借此确定在展开的每一项中变量之间的函数关系的意义。也就是说，展开得到的每一项都涉及一个$\frac{dy}{dx}$的比率，即函数的两个变量的差商，这个比率在形式上(即运算上)是重复的，所以我们从该级数第一项的系数(nx^{n-1})就可以找到 x^n 的微分，即 $\lim \frac{dy}{dx} = nx^{n-1}$。③因此，微分计算应当关心项的系数而不是级数形式或者级数的和，因为前者才是微分计算所要求的那个比率。④

相对而言，黑格尔更赞成拉格朗日，因为后者拒绝无穷小和绝对零的观念。拉格朗日的方法之所以能够取消对无穷小的使用，在于他首先给出一个函数的级数形式，指出其中包含着新的函数(即导数)，而不是先给出一个增量，然后展开二项式得到级数形式。⑤拉格朗日认为，一切函数都可以表示为 $f(x+i)=f(x)+ip(x)+i^2q(x)+i^3r(x)+\cdots\cdots$，其中 $p(x)$、$q(x)$、$r(x)$……是新函数，但与 i 无关，而且 $p(x)$就是 $f(x)$的(一阶)导数，$p(x)$是 i 的系数。但是黑格尔还是不满拉格朗日为了避免使用无穷小，又采用了级数法，而且恰恰由于他是直接给出级数，同时也把微分计算完全形式化了，使得差商的具体含义完全消失了。在拉格朗日

① Hegel, *Wissenschaft der Logik (Erster Band)*, S. 238.

② Ibid., S. 262.

③ 黑格尔在一个注释中列出了拉格朗日的写法：$f(t+\theta)=f(t)+\theta[f'(t)/1]+\theta^2[f''(t)/(1\cdot 2)]+\theta^3[f'''(t)/(1\cdot 2\cdot 3)]+\cdots\cdots$，那么 $f(t+\theta)-f(t)=\theta[f'(t)/1]+\theta^2[f''(t)/(1\cdot 2)]+\theta^3[f'''(t)/(1\cdot 2\cdot 3)]+\cdots\cdots$，$\theta$ 就是 dx。从这个写法可以清楚地看出，每一项的系数同函数的导数之间的关系，而且第一项的系数就是该函数的(一阶)导数，以此类推。参见黑格尔：《逻辑学》(上)，杨一之译，北京：商务印书馆，2012 年，第 287 页注释；Klaus Hartmann, *Hegels logik*, Berlin, New York: Walter de Gruyter, 1999, S. 125, Anm. 89。

④ Hegel, *Wissenschaft der Logik (Erster Band)*, S. 279, 280.

⑤ Ibid., S. 266. M.克莱因：《古今数学思想》(第二册)，上海：上海科学技术出版社，2014 年，第 35—36 页；邓纳姆：《微积分的历程》，李伯民等译，北京：人民邮电出版社，2010 年，第 83—84 页。

那里,根据$\lim \frac{dy}{dx} = p$,我们只知道 p 是原函数的导数,黑格尔认为这是不够的,还必须指出 p 是否具有更多的意义或用处。只有这样,比率才能抛弃它的量的外表,成为按照质的方式被规定的东西。而后来的数学家反对拉格朗日,是因为他的级数法并不严密,拉格朗日没有证明函数的各阶导数都存在,因为不是所有的函数都可以求导,从而展开成包含各阶导数的级数形式。

所以,黑格尔实际上并不满足于$\frac{dy}{dx}$的形式,他进一步认为,应用才是微分计算的真正对象。在黑格尔看来,微积分之所以重要并不在于它是一种特殊的运算过程,或从该运算得到一个结果,运算是千篇一律的,可以无穷重复下去而不增加任何新的含义。关键在于微积分这个方法是否具有"实在的"意义,即是否与一个"实存"(Existenz)相符合。①黑格尔就此所举的例子是力学上一个表示匀加速运动的函数(距离—时间函数),其一阶导数表示瞬时速度,二阶导数表示瞬时加速度。②

但是,黑格尔对"应用"的理解并不仅仅局限于这种简单的对应,还包括在数学分析内部的应用。很显然,前一种应用会使微分计算局限在非常有限的范围内,很多复杂的微分运算并没有物理界的对应物,也是有意义的。关于后一种应用,黑格尔更多的是指对微分计算进行更详细的规定。

由此,黑格尔首先关心的是原函数和导数之间的关系,黑格尔否认导数仅仅是由一个运算过程导致的结果。我们通过对方幂函数进行二项式展开求得一些函数(导数),还必须说明,这些函数是关于什么"具体对象"的比率。③具体来说,从曲线方程式到直线的比率,不能仅仅看作一个发生了降幂的求导运算,而是必须追问,曲线函数的导数作为一个直线函数,它为什么就是切线的斜率。这里,黑格尔批评了巴罗的求曲线切线的方法。巴罗(以及费马)为曲线 $y^2 = px$ 求导的时候,通过让一个点的横坐标和纵坐标的增量之比等于该点切线的纵坐标和次切线的比来求切线。④黑格尔认为,这两个比率相等早就已经在几何学中被证明了,两个增量的比率本身不过就是经过曲线两个点的一条直线的斜率。在黑格尔看来,巴罗等人

---

① Hegel, *Wissenschaft der Logik*(*Erster Band*), S. 271.

② Ibid., S. 262.

③ Ibid., S. 282.

④ M.克莱因:《古今数学思想》(第一册),第 286—288 页。

的问题是,他们并没有证明这个比率就是曲线在所求的点上切线的斜率,而是直接让该曲线的导数表示的直线的比率(即该点纵坐标和次切线的比)等于增量之比。①这个批评表面上看有些牵强,其实,黑格尔真正不满意的是,巴罗借助特征三角形(此处是指由横纵坐标和曲线的一段无穷小的弧组成的三角形)来求切线,即必须认为当一段弧无穷小的时候就等于相应的线段,这样,曲线上两个点之间增量之比就直接等于所求点的纵坐标和次切线之比,即等于该点切线的斜率。归根到底,黑格尔还是反对在求微分时使用无穷小。

此处黑格尔再次对拉格朗日的方法表示赞赏。拉格朗日没有使用特征三角形,他证明另一个同样经过切点与曲线相交的直线和经过该切点的切线是重合的。很显然,这里也要用到增量,然后取消增量,证明两条线重合。从形式上看,这个方法和现代通过微分计算求曲线的切线斜率的思路几乎是一致的。但是黑格尔认为,此处使用增量和在特征三角形的场合使用增量完全不一样,因为这个增量本身就属于切线的几何规定:"切线和曲线有一个共同的点,没有另外一条落在该点上的直线能够穿过二者之间。"②按照这个解释,此处的增量就不再具有无穷小量的含义,而是指任意的大小,无论这个增量是多少,也即无论这另外一条直线和切线之间的差距是多少,前者都不存在。这是一种纯粹几何的理解。

出于同样的理由,黑格尔认为笛卡尔的切线法比巴罗等人使用无穷小增量的方法高级得多。③因为笛卡尔完全按照代数方程式对几何图形进行分析。这里可以看出黑格尔一直对微分计算存有疑虑,因为他认为对曲线函数求导使得原有的方程式的形式不复存在,即通过$\frac{\mathrm{d}y}{\mathrm{d}x}$进行微分运算不再是基于方程式的运算,而仅仅是一个比率,而这个比率的实在意义应当通过包含未知数的方程式来赋予。④然而,真正的问题可能在于——如同前面已经部分指出的——,由于黑格尔对现代微积分所依赖的"极限"概念并没有多少了解,他拒绝"无穷小"观念的同时,又否认在纯粹数学的范围内能够为微分计算提供一个充分的说明。

同样,在说明积分运算时,黑格尔也反对把积分运算单纯当作微分运算的逆运

① Hegel, *Wissenschaft der Logik* (*Erster Band*), S. 285.

② Ibid., S. 287.

③ 笛卡尔:《笛卡尔几何》,袁向东译,北京:北京大学出版社,2008年,第32—36页。

④ Hegel, *Wissenschaft der Logik* (*Erster Band*), S. 289; Klaus Hartmann, *Hegels logik*. Berlin, New York: Walter de Gruyter, 1999, S. 131-132.

算,这种理解只能说明积分计算形式的方面。导数与其原函数之间的关系不能仅仅由运算本身来证明,要找出它的实在的含义。也就是说,黑格尔认为,作为运算出发点的函数不是直接作为导数给定的①,对它求原函数也不能直接看作是求导数的原函数,而是必须根据对象的具体情况来建立两个函数的关系,然后才指明这个关系也是原函数同其导数的关系。②这样一来,问题就不再是积分和微分之间的运算关系,而变成了给定的曲线函数和例如要求的曲线下面积大小之间的关系,这个大小是一个**有限的大小**。在微分计算中,应用往往指物理学的方面;而在积分计算中,应用则主要是几何学的。③另外黑格尔也看到,积分计算也没有摆脱无穷小的观念,积分被视为无限多个无穷小的梯形的和。

五、结　　语

虽然黑格尔对微积分的讨论冗长散乱又时有重复,主线还是清楚的。黑格尔认为微积分建立了一种比率/关系形式的真无限,因为比率具有一个"闭合的整体"的形式。该形式就避免了量的无限进展,建立起来一种质的关系,从而是一种现实的无限性。但是,他似乎对迄至当时数学家对微积分的具体分析都不满意,一方面认为大部分人都在使用无穷小的概念,而"无穷小"仅仅是对定量的否定,并没有建立起来任何肯定的东西;另一方面,级数法在微积分计算中被广泛使用,这也被黑格尔看作一个缺陷,理由其实很简单,黑格尔无论如何都不能接受任何无限进展的形态出现在对无限性的规定中。而对数学家来说,级数法往往是不可避免的,问题仅在于对其进行更严密的规定。另外,也许因为黑格尔对微积分的上述不满,他认为微积分的应用而不是微积分自身的严密化才是更重要的。

在数学中,这些缺陷都涉及对作为微积分基础的"极限"概念的理解问题。一般认为,微积分发展到 19 世纪才在严密性上获得明显改善,从柯西开始对"极限"概念进行更严格的数学定义,一直到魏尔斯特拉斯(Weierstrass)才终于彻底抛弃了无穷小。微积分由此才摆脱了各种直观观念,能够建立在坚实的逻辑基础上。

---

① Klaus Hartmann, *Hegels logik*, S. 139, Anm. 106.

② R.柯朗、H.罗宾:《什么是数学》,第 448—450 页。

③ Klaus Hartmann, *Hegels logik*, S. 139, Anm. 140.

而黑格尔强调$\frac{dy}{dx}$的重要性，似乎也并不是强调它作为一个极限过程的结果的意义，而是关注这个比率的形式本身，因为它更接近黑格尔自己以概念的方式对关系形式的无限性的分析。换言之，黑格尔更关心的是极限作为一个“比率”的意义，而不是如何以更严密的方式进行极限运算从而求得极限值。①所以，紧接着这些注释，黑格尔在“量论”的第三章继续专门讨论“量的比率”。但是，对于数学家来说，极限本身是否是一个分数的形式是完全无关紧要的。

这里更深层次的区别在于，数学家一直在试图对微积分及其核心概念“极限”进行精确的数学分析，而黑格尔想要揭示出其概念基础，他对微积分的讨论之晦涩难解也主要由于这两个方面时时纠缠在一起。黑格尔说：“当数学作为微积分而采用的运算与单纯的有限规定的本性及其关联完全矛盾的时候，只有在**概念**中，这个运算的正确性才能得到论证。”②黑格尔认为，要真正说明微积分的意义，必须把它建立在真无限的概念上，数学的无限是以真无限的概念为基础的。质言之，在黑格尔眼中，数学并不是完全自足的，它的基础在它自身之外。

哈特曼指出，黑格尔对数学的处理又表现出他体系哲学的一贯方法，数学范畴(和艺术、宗教等一样)不是最高的真理，只有相对的合理性，但同时又可以被纳入概念发展的一个较高阶段上。③但是，黑格尔并没有能够给出这样一个阶段。黑格尔在接下来的第三章讨论“量的关系”时几乎完全抛弃了微积分的形式，无论是对正比率、反比率还是方幂比率的规定都没有涉及任何与$\frac{dy}{dx}$有关的内容。也许，这一点和前面几个注释对微积分的含混处理一同表明，黑格尔并不知道应该把$\frac{dy}{dx}$这样一种表示极限过程的比率关系形式放置在他的逻辑学的哪个位置，$\frac{dy}{dx}$已经超出了他的概念的逻辑能够处理的范围。

作者单位：扬州大学马克思主义学院

① Hegel, *Wissenschaft der Logik*(*Erster Band*), S. 269.

② Ibid., S. 252.

③ Klaus Hartmann, *Hegels logik*, S. 145-146.

Hegel on Calculus: One Attempt to Solve the Problem of True Infinity

Wu Xiaojie

Abstract: Since Jena period, Hegel attempts to establish true infinity as a non-causal relation, in order to solve the actuality of the infinite, and his "Logic" provides a more rigorous and more diverse form for this programm. In the "Quality" Chapter of *Logic*, the true infinite reaches an Impasse, and then obtains a new opportunity to explore the true infinity as Verhältnis in higher mathematical anaylsis, namely differentialquotient $\frac{\mathrm{d}y}{\mathrm{d}x}$. For Hegel, this form of difference quotient sublates quantum and establishes a qualitive relation with quantitive moments, which shows the limit of ratio as a whole and is true infinity in the form of relation. But Hegel attacks that mathematicians always use "infinitesimal" and series method, which both are bad infinity. To obtain a correct understanding of "limit", we have to base calculus on the Concept.

Keywords: Hegel, Infinity Relation, Calculus, Limit

上帝是何种超越者?

——康德上帝概念中的内在困难*

邢长江

摘　要:在康德哲学中,上帝概念始终是一个充满争议性的问题,而理解他的上帝概念的难点在于,如何理解它所意味的超越性内涵。康德对超越者的理解本身包含了明显矛盾:它既是内在于形而上学体系中的最为完满的本原根据,又是基督教教义中的创造者和绝对权能。这种矛盾使得康德的上帝概念变得异常复杂,也招致了后世许多人对它的批评。事实上,康德自己已然认识到了其中的问题,且试图竭力补救这里的缺陷,而这个补救的过程又使他的哲学呈现出明显的个人特征。

关键字:超越性　创造者　二元论　上帝

众所周知,康德为理性划定了界限,以至于上帝在他那里成为一个不可认识的对象。既然上帝不可能被认识,上帝的普遍必然存在就不能在认知上被确证,那么我们何以能够对上帝有所信仰呢?康德的哲学体系是一个自足的整体,再把上帝引进来,好像是叠床架屋,多此一举。这是一种通常对康德上帝概念的批判,至今似乎仍是不刊之论①。

不过即使如此,康德的上帝概念还遗留下来很多更深层次的问题。比如,既然上帝概念始终与他所强调的"人的自律"不能和谐共处,那么我们不禁要问,为什么康德不径直忽略这一问题,割去这一阑尾,而是要执意保留上帝的中心位置呢?他

* 基金项目:本文受湖南省社科基金青年项目"康德法哲学思想及其当代意义研究"(19YBQ020)资助。

① 其中法欣格尔(Hans Vaihinger)的观点最具代表性。他在《关于仿佛的哲学》(*Philosophie des Als ob*)中指出,上帝只不过是被康德看作仿佛(als ob)存在的虚设,除此之外并无他意。他说,信仰只不过是出于道德意图的一般需要,只是一个道德观念,至于上帝到底是否存在本身无法决定。

本人在构思这个问题的时候有什么特殊的苦衷，或者甚至是犯了根本的错误？不得不说，如果要真正地理解康德的上帝概念，就必须要对这些深层次的问题有所把握。本文就希望触及这些根本的问题。

毫无疑问，不管我们从何种角度介入对上帝概念的探讨，其本质总归不离一点，即上帝是超越者。人们对于康德上帝概念的争议，很大程度上就围绕着上帝是何种意义上的超越者这一点展开。所以对于这一切争执之最终解决，全在于我们如何理解上帝作为超越者的根本内涵。本文就试图从上帝的超越性这一线索出发来展开讨论。

一、作为超越性的最终根据的上帝以及超越性的双重内涵

何为超越？这本身就是一个复杂的问题。首先，我们可以从本原根据的角度上理解超越的内涵。我们的一切具体的思维和行为都必须由一个最终根据所决定。这一根据并不属于任何一个有限的存在者。我们对于一切事物的理解，都必须依据于这个最终的本原根据才能理解。在这个意义上，本原根据是超越于一切有限的存在者之上的。如果没有这种根据，那么人就只能陷于片面和局限的境遇和考量之中，而不可能有统一的意义整体，就无法摆脱自己所设定的主观领域去理解世界，甚至一切真实的对于具体事物的理解都不可能。正如查尔斯·泰勒(Charles Taylor)所说，超越性的维度首先应当是一种“完满”(fullness)和“丰富”(richness)的状态(“也就是说，在那个地方[活动或境况]，生活是更加完满、更加丰富、更加深刻、更值得过、更令人敬慕的，更是生活应有的样子”①)。哲学最根本的追求应当是开显这种统一的意义整体和完满状态，这决定了人要追求超越性的维度。而这也是古希腊特别是柏拉图主义经典的超越观和哲学观。

在以海姆索耶特(Heinz Heimsoeth)、冯特(Max Wundt)为代表的新康德主义者与海德格尔、皮希特(Georg Picht)、阿默里克斯(Karl Ameriks)等人看来，康德哲学所追求的超越者很大程度上表现出来的正是这种形而上学意义。他们试图指出，康德虽然做出了严格的二元区分，但是最后还是相信这些分立的领域之上存在着更高的统一性。所以康德哲学并非是一般意义上的主观观念论，而是围绕超越

① 查尔斯·泰勒：《世俗时代》，张容南等译，上海：上海三联书店，2016 年，第 8—9 页。

者而展开的基础存在论和形而上学。用康德的话说，超越者固然对于人来说是一种外在的渺茫的存在，但是对于它的诉求恰恰决定了哲学航行的方向，以至于要从超越者这一无人到过的海域开始（“这是一片一望无际、没有灯塔的漆黑的大洋，人们必须像航海家那样在无人航行的海域开始”①）。他们引用康德在《纯粹理性批判》“先验辩证论”部分对柏拉图理念论的运用来证明这一点。在那里，康德确实像柏拉图一样，把一切理念（Idee）中最高的那一个超越者（即理想[Ideal]）看作是最为源初的根据（Grund）和同一性基础，是最为完善的存在（das allervollkommste Wesen）。一切有限事物都因为共处于一个共同的意义关联的系统之中，且受到了这个系统的支持而“分有”或者“限制”了它的存在。相反地，如果否定这一超越者，那么也就无异于否认了一切事物之可能性。②

其实，不仅在“先验辩证论”中改编的“柏拉图理念论”里，康德把作为这一本原存在的超越者当作立论的中心，而且在道德哲学中，它扮演了更为重要的角色。在康德看来，道德抉择和道德行为之所以是有意义的，就在于它与超越于其上的客观层次相关，否则就会因为失去神圣性和超越性而失去意义。③不管是自然还是道德的领域都最终指向了一切存在的终极基础和意义统一体。它是一个最终统合自然领域与道德领域的“超越的一”，是超越了一切时间和空间的永恒价值。理论理性和实践理性并非仅仅消极地命令人服从于现象界的各种约束，它们其实甚至积极地设定了这种约束得以可能的最终的更高的意义关联系统（用康德自己的话说，是“系统的统一性”④）。这一意义关联的系统使人相信，在实然的有限领域之上，存在着一种更为原始的应然的和谐与统合。⑤它作为终极目的，要求人的一切理论和道德实践行为都因被收容于其下而获得其方向且被其规定。

那么这种作为本原存在的超越性维度来自哪里呢？首先，这种超越性维度不可能来自人自身。因为人是有限的存在者，它只能在具体的时间空间中生存，所以在其之中不可能无中生有地“创造出”这种超越性维度。事实上，超越性只能是来

---

① Kant, *Gesammelte Werke*, ed. königlich preußische (später deutsche) Akademie der Wissenschaften, Berlin, vol. II, S. 65-66.（以下简称 AA II 65-66。）

② AA II 83.

③ AA V 122.

④ AA III 427-428.

⑤ “显而易见，甚至在事物的本质中也蕴涵有与统一性、与联系的普遍关联，一种普遍的和谐笼罩着可能性自身的王国。”（AA II 96）

自完全与人不同的绝对的超越者，即上帝。只有上帝这一绝对的无限才真正有资格为这个意义关联的整体背书（“有某种东西绝对必然地实存着。这种东西就其本质来说是唯一的，就其实体来说是单纯的，就其本性来说是一种精神，就其持存来说是永恒的，就其状态来说是不变的，就所有可能的东西和现实的东西来说是最充足的。这就是一个上帝……无论人们怎么按照自己觉得好的方式安排对神性概念的解释，我都确定无疑地认为，我们刚刚证明了其存在的那个存在者正是这样一个神圣的存在者，它的区分标志可以用这样或那样的方式归诸最简短的称谓”①）。不管是在前批判时期的《证明上帝存在唯一可能的证据》，还是《纯粹理性批判》《道德形而上学基础》和《实践理性批判》之中，我们都可以看到这种作为本原存在的超越者的上帝概念。康德指出，上帝通盘地规定了一切有限的事物，而有限的事物并不反过来决定上帝。没有了上帝这一本原根据，那么一切有限事物都是不可能成立的。在上帝概念这一存在论基础赋予了一切现实事物之可能性的这一意义上说，上帝就是超越的、神圣的。

但是需要注意的是，这种对于超越性的理解以及基于此种超越性内涵之上的上帝概念并非完全得到了康德的坚持。康德事实上还同时认同了另一种超越的内涵。在他的论文《论可感世界与理知世界的形式及其原则》之后，特别是在《纯粹理性批判》之后，康德严格地区别开了超验和经验，从而不断地强化了超越者作为完全在经验世界之外的这种内涵。他指出，人必须要承认人所具有的有限性，所以一切哲学的考察都只能是从人的主体出发去展开内在的考察。我们对于事物自身无法获得本质的把握，以至于我们对包括上帝在内的超越者都只能得出一种主观化的观念，我们对于上帝所做出的一切的谈论都只是在人类的主观性的视域之中。超越者只不过是人立足于有限且具体的认知所回溯和推理到的产物，它只能是为自由和道德奠基的主观公设。与之相对的，上帝是自我持存的，以至于上帝自身的属性和内涵，是我们所绝对不能认识的。上帝绝对不在人的认知领域中占据任何实在的位置，我们只能对其产生一种永远都不能破除的“幻相”。祂最多只能体现为一种意识活动中指引有限的存在者超出经验的倾向，即仅仅是起到了主观的“范导性”作用（而非现实地呈现在对具体事物的建构之中）。在道德领域，我们只能对定言命令在人的心灵中所唤起的良知之中，约略地探寻到一点隐秘的上帝在人身

① AA II 89.

上进行启示和授予神恩的“影子”。总而言之，康德所谓的“主观主义转向”的哥白尼革命并非是要简单地宣扬人定胜天、取消上帝。相反地，他其实希望以充满张力的方式揭示出超越者另一种极为重要的特征。超越者之所以是超越者就在于它是一种完全自足且人类之外的永恒的绝对他者和“外在的原因”(alien cause)。①它永远在人之外。不管我们人多么用尽全力去探寻它，它总是高高地位于人的头顶，而不受卑微渺小之人的亲近。②

当然，康德的这第二种超越概念其实更加贴近于基督教传统中对超越的看法，而不是柏拉图的理念论体系中作为本原根据的超越性。基督教的上帝概念之超越性最重要的内涵是祂的绝对权能。祂从无中创造了时间空间。祂创造了此岸的世界之后，又再次降临世界，以拯救的方式给人施予神恩。祂可以用理性或者非理性、有形或者无形等方式展现祂的无上权能。在具有如此无上权能的、超自然的上帝面前，人以及人所处的此岸世界都卑微到不值一文，随时任由上帝决定和裁决。所以在中世纪的基督教传统中，上帝的超越性恰恰就体现在，祂并不是古希腊形而上学所说的那样的本原存在，而是与世界相同一。固然，在中世纪的传统中，上帝即是无限。但是祂的无限性并不仅仅体现在祂是最为根本的理念，不仅仅体现在祂为一切的有限存在者提供根据。祂的无限性还体现在，祂就其自身而言就可以永恒地持存祂的绝对存在，祂是与有限的存在者完全相反的永恒的他者。康德既然所要强调的是基督教的上帝，那么他的上帝概念所具有的超越性和无限性就必然包含了基督教上帝的这种外在的和超自然的内涵，以及有限的人在面对如此超越的无限的上帝时所展现出来的卑微渺小。③上帝之所以是超越者，从另一个角度看，就是因为当我们面对祂时，“我们终究会在某处经验到一种距离，一种缺失，一种放逐，一种似乎无可救药的对抵达此地的无能；力量的缺失；困惑，或者更糟糕的，那种传统上所称的抑郁，即厌倦”。超越性和神圣性的这一层面的内涵，恰恰包含了对其第一层面——即至上的完满性和丰富性——的否定，因为它本身就意味着因为祂，人必然会“忘记完满的样子，或再也不能相信完

---

① Patrick Kain, *The Development of Kant's Conception of Divine Freedom*, in *Leibniz and Kant*, Oxford: Oxford University Press, p. 29.

② 保罗・蒂利希：《基督教思想史——从其犹太和希腊发端到存在主义》，尹大贻译，北京：东方出版社，2008 年，第 320 页；Christopher Insole, *Kant and the Creation of Freedom*, Clarendon: Oxford University Press, 2013, p. 68。

③ 保罗・蒂利希：《基督教思想史——从其犹太和希腊发端到存在主义》，第 320 页。

满。但是，缺失的痛楚、丧失的痛楚，依旧在那里，其实它在某些方面甚至变得更严重了"①。

上帝是超越的最终落脚点。正是因为上帝既是滋养包括人类在内的一切有限存在者的本原存在，又是永远地居于人类世界之外的永恒他者，所以反过来说，祂也就必然包含有两种看似互相矛盾的本质特征。超越既意味着内在地为一切此岸事物奠基，又意味着外在地与现存世界完全背离。超越的这一种双重的动机伴随了康德先验哲学的始终。②

二、超越的上帝概念中的固有矛盾

既然康德的超越的上帝概念具有双重内涵，那么问题就来了：上帝如此自在且永远地处于人的意识和经验范围之外，祂何以又是像康德引用柏拉图的理念论和道德目的论时所描述的那样，内在于人的经验和自然的领域呢？祂何以成为意义的统一体，以至于一切有限的存在者可以从中"分有"其规定性的内涵呢？我们实在无法理解，上帝作为一个自在且超越的绝对他者，何以能够与有限的存在者构成内在的联结，以至于超越的上帝能够在人的思维和行动中扮演一个重要且积极的角色？在上帝概念上，康德表现出最为明显的悖论：他一方面希望强调上帝是有限者的内在根据，另一方面又强烈地坚持人的有限的主观边界。他一方面希望从存在论的意义关联总体的角度来把上帝和人容纳在一个统一体之中，以至于他追随莱布尼茨、沃尔夫的唯理论神学，否认有任何外在于这个统一的可能性框架之外的存在者和原因（上帝更不是这种外在的存在者和原因），而上帝正是在这个框架之中最高的根据。他说：

> 这并不是说，好像上帝乃是借助自己的意志而成为内在可能性的根据，而是因为同一种无限的本性既具有一个根据与事物的所有本质的关系……借助上帝的本性被给定的事物自身的可能性，将与祂那巨大的渴望相一致。但是，善和完善性也存在于这种一致之中。而且由于它们与祂一致，所以，甚至在事

---

① 查尔斯·泰勒：《世俗时代》，第9—10页。

② Richard Kroner, *Kant's Weltanschauung*, Chicago: The University of Chicago Press, 1956, p. 35.

> 物的可能性中也可以发现统一性、和谐和秩序。①

另一方面他又决绝地从人的有限性的角度，否弃了在存在论、形而上学甚至道德目的论内部统合上帝与人的企图。很明显，这两者之间是绝对不能共融的。可是吊诡的是，康德甚至"幼稚地"自许，他能够通过二元论的"骑墙"的方式把冰炭不同器的这两个方面和谐并蓄地综合在他自己的先验哲学体系之中。他的解决方式是：在强调超越性维度的时候，一味强调、宣称超越的上帝对于有限的存在者的决定和推动、范导和引领；而在强调人的内在维度的时候，又转向强调人在面对上帝时必须坚持的主观性和内在的面向。其实，我们可以很容易地看出，康德二元论的"骑墙"自然不能解决这种矛盾。如果不能落实二元之间的内在联系，而只是在二元的两侧做各自的强调，其结果只能是加深这两歧之间的分裂，加深其间的矛盾。

事实上，后来者正是看到了康德上帝概念中的这种根本矛盾，所以才会对康德的上帝概念进行批评。比如费希特就指出，如果上帝像康德所说的那样，只是一个绝对外在的超越者，那么祂就与我们人的生活没有关系，我们更看不到在道德世界的非人格的人类理性秩序之上设想一个上帝的必要（"现存的和运行中的道德秩序本就是上帝，我们不需要别的上帝，我们也不能理解另一个上帝"②），上帝概念也就自然站不住脚了。所以关键问题在于，要否定上帝的外在超越的内涵，而把上帝完全指认为内在的本原存在。费希特试图把上帝完全容纳在理性和自由活动内部。他指出，理性本身就是一个不断展开的先验统觉的活动（即所谓的"事实行动"[Tathandlung]）。一方面，理性是活动的、动态的，是一种属人的活动或者动作；另一方面，在这种理性活动展开之时，上帝自身最为实在的事实（Tatsache）也就呈现在我们的面前。在理性的整体性的表象活动中，人的主观的自由的理性活动与超越者得以统一起来。由此，上帝与人二者之间能够无间地相融为一，以至于理性自由的活动作为一个完整的意义整体，甚至可以完全自足，不再需要诉诸超越者的独立来源——即神秘的、具有位格的上帝概念。

与费希特一样，黑格尔也认为，正是因为康德的理性划界，致使康德的上帝概

---

① AA II 91.

② J. G. Fichte, *Werke*, ed. F. Medicus, Leipzig: Felix Meiner Verlag, 1910, vol. 3, S. 130.

念仅仅是一个外在的理性公设，归根到底都没有对上帝的信仰内容有所论定。[①]如果上帝概念的真实内涵没有被获致，或者仅仅出于实践的目的来预设这个内容的存在，那么它就是空洞的，是“片面的单纯抽象的形式”[②]，以这种上帝概念为目的和中心的形而上学就只能是一种主观观念论和独断论。[③]黑格尔指出，康德虽然力图要完成一种理性神学，但是却把最为根本的无条件者的超验领域留给了神秘主义。所以归根到底，康德因为没有把形而上学的原则贯彻到底，所以也和雅可比一样，只不过是一个非理性主义者或怀疑论者。[④]他否弃了康德的理性划界，反其道而行之，以绝对者的无条件的存在为出发点来展开他的观念论与形而上学。他把理性看作是一个与自我意识相同一的辩证的、动态的演绎过程。只不过在此之前，理性首先是与绝对者的本然存在相同一的。在黑格尔看来，形而上学和理性辩证法与其说是人类反思自身认知能力的过程，不如说是天道自身展现的过程。作为这种没有界限，而是与绝对存在相同一的理性的对象，上帝不再是与有限的人和它所处的世界相对立，不再是外在于有限的绝对的他者，而是与后者相统一。此岸的世界所体现的正是上帝本身。我们通过辩证的理性就可以觉察到上帝的绝对精神在地上的显现。所以，此时的上帝的内涵也就不再像康德的上帝概念那样是抽象和空洞的，而是可以实实在在地被人所把握。我们人类不再是永远地居于上帝之外，上帝与人之间并不存在康德所宣称的那样严格的分裂和隔阂。人没有必要过于怀疑自己所处的世界的实在性，因为不管人怎样怀疑，都已然安然地生活在上帝的神恩之中。

黑格尔在《信仰与知识》(1802/1803)中非常完整地阐述了他对康德上帝概念的批评。他指出，康德因为从自我出发，试图以此为基础推出上帝，那么只会用有限的自我取代上帝，这样也就违背了他的神学考量。对于泛神论的警惕和对虔诚的追求使得康德放弃了他早年自然哲学的思路，不再通过时间空间中的世界秩序

---

① 《黑格尔著作集第 17 卷 · 宗教哲学讲演录 II》，燕宏远等译，北京：人民出版社，2015 年，第 318 页。

② “客观的东西在康德看来，只是自在存在，一切丰富的东西、一切充实的内容都被放在表象、思维、公设里面。所有的一切都是主观的；我们不知道，这些自在之物是什么东西。但自在存在只不过是死躯壳，是对于他物僵死的抽象，是空洞的、不确定的彼岸。”(黑格尔：《哲学史讲演录》[第四卷]，贺麟、王太庆译，北京：商务印书馆，1983 年，第 303 页。)

③ 同上，第 258 页。

④ 同上，第 305—306 页。

的无限性来推导上帝的无限。但是他明显走到了反面,即导致有限的自我的绝对化。随着这种自我的绝对化,我们自己口中所说的上帝只不过成为一种人自身意识的投射。上帝被掏空了内容,成了虔敬主体自己的事情。世界没有了上帝,上帝也失去了世界和对象。因此,黑格尔在路德会赞美诗集的"上帝本身死了"(Gott selbst ist tot)这句话中,看到了这种神蚀的现代文化的真实表达。《信仰与知识》中的这段话对此的描述再恰当不过了:

> 宗教在个人心灵中筑起自己的庙宇和祭坛。在叹息和祈祷中,这人寻求他在直觉中加以拒绝的上帝,因为担心理智认识到、直觉到的仅仅是事物,从而把神圣的树丛亵渎为一块木头而已。①

黑格尔认为,康德的上帝概念之所以会陷入如此困境,是因为它基于近代的主观主义视角,而他本人,正是要清理康德形而上学中的笛卡尔传统和主观主义的残余②,以此让上帝本身重新复活起来。黑格尔把绝对的上帝放到了一个不断生成变化的辩证发展过程之中:上帝作为绝对的同一体就其源初的时候并没有任何对立和限制,所以也不可能有主体与客体的差别。但是祂又不能仅仅停留在源初的同一那里,祂必须要走出自身,来到现象界,呈现为分离和限制,从而使得一切具体的事物都与绝对的上帝构成关系,且基于上帝这个本原的根据。祂最终在这个不断外化的过程中,形成具有丰富内涵和层理的绝对的客观总体。由此,从最为终极和完成的角度来看,上帝作为本原根据就其永远地走出自身且外化和生成而言,与现象界中的一切具体事物相对立。③但是一切事物都在上帝之生成变化中获得意义,所以它们都不异于绝对的上帝的本原存在。在黑格尔眼中,并不需要像康德那样,尽力区分上帝两个层面的意涵——作为一切有限事物之本原根据与此岸事物之绝对他者。这两个层面只不过是同一个绝对同一体的不同侧面:两者都是真实的,且包含在同一个绝对者之中。它可以被理性所理解,同时也被无条件地接受和

---

① Hegel, *Hegels Werke in zwanzig Bänden*, *Werke* 2, *Jenaer Schriften 1801-1807*, Frankfurt am Main: Suhrkamp Verlag, S. 289.

② Frederick Beiser, *German Idealism: The Struggle against Subjectivism*, Cambridge, MA: Harvard University Press, 2002, p. 2.

③ 黑格尔:《费希特与谢林哲学体系的差别》,宋祖良、程志民译,杨一之校,北京:商务印书馆,1994年,第31—32页。

信仰,在这里实在没有必要做刻意地区分和差别。康德执意要区分这两者,其实恰恰体现了他受到主观主义知性思维的限制。黑格尔指出,只有从现实的伦理生活中证实基督教的信仰,从而使得基督教信仰外化成为实定的宗教,才能真正突破康德所做的刻意的限制和他所建构的"心灵宗教"。

三、康德自己的辩护

费希特曾经向康德清楚地指出康德上帝概念中的矛盾问题。不仅如此,他把自己对这些问题的解决方式写成《批判一切启示》这部著作,郑重提交给康德。费希特对康德直接表达了德国观念论运动在上帝概念这一问题上的不同立场,以及德国观念论者超越康德的基本路线。对此康德绝非一无所知,而是心知肚明。但是在1792—1793年的几封回信中,康德始终或明或暗地对费希特的这部著作和这种企图表达了深深的拒斥。①最终,他在1799年8月7日,以发表公开信的方式与费希特完全决裂。在公开信中,康德说得非常明确,他并不认同费希特所希望完成的超越者和人的内在方面之间的理性统一,更不可能认同用纯粹逻辑的所谓知识学的方式完全把上帝的内容消解去。

康德的理由是,首先,理性的界限并不能被忽视,因为这会带来令人难以容忍的独断论危险。人类的理性是如此之有限,以至于人不能单凭理性把握其对象的内容("单纯逻辑的原则并不涉及认识的质料,而是作为纯粹的逻辑,把认识的内容抽象掉。要从纯粹的逻辑中提炼出现实的客体,是一件白费力气的工作,因而从来也没有人尝试过")。所以人类理性也不可能通过它自身的能力,完成上帝这一超越者与人之间的统合。很明显,康德把费希特的这种一元论的尝试看作是一种肤浅的疯狂:我们何以知道,理性能够具有与存在如此同一的能力,以至于通过理性的展开和推理,达到事物本身呢?至少在康德看来,唯理论者的一元论规划在理性上完全无法自圆其说。②他认为,这种一元论的形而上学和神学根本不能做到前后一贯。

① 在1792年2月2日致费希特的信中,康德明确否定了费希特的理性统一尝试以及在其基础之上的宗教思想,参见《康德书信百封》,李秋零译,上海:上海人民出版社,2006年,第176、201页。

② 康德在这封《关于与费希特知识学关系的声明》中对费希特为代表的一元论的非批判性和独断性大加斥责(《康德书信百封》,第245页)。康德类似的指责俯拾皆是,比如1786年《什么叫作在思维中确定方向?》(参见AA VIII 144)。此处不录。

其次，康德更进一步地看到，承认人类理性的这种局限性是基督教思想的根本要求。在我们这些卑微的有限的存在者面前，上帝是一个完全在现实之外的超越者，我们无法通过有限的理性和自然的中介明了这一永恒他者的绝对权威。在他看来，如果承认这种一元论的尝试是可行的，那么也就否认了上帝是完全外在于世界的绝对他者，上帝也就不再居于与此岸相对的彼岸，不再体现应然的超越了。他看到了这种一元论可能造成的斯宾诺莎的泛神论危险，其结果是对超越的上帝的不虔诚。

再次，他指出，即使通过划界，承认无法用思辨理性的一元论的方式直接把握超越的上帝，即不承认上帝是一个基础存在论意义上的本原根基，我们也可以在道德的领域中内在地对上帝的意义进行实在的理解。康德指出，在人心灵中显现的绝对的道德律令本身就是上帝的启示：人类心灵中所响起的良知呼唤体现了上帝的意志，人内心中所浮现的懊悔就表现了祂的训斥，人在内心中所感到的喜乐体现的是上帝对人的爱。所以在人的内心之中，就达成了上帝与人之间的直接沟通。依照新教神学的说法，良知是宗教意识的最高法庭，只要经受了这一法庭的检验，对上帝的认信就得到了最终的安全保证。良知的裁决是上帝本身对此事所下的启示。康德在这里，真正地体现了新教哲学家的信仰取向。他也在人的内心之上，建立起一座心灵的祭坛和神庙。只要人真正地服从心灵中的道德法则，那么也就真正地完成了对上帝的侍奉。①这意味着，面对上帝，我们不再需要眼睛朝外，祈求自己通过理性的方式与自然相同一。人只要眼睛朝内，自己靠自己，面对自己的内心，真正地承担起自己的道德责任，超越的上帝也就成为人类行为的内在根据。在这里，上帝事实上与人的道德观念如此接近，以至于二者几乎达到了重合的地步。由此，上帝不再是一个完全外在的理念，而是因为成为人的道德行为的本原根据而成为内在于有限世界的人的价值。上帝作为道德法则的立法者不再凌驾于人之上发号施令，相反地，是人自律地要去服从道德律从而敬畏上帝。上帝不再与我们相对，我们为了自己成就道德自然会爱戴上帝，肯定上帝的存在，理解上帝的意志。所以康德自认他虽然并没有主张一种形而上学的一元论，但是已经达到了费希特与黑格尔所要追求的统一的目的。

康德指出，他虽然严格地划分了上帝与人之间的界限，以至于把上帝归于外在

① AA VI 197.

的超越者，但是并没有完全把上帝看作是外在的，更不认为上帝与人之间是完全分裂的。毕竟在康德看来，有限的存在者并不是零散地一个个分裂的部分，它本身受到了至高的绝对理念的统摄。康德绝不承认存在着有限者与无限者之间的完全疏离，一与多、统一与分离之间从来都是辩证统一的。我们更不能否认，在康德强调人的有限性的同时，他认定上帝在人的内心中所唤起的声音是如此确定：祂虽然不能被人在理论上认定，但是我们必须要承认祂的存在。①对于超越的道德信念的推崇、对于世界终极目的的设定等等，都构成康德哲学中不可或缺的部分。所以那些所谓康德主张上帝与人之间完全二元分离的说法在很大程度上是伪问题。他之所以要划分界限，强调差异，并非是要否定上帝的存在，更不是要否认上帝与人之间的关联。他所反对的只是自上而下、没有差异的传统独断论神学。②

他之所以要强调上帝绝对外在地超越于我们，与其说是要真正地隔离开上帝与人之间的关系，还不如说是要使上帝与人之间保持张力。在康德看来，基督教上帝的超越性和绝对权威必须要体现在有限者与无限者、实然与应然之间的尖锐对立之上。在人类的有限本性的束缚和干扰之下，上帝相对于人来说所占据的超越位置就愈益得到彰显。人要摆脱自身的局限去服从完全与自身利益相斥的道德规范的时候，就愈加体现出了人信仰的本性。相反地，如果两者之间的对立被缓和，如果我们一上来就直接地承认理性的秩序是上帝所授，如果上帝与人之间存在着一种本然统一的关系，那么我们很难说作为定言命令的道德法则有什么严肃性。我们很难说，人在面对上帝在内心中发出的呼声时经历了何种冲突和挣扎。如果在人的心灵中没有天人交战的冲突和挣扎，我们何以能够真正认可，这种良知和呼声并非仅仅是自己臆想的，而是来自完全超越于人之上的上帝，我们又何以认为上帝具有一种绝对的权力和威仪呢？上帝与人之间在心灵中呈现的张力对于康德来说尤其重要，这一点在《纯然理性界限内的宗教》中得到了最为明显的体现。善的

---

① 克朗那(Richard Kroner)指出，这种叙述背后包含了极端的宗教信念，这种信念支撑了康德的整个上帝学说。参见 Richard Kroner, *Kant's Weltanschauung*, p. 40。

② 阿默里克斯引用了《形而上学家赫尔德》(*Metaphysiker Herder*)这篇康德演讲中的说法，指出对于上帝与人之间的关系，康德有一个包含了所谓的"限制的论证"(restraint argument)方式。在这个论证方式中，上帝与人两者在一个互动过程中彰显了内在张力的统一。上帝在某种意义上是外在于人的，以至于上帝并不完全为人的行为负责，一切事物并不完全与上帝同一。但是人的行为仍旧还是完全依赖于上帝，因为上帝要求且使得一切事物互相关联起来，赋予一切事物以可能性。参见 Karl Ameriks, *Interpreting Kant's Critique*, Oxford: Oxford University Press, 2003, pp. 125-126。

原则和恶的原则在人的内心中不断撕扯和斗争。拥有原罪和极端恶的人面对这场你死我活的战争,往往会选择容身于恶的原则之下。在如此极端的张力之下,只有外在的上帝凭借一己之力奇迹般硬生生地把人从堕落的境地之中解脱出来,使人能够趋善避恶。我们才真正地有可能不顾一切尘世中的阻碍,自愿地、真心诚意地对上帝的超越性加以肯定。由此上帝与人之间才构成了一种真实的统一关系。在这个意义上,康德认为,他强调上帝的外在超越以及由之所体现出来的人神关系的张力,其实并不与上帝作为有限存在者之本原存在这一点相矛盾,而是恰恰对后者极有益处,因为这种差异的张力为人神之间的统一提供了前提和基础。

上帝之外在与超越使得人对上帝的信仰具有了生机和活力。天人交战之下的上帝概念不再是一个平面化的抽象的概念,形式地勾连起几个空洞名词。上帝概念因为经历天人交战而愈加超拔起来,成为支撑着人面对信仰考验的终极目的。上帝在此时是生动的,祂对于我们来说不仅仅是一个冷冰冰的知识。祂现实地命令我们不满足于现实生活的各种偏好和妥协,而是要努力挣扎起来,超越于这些现成物,以超越的价值作为自己追求的方向。上帝是使人不断出离有限框架的永恒冲动,祂的外在超越的内涵和内在超越的内涵二者完成了协调。上帝永远都在人之外提醒着人谦卑,引领人去追求,所以祂是一个外在的超越者。如果上帝真正地可以被实在地达到,那么祂将与有限的存在者处于相同的层次,上帝也就不再是终极的超越的目的。

与此同时,在人向这一作为理想的上帝不断追求而又永远不能达到的过程中,超越的上帝不再是和信仰者相异,而是与人深深地相契。上帝国的来临只能表现人对超越者的深深的期望,它不可能借助现实历史中的任何客观的力量而达到。但是另一方面,人对上帝国来临的期望本身就蕴含了上帝客观的助力,以至于人在如此期望的时候,也就显现了上帝意志,并且我们有足够理由相信,上帝国总有一天会降临。①

不得不承认,至此我们看到,康德的上帝概念并不如同一般的批评者所想象的那样简单。因为康德其实把超越和上帝问题推进到一个更深的层次。他试图营造出一个既包含差异又最终指向统一的动态过程,以此富含张力地综合内在超越和外在超越两者。它所意味的是,上帝具有一种其他一切事物都无法剥夺和损伤的

---

① AA VI 115-124.

独立性和自足性，以至于上帝自己创造且保存了一个超感性的领域。面对这个超然自足的上帝，人永远在迷途上远行和挣扎，永远宣称自己与上帝并不相即，永远宣称自身的“非存在”。但是这整个过程正是上帝与人完全融合的体现，人在其间真正地体会到自己的这种看似分离的追求所通往的正是上帝的路，自己也得到了上帝的支持和安慰。费舍尔非常正确地指出，这种奥古斯丁曾经用《约伯记》的例子来强调的有限者与无限者之间的张力、分裂甚至争斗，正是基督教上帝的神恩理论的基础。康德的上帝概念以及与之相关的划界也是在此基础之上的。他在《实践理性批判》“辩证论”的末尾也就在这个意义上指出，与其直接承认祂的明见性，其实否认上帝的明见性更加能够体现对上帝的遵从。他说：

> 因此，即便在这里，对自然和人的研究通常充分地教给我们的东西，即我们借以实存的那个不可探究的智慧，在它拒绝给予我们的东西中比在它让我们分享的东西中并不更少值得崇敬，也可以由此而是很正确的。①

正是因为康德如此强调超越者与人之间的隔绝，所以同时也具有一种特殊的好处。人会生存在“一种稳定的中间境况”之中。一方面，因为上帝这一超越者并不完全外在于我们，而是内在的，我们能够不耽于对彼岸的超越和完满的向往，而是认识到此岸的秩序虽然是有限的，但其实是与那完满之地有着持续的联系，以至于我们可以在此岸做经年累月的努力，以期向它缓慢行进。另一方面，因为上帝这一超越者并不完全是内在的，而是外在于我们，所以信仰者不至于像不信者那样，满足于此生生活的欢喜，而是总是保持着对超越了他所在之处的某种东西的渴望，随时准备超越自我，开放自我，接受一种超越我们的力量。所以综合这两方面而言之，康德其实由此可以同时避免宗教的狂热和自然主义的无信仰，避免完全超越性的宗教和对其的直接否定。无疑，他把基督教的传统的信仰进行了一种内在化的改造：从后一种方面来说，人确实感觉到一种接受性，即当我们作为充满欲望的有限的存在者，充分认识到自身的局限、脆弱和悲怆之后，可以真实地对终极无上的力量投之以歆慕和敬畏；但是这并不意味着有任何来自外部的接受——这种力量是内在的，以至于我们越了解这种力量，就越明白它深深地根植于人的内心之中。

---

① AA V 148.

而在人类曾经对宗教报以天真的信赖被破毁之后的现代这个“世俗时代”，这种经过内在化的改造之后的信仰事实上往往体现为从自我出发的、承担起自己责任的英雄般的行动(“我们是既脆弱又勇敢的存在者，能够毫不懦弱地直面一个无意义的、有敌意的宇宙，能够挺身接受制定我们自己生活的法则这一挑战，这样一种自我感确实可以鼓舞人心，正如我们在加缪等人的作品中所看到的那样”①)，以至于我们完全有必要对其中所体现的宗教性抱以足够的重视。

四、康德式辩护的进一步问题

不过即使如此，康德的这种辩护仍旧存在着问题。固然，上帝概念作为一种外在的超越者所意味的就是我们需要不断地突破对现存世界的认同，并且康德指出，一旦我们投入到这种突破甚至挣扎的过程之中，上帝也就成了内在地为我们有限的存在者奠基的本原根据和终极目的。但是我们何以真正地知道，我们所做的这种对于现存世界的突破和超越本身是与上帝的意志相同一的？我们何以知道，我们所做的这种出离自身安然的环境之外的外在超越活动必然是有意义的，甚至是走在通向上帝的道路之上呢？② 事实上这一问题在康德的上帝概念上表现得最为明显和尖锐。因为正如上文所述，康德的上帝概念本身的前提就是划界，即否认上帝与人经由理性直接相同一。人仅仅通过回归自己的道德良知进而基于自律的实践行为来达到与上帝的统一。换句话说，康德的超越之路是“以人统天”，亦即康德是从有限的存在者的角度来谈上帝概念及其对此世的奠基的。这种超越的起始点就不在于绝对的上帝，而在于有限的人。既然如此，我们何以能够知道，从人出发所谈的作为超越者的上帝是否真的具有超越性，乃至于真的是上帝本身？

再进一步，康德认为统合上帝的外在性和内在性的一个关键就在于诉诸非理论理性的自律的道德实践。所以他花费了大量的笔墨和精力在道德实践的领域，希望厘清良知在人的内心中的样态和自律的道德实践生成的过程。他极为坚定地指出，道德意志的完全自律(而不是诉诸任何理知的助力或者考虑任何现成利益的理由)是道德行为的本质内涵。但是坦率地说，康德对于上帝最多也就只能谈到人

---

① 查尔斯·泰勒:《世俗时代》，第 13 页。

② Richard Kroner, *Kant's Weltanschauung*, p. 44.

的道德实践的层次。他还必须从人出发，严守上帝与人之间的绝对的区分，所以他无法直陈上帝概念本身的实质性内容。他不能从上帝自身出发，说明何以上帝的启示这一“源头活水”能够从上到下地、实在地贯彻在道德实践的方方面面。因此他不能真正地说清楚，为什么道德的最终根据在于上帝，为什么我们的道德行为最终通向对于上帝本身的事奉。很明显，在自律自足的人类道德和以上帝为中心的宗教生活之间，康德偏向前者，以至于我们完全有理由把他的哲学称为“道德主义”。而道德的自律和属人的本性决定了它必然承认全面体现宗教生活的一块绊脚石。这也就是为什么如此多的解读者，在读完康德的道德哲学之后，还是会认为上帝只不过是一个权宜性的设定的根本原因。

事实上，上帝概念确实在康德哲学中扮演一个尴尬的角色。我们根本无法恰当地说明，上帝概念何以是超越的。如果上帝的超越性体现在其是与世界同一的本原存在，那么我们就根本没有必要突破此岸世界的限制，就可以安然地归于上帝神恩的怀抱。这样，它所意味的外在性的内涵和超越的“应然”的力量就立刻崩塌了。如果上帝不与此岸的世界相同一，而是完全自足自在的，那么我们所做的一切挣扎和突破自身的努力也就不再具有本然的目的，而人的道德行为也就不再具有任何神圣性，只不过是一种独断的强迫。在这个意义上，康德对自由的超越活动自身的神圣基础有很多的反思甚至质疑。“自由是源初地生产和影响某些事物的能力。但是在一个被创造的存在者那里，源初的因果性和一种源初的有效的因果关系的能力何以能够被获得，这一点还不能被理解。”①在《反思录》(*Reflexion*)中，康德承认这是“形而上学上唯一不可解的困难”②。在他的形而上学讲课中，他也指出：“但是问题是：灵魂的活动，即人的思想，是来自于没有原因决定的内在原则？抑或是，这些活动是由外在的原则所决定的？如果是后者那样，那么他就仅仅具有特定意义上的自发性，而不具有先验意义上的自由。如果假设灵魂具有一个原因，以至于它是一个有依赖的存在，是另一个事物的结果，那么问题就来了：是否绝对的自发性可以被归于作为具有原因的存在者的灵魂。这就是这里的困难。是否有一个独立的存在，以至于我们可以在其中思考绝对的自发性。但是如果我假设：一个存在者来源于另一个存在者，于是它看起来似乎是可能的，即被这种原因所决定

---

① AA XVII 728.

② AA XVIII 98.

的人只具有某种程度上的自发性；事实上人自由地能够根据内在的原则而行动，但是由一个原因所决定。现在问题是：是否我可以（把自己）思考为灵魂？是否我还具有绝对自由的先验自发性？"①

当然这些问题仍旧还在于上帝所具有的这种超越性的内涵本身。无论康德如何弥合超越性的双重内涵——即内在的超越和外在的超越——之间的关系，无可否认的一点是，这两者之间本身就包含了一种固有的矛盾。内在本身就不可能是外在的。超越者一旦意味着是一切事物之本原根据，就不可能又完全地位于一切事物之外。反之，超越者一旦是一种完全外在的自足自在的存在，就不可能与此岸世界的有限物有过多的联系。康德始终摇曳在外在超越的上帝与内在超越的上帝之间，而不最终选择站在任何一方。这就造成了，这两种上帝概念的内涵互相拆台。这种拆台没有真正地达到彰显张力的效果，而只是让人愈益怀疑上帝概念内在的统一。康德最终认为，这两种互相冲突的上帝内涵看似的分裂只不过表面现象，这两者之间是互相统一的。但是我们何以知道这两者之间是统一的呢？他曾经说过，因为上帝是神圣的和神秘的，所以我们不能凭理论证明这种统一。但是他又拒绝了神秘主义者，后者声称通过神秘经验和直观亲身证实了这种统一。他反对神秘主义的路径，声称自己是一个理性神学家。但是当费希特等德国观念论者和形而上学家说，他们从一开始就站在了超越的绝对者而不是人一边，且用理性辨明了这两者之间何以符合逻辑地内在勾连的时候，他又责怪他们独断且不虔诚。事实是，康德一齐否定了这两种尝试。但要命的是，与此同时，他并没有真正给出他自己的方案。康德如果声称外在的上帝是人的认知和行为的本原根据，而又不能以或理性或非理性的方式证实这一点，那么这是不是意味着，我们只能远远地静观上帝有这种既内在又外在的超越的荣耀呢？既然如此，那么在他的哲学体系中，上帝何以能够具有绝对的权能，且占据一个至高无上的关键中心的地位呢？

在中世纪的基督教传统中，上帝与人之间虽然有绝对的差距，但是很少有神学家会像康德那样认为上帝完全外在于人，所以上帝与人可以因为人的信仰而相契合。但是反观康德，随着康德不断地调整上帝概念的内涵，不断细心地界定上帝概念在不同语境中所扮演的不同角色，他并没有使得他的上帝概念变得更加完满更加统合。相反地，在我们眼中，上帝概念其实变得更加模糊。康德最终不再能够清

---

① Immanuel Kant, *Lectures on Metaphysics*, Cambridge: Cambridge University Press, p. 80.

楚地说明，上帝到底对于人来说意味着什么，在上帝面前，人占据一个什么位置。这无疑是康德上帝概念的一个根本的困难。

作者单位：湖南大学马克思主义学院

Which Kind of Transcendence is God? An Inner Dilemma in Kant's Concept of God

Xing Changjiang

Abstract: In Kant's philosophy, the concept of God is always a controversial issue, and the difficulty in understanding the concept of God lies in how to understand the transcendental implication of Kant's concept of God. Kant's understanding of transcendence itself contains obvious contradictions: it is not only the most complete principle and origin of the metaphysical system, but also the creator and absolute power in Christian doctrine. These contradictions made Kant's concept of God extremely complicated, and caused a lot of criticism in later generations. Kant actually recognized this problem himself, and tried to remedy this defect, and this remedy process made his philosophy have obvious personal characteristics.

Keywords: Transcendence, Creator, Dualism, God

从自发性到自由:康德基础自我意识的自身性结构

郝琛宠

摘　要:从亨利希和盖耶尔关于自我归属性及自我意识作用问题的争论可以看出,反思性的认识论立场对康德自我论题中的“自发性”意涵存在误读,而第一批判中自我意识的非主题化仅适用于先验统觉的知识界域,其形式-普遍性则指向伦理向度的主体交互性。德国观念论(以费希特和黑格尔为代表)发展自身性结构的努力并未超出知识与自由的意义循环,海德格尔对康德哲学的存在论阐释则正确提出了本真自我之证成的思想路线,但仍未清晰地涵括认识—实践的交互性维度。对自我论题进行存在论阐释的真正意义在于揭示自我意识与道德法则所共享的以综合统一为目标的动力学系统,由此印证本真自我之现实化过程的“渐成性”。有鉴于此,康德基础自我意识从自发性到自由的动态结构最终必须立足于自由存有在敞开的生活世界中的不断明晰。

关键词:康德　基础自我意识　先验统觉　本真自我　交互性

一直以来,人们对康德主体性反思及自我意识理论的关注主要集中在从自发性到自由的过渡这一点上。如何统合先验统觉和道德自我借以成立的反思路径,并提供某种共享的自身性结构,成为有望揭开“批判之谜”的一把钥匙。对康德而言,自我意识是整个纯粹理性批判的极点,自由则是第一批判和第二批判的“拱顶石”,基于这一明确的联续关系,上述追问的出发点就应当被设定为:在可能展开问题的最低限度上,某种自身性结构如何可能成为表明认识与实践之间联续关系的纽结?

对这一问题之可能性的审慎考虑主要基于亨利希所发展,已然成为学界共识的“回避策略”理论①。该理论认为,康德用纯粹理性的谬误推理来终止对先验自

① 参见 Dieter Henrich, “The Origins of the Theory of the Subject”, in *Philosophical Interventions in the Unfinished Project of Enlightenment*, eds. A.Honneth, T. Mecathy, C. Affe, A. Wellmar, Cambridge: MIT Press, 1992, p. 53。

我的讨论，意在回避某种在认知和道德领域同样适用的基础自我意识的可能性。通过对亨利希(D. Henrich)、盖耶尔(P. Guyer)、阿利森(H. E. Allison)等人围绕这一策略的意图及后果进行的探讨做出评判，我们有望澄清，康德此举虽然杜绝了从对象性知识与自我关系入手建立同一性自身关系的努力，但并未排除对自我意识之基础作用进行阐释的其他途径。鉴于此，本文的探讨思路将进一步限定为理解自我意识在先验统觉那里的基础性(奠基性)作用以及在道德自我那里的完成，最终聚焦到一条基础自我意识从自发性进展到自由的渐成性道路。本文的探讨大致可分为三个步骤：一、考察先验统觉反思性的限度；二、以海德格尔的存在论解读为契机，尝试一种迂回方案；三、澄清道德自我对先验自由所处反思界域的突破和发展。

一、先验统觉的反思性界域

近代哲学对自我功能及其认识论、本体论结构的探讨无不体现出以科学知识的稳固进步为理性之驻地的理想，笛卡尔将经过反思而发现的“我思”作为知识确定性的标志即为鲜明例证。康德将第一批判的工作指向先验综合知识的可能性问题，同样显示了这条思想路线的内在一致性。与笛卡尔主义传统颇为乖离的是，康德将自我意识的功能限定在对象知识实在性的演绎范围内，而先验演绎的动力则在于寻求某种保障思维与对象一致性的先验结构。自我由此便构成了反思之有效性的环节，而非相反。[①]康德将对自我意识的分析置入先验演绎的环节中，其意图或许在于赋予自我性知识以与对象性知识类似的普遍公开性，而不将其限制在某个现成的反思结构中。

---

① 此观点受到了麦克道威尔(John McDowell)相关论述的启发。他指出：“康德的目的是清除有关自我的笛卡尔式的企图(Cartesian temptation about the self)，而且他几乎就要成功了。他想要承认那些鼓励了笛卡尔哲学的自我觉察的独特性，但是又没有让它们似乎表明了这点：自我觉察的对象是一种笛卡尔式的自我。不过，他认为，唯一的替代选项是一种先验的自我觉察(a transcendental self-awareness)，即这样的某种东西，它不以实体的形式呈现于世界之中的东西为对象(something that has no object substantially present in the world)。如果我们坚持为这种自我觉察提供一个对象，那么我们只能以几何的方式(geometrically)将其作为一个视点，将该对象定位在世界之中。这避免了人们熟悉的有关一个独特的实体与实在的其他部分之间的关系的笛卡尔式的问题。”(麦克道威尔：《心灵与世界》，韩林合译，北京：中国人民大学出版社，2014 年，第 140 页)然而，麦克道威尔随后错误地否认了康德自我论题的具身性维度，笔者将在下文对此点进行简要的对比论述。

这种想法可以在A版和B版演绎所提供的论证中得到初步证实，而笔者首先关注的主要是自我意识在先验演绎中发挥的功能及其与思维的联系。学界大多认为B版演绎较A版在明晰性上更胜一筹，关于B版演绎所涉及的主要关联，则存在较大分歧。如亨利希和盖耶尔认为B版演绎注重的是范畴对象的有效性和先验统觉之间的紧密关联，阿利森则主张核心问题乃是证明"人的认识的理智条件和感性条件之间的一种关联"①。就显明自我意识在整个演绎中的作用和结构而言，笔者倾向于第一种立场，并试图将其延伸为先验统觉与展现其功能的反思性特征之间的交互关系。同时，A版演绎的借鉴作用也不可忽视，它毕竟以自我意识对"主观演绎"和"客观演绎"的联结展示了自我作为知识中介的可能性，有助于确定基础自我意识的作用方式及范围。

在B版演绎中，康德从"联结"作为范畴运用之前提的"必然性"推出"我思"伴随一切表象的"必要性"，进而从直观杂多与"我思"的关系角度将"纯粹统觉"的行动表述为自发性的，或干脆将"我思"称作"统觉行动"（B137）。②在此，康德特别强调了"纯粹统觉"与"经验性统觉"的差别，前者之所以是自我意识的先验的统一，就是因为其表象的同一性不取决于偶然的（心理学）因素，而是直接贯穿一切意识，同时，这些表象都具有朝向自我同一性的"属我性"。不难看出，同一我思对表象的随附性与它们的"属我性"是相互预设的，康德通过这种交互规定来展现自我意识自发地联结和统一对象性知识并将其归属于自身的特点。所谓从自我意识先验统一中产生的"先天知识"，不仅指纯粹统觉对于自身统一性的认识，也包括对被统一的对象性知识的意识。如果说前者仅仅保证了杂多中的"同一性"，那么后者则是有意识地朝向一个最终的对象知识统一体而保持杂多的有机联结。因此，"只有借助于一个预先想到的可能的综合统一，我才能想象分析的统一"（B133）。人们习惯于直接将这种综合特质归于自我意识的功能，而康德接下来却退回一般思维的自发性来进行论述。在他看来，"知性只能思维"意味着："就一个直观中被给予我的诸表象的杂多而言，我意识到同一的自己，因为我把这些表象全都称作我的表象，它们构成一个直观。"（B135）康德并不是通过直观综合统一体的循环论证来分析综合过程的诸环节，而是强调思维本身——无论是否达到了二阶性的自我意识——总

① Henry E. Allison, *Kant's Transcendental Idealism: An Interpretation and Defense*, New Haven and London: Yale University Press, 2004, p. 159.

② 本文所引《纯粹理性批判》译文皆出自邓晓芒译本（人民出版社2004年版）。

是一种将被给予的表象归于自我的联结活动,自我意识作为对这一联结过程的综合把握,则将被给予性转化为自发的给出-对象性。

考虑到一般思维与自我意识在对待被给予性方面的差异,我们就不得不沿循康德的思路对自我归属的限度做出规定。在此需要引述一段著名的话:“意识的综合统一是一切知识的一个客观条件,不仅是我自己为了认识一个客体而需要这个条件,而且任何直观为了对我成为客体都必须服从这一条件。”(B138)显然,直观杂多的被给予性本身就隐含了一种自我归属,而使其发动的必要条件恰恰是意识的综合统一。因此,我们就不能像盖耶尔那样将先验统觉的功能束缚于范畴的先天自我归属,进而不假思索地将其视为先验演绎的失败和近代主体主义的表现。然而,我们也应重视亨利希的深刻洞见:康德并未从自我意识出发推导出范畴,认识的先天可能性与属我性的相互关联并不意味着自我意识的统一体可以摆脱反思过程而主题化。①亨利希提供的正面启示或许正如盖耶尔给出的评价那样——他论证了认识主体可以通过先验统觉的综合统一功能确证自身的连续性。这里涉及的是心灵的主体意识对其内在诸心灵状态或离散知识的关系,其中最为关键的是区分被思维的自我与先验统觉中的自我意识。

回到亨利希和盖耶尔关于自我归属性问题的争论有助于进一步领会这一区分对于康德先验演绎的重要性。亨利希认为,自我归属的完成不是一劳永逸地通过归属性本身分析得到的,归属性所依附于的那个自我需要通过直观被纳入意识的方式来解释。②盖耶尔更多站在范畴的对象有效性角度上,将康德自我意识从分析统一到综合统一的过渡视作从自我先天表象到先天自我归属的一种确证和加强。③阿利森反对盖耶尔将“我思”的功能实在化的看法,他将“我思”视为康德对表象之属我性的一种强调,康德在这里仅仅肯定了自我归属的“可能性的必然性”。④亨利希和阿利森观点的合理性在于,康德的确将分析性命题和综合性命题的区分上升到了内感官规定中被思维的自我与先验自我意识的差异,后者提供的客观统一毋宁就是所谓“可能性的必然性”。对于康德而言,我们在内直观中认识到的自

---

① 参见 Dieter Henrich, “Identity and Objectivity”, in *The Unity of Reason*, ed. R. Velkley, Cambridge: Cambridge University Press, 1994, pp. 123-208.

② Ibid.

③ Paul Guyer, “Book Review of *Identivität und Objectivität*”, in *The Journal of Philosophy* (76), 1979, pp. 124-127.

④ Henry E. Allison, *Kant's Transcendental Idealism: An Interpretation and Defense*, p. 164.

我主体只是对我自身显现的现象(B156),被思维着的自我只是自我意识层叠作用中的一个一般环节,而在统觉的综合的本源统一中的自我意识既非显象,亦非自在之我,而只是"我在"。进一步说,自我意识并不拥有"我如何在"的知识,因为规定活动本身就受到自我意识的辖制,我的存有状况"只是在感性上、即作为一种现象的存有才可加以规定"(B158)。归根结底,康德对二者的区分是为了防止人们对统觉之我无原则地主题化,统觉之我的先验统一性构成了对一个对象的思想形式,正如阿利森所说,这里受到争议的"我"不是一个特殊的认识者,而是统觉之我的宾语形式。①

阿利森将意识的综合统一性解释为一个"对象化的条件"(an objectivating condition),这十分贴近康德对统觉原则的认知力量的强调,但缺乏对"我思"之自由的充分肯定。事实上,康德恰恰是要通过自我意识中自我知识的显现来刻画先验自由的图景,正是凭借对这一点的洞见,亨利希用自我意识与世界的关联和自我意识一同出现的事实反驳了盖耶尔和阿利森的认识论立场。②基于亨利希对自我意识之自身关系的探讨,我们大致确定了第一批判中纯粹统觉提供的自我意识的两个基本意义维度:首先是自我意识与一般思维的关系,其次是自我意识与世界的关系。我们一旦将被思维意识到的自身看作独立的起源,它也就重新回到了在被自我所认识或觉察到的自身那里想要避免的情况,从而"接受了自我的性质",成为被自我意识的运动本身框定的自我知识。③由于先验统觉本身的作用依赖于思维着的自我,因此第一批判中反思性自我意识的合法性就止步于"我思"循环所构成的知识界域。现在遗留的问题是:我们是否至少能确认"我思"具有使自我和世界成为两个极项的中介作用?这种自我与世界之间的有机联结的有效性又在多大程度上超出了第一批判的意义领域?

可以确定的是,康德已经借助对纯粹理性谬误推理的批判对基础自我意识的几种可能出路进行了否决:(1)对世界总体的否决杜绝了抽象地将自我意识与世界相对置的企图;(2)对自我实体的否决规避了以自身关系为基地进行主题化探

---

① Henry E. Allison, *Kant's Transcendental Idealism: An Interpretation and Defense*, p. 175.

② 参见 Dieter Henrich, "The Identity of the Subject in the Transcendental Deduction", in *Reading Kant: New Perspectives on Transcendental Arguments and Critical Philosophy*, eds. Eva Schaper and Wilhelm Vossenkuhl, New York: Basil Blackwell, 1989, p. 279。

③ 倪梁康:《自识与反思:近现代西方哲学的基本问题》,北京:商务印书馆,2002年,第180页。

究的途径;(3)自我意识作为认识客体的"前提",自然否决了以自身为实存之"根据"的假设。思维作为一种逻辑机能(B429),所保证的仅仅是科学知识的有效扩展。①

二、从"我思"到"我能":一个存在论迂回

依照康德在第一批判和第二批判之间所做的意义区分,从先验统觉到道德自我的过渡很大程度上构成了批判哲学和德国观念论的分水岭。尽管弗兰克(Manfred Frank)等人一再强调德国观念论在主体性与自身意识关系方面的一致性,但同样不可忽视的是导致路线分歧的问题意识。②在皮平(Robert B. Pippin)看来,康德与其后继者之间的关键论题就在于:一个人应当如何理解那种认为"要使经验是可能的,直观就必须服从范畴"的主张?这是否真切地是一个综合的主张,是演证关于所有可能直观的某种普遍性格所得的结果,并因而是纯粹概念客观实在性的一个演证?③ 在自我意识的功能方面,这就关涉到统觉仅仅是"副词性的"(adverbial)还是包含着某种"主体的活动"。④应对这一问题内在张力的策略主要发

① 康德对这一命题的进一步解释指出:"我想要意识到自己,但仅仅作为思维着的来意识;我的独特的自己如何在直观中被给予出来,我对此存而不论……在单纯思维时对我自己的意识中,我就是这个存在者本身,但关于这个存在者本身当然还没有任何东西凭这种意识就被提供给我去思维。"(B429)与此相关,康德在A版"纯粹理性的谬误推理"中将统一性知识完全归于思维机能的先行作用:"没有比把诸思想的综合中的统一当成这些思想的主体中的被知觉到的统一这种幻相更自然、更诱人的了。我们可以把这种幻相称之为物化意识(apperceptiones substantiatae)的偷换。"(A402)阿利森曾在《康德的先验观念论》中对所谓"物化意识(hypostatized consciousness)的偷换"的意涵进行了较为详细的论述,参见 Henry E, Allison, *Kant's Transcendental Idealism: An Interpretation and Defense*, pp. 337-340。

② 弗兰克认为,德国唯心主义的重要作用之一在于不把主体性视作反思的产物,而认为"主体性直接地与自身一起被知悉",但随后指出费希特并未从他揭露的反思模式中解脱出来(参见曼弗雷德·弗兰克:《个体的不可消逝性》,先刚译,北京:华夏出版社,2001年,第39页)。弗兰克对康德哲学和德国观念论之间承继关系的转折性论述并不鲜见,他在另一处也曾指出:"可能康德的最大惊奇就在于,他不得不看到,他的学生们首先对(自我意识中的)这个自我的结构进行批评,并努力证明,康德的哲学就失足于对这个结构的描述。"然而,弗兰克认为康德实则已经在实践哲学层面上解决了自我结构的两难问题(转引自倪梁康:《自识与反思:近现代西方哲学的基本问题》,第181页)。同样,亨利希在其《在康德与黑格尔之间:德国观念论讲座》一书中也曾提及澄清二者关系的困难之处。笔者认为,这种困难恰恰说明:导致二者方向性差异的,并非不同的问题指向,而是对同一问题的不同理解策略,这使得我们有必要严格地从康德给出的否决方案出发,而非重复前代阐释者的重构计划。

③ Robert B. Pippin, *Hegel's Idealism: The Satisfactions of Self-Consciousness*, Cambridge: Cambridge University Press, 1989, p. 30.

④ Ibid., p. 23.

展为费希特式的(Fichtean)和黑格尔式的(Hegelian)。在费希特那里,先验统觉被理解为一种纯粹的自我设定,而他对康德自发性论题的这种处理被后者贬斥为"不多也不少,恰恰就是单纯的逻辑"①。对黑格尔而言,潜在的"我思"必须从单纯的思考形式上升为真正的思想,而论者往往认为黑格尔因此错失了康德"形式性"的意义。

如何在尊重康德对认识论自我和"形而上学-实践性"的严格主义划分的同时发展先验统觉的积极意义,成为后观念论哲学相关阐释的一条潜在线索。海德格尔的存在论阐释为我们提供了检审这一线索的契机。海氏关于自我意识与道德自我基本关系的重构大致展开为以下几个方面。

首先,海德格尔将康德借"统觉之本源的综合统一"所定义的自我诠释为"诸规定之杂多统一之本源根据",并将综合统一功能视作在存在论上对突出主体的特性描述。通过将"反思"当成自我意识的运作方式,海氏在使自我超出"形式性"设定的同时也以"根据"的名义将其保留。在这里,"自我是一切行表象、一切行知觉的根据,这就是说,自我是存在者之被知觉性的根据,亦即一切存在之根据"②。"根据"本身被中肯地解释为"一切存在的存在论基本条件",由此可见,存在论意义上的自我根据明显有别于知识学传统"自我设定"的本原性。换言之,自我意识的形式结构指向伦理向度的"人格性"而发挥其奠基作用。③

其次,海德格尔以"实存"(Dasein)概念为枢纽将康德的认识论原则转化为存在论原则,这种解释立足于自我之为行动对于理论和实践活动的贯穿,并尊重了康德强调的两个基本原则:(1)统觉之自我无法为规定活动所通达,纯粹自我决非"被思作现成者的自我";(2)对自我的存在论规定对于康德而言是不可能的,在基本反思知识中呈现出来的只是"我行动"。海氏指出,规定活动(不管属于理论还是实践领域)指向我的实存,而实存本身的被给予性依赖于自我对其"做出陈述"的意愿,因此我们就可以确认在先验统觉之自我与道德人格(personalitas moralis)之自我之间存在某种关联。④

最后,personalitas moralis 的源头可追溯到"敬"的道德自我意识,自我由此被

---

① 康德:《康德书信百封》,李秋零编译,上海:上海人民出版社,2006 年,第 244 页。
② 海德格尔:《现象学之基本问题》,丁耘译,北京:商务印书馆,2018 年,第 181、183 页。
③ 同上,第 207—208 页。
④ 同上,第 208 页。

提升为本真性存在。在海氏看来,“敬”这种道德感受是自我之“即-自己-自身-而在”的方式,自我借此摆脱一切感性规定而把自身领会为自身。①不难看出,在道德人格自我提升的过程中,排除杂多的感性因素这一模式同时运用于知识和道德领域,其中隐约可见“实存”与“存在”在本真性维度上的区分。

在海德格尔的存在论阐释中,康德自我论题的“本质缺陷”就暴露出来了:康德本人并未满全理论自我和实践自我相统一的内在趋势。②相反,海氏的阐释则沿循着认识主体同一性和道德人格同一性之间的一致,试图构筑一种与认知世界展开过程的同一性建制相对应的人格-实践同一性。

按照海德格尔在《康德书》中的定义,存在论的知识“是一种依据那非依照经验而来的根据(原理)所进行的判断”③,因此,“我思”的存在论意义就不以经验中的先验统觉能力为依归,而是指向超越论的自我。海德格尔清楚知道康德自由论题的非反思性背景④,也意识到了自我循环实际上受限于本身构造的知识界域,在此基础上他才能看到,“只有作为不断自由的‘我能’,‘我思’才能够让统一状态的对举物站到对面成为对象”⑤。从超出反思性知识界域的层面上说,自我作为“无遮蔽的纯粹显现”,必然穿透作为一种知识类型的先验统觉,使一切经验知识具有绝对的客观性。⑥

康德并未将经验知识中的感性因素作为自由意识的基础,而感性在海氏那里却扮演着至为重要的角色。“我思”提供的是一种被感性所关涉的、也即有限的主体性。“我思”的有限性意味着自我不仅能停留于单纯自身关涉的关系结构,还必须贯穿自身和成为自由的“我能”,即,理性本身就是意志。尽管我们可以从人类作为一种物理的具身性(embodied)存在的角度将实践理性的作用落脚在人类行为与

---

① 海德格尔:《现象学之基本问题》,第 194—195 页。

② 海德格尔说:“我们面临着康德自我学说内部的一个特别的矛盾。就理论自我来看,可以表明不可能对其进行规定。从实践自我的视角看,则有着一种对其进行存在论界定的尝试。康德那里有着一个特别的疏忽,他未能本源地规定理论自我与实践自我之统一性。”参见海德格尔:《现象学之基本问题》,第 210 页。

③ 海德格尔:《康德与形而上学疑难》,王庆节译,上海:上海译文出版社,2011 年,第 10 页。

④ 海德格尔认为,康德对自由的思考所揭示的最为基础性的一点是,“自由不是我可以从那些叫作‘人’的现成事物中抽离出来的任何规定(Bestimmung)”。参见海德格尔:《德国观念论与当前哲学的困境》,庄振华、李华译,西安:西北大学出版社,2016 年,第 142 页。

⑤ 海德格尔:《康德与形而上学疑难》,第 73 页。

⑥ 黄裕生:《真理与自由:康德哲学的存在论阐释》,南京:江苏人民出版社,2008 年,第 191、203 页。

世界上的“决定性事件”之间的差别[①],但这种转化策略本身仍面临着两种困境:其一,理性与意志在康德那里的区分在于,前者拥有自己的法则,而后者只有恰切地接纳主体际性的维度才能符合理性的要求;其二,康德将自我与理性秩序的明晰关联在道德领域予以保证,正隐含着主体的无限性而非有限性。

正是这双重的理论困境,提示我们从更宽泛的存在论意义上界定“我思”的基础性内涵及区别于先验统觉的异质因素。亨利希认为,对自然基本规则的认识的真正功能并非将自我与世界相“关联”,而是敞开一个世界,这种自我的敞开性为自身意识的生活提供了可能。[②]这种说法揭示了海德格尔所忽略的认识—实践的交互性维度。据此,自我本真性在存在论意义上的完成并未孤立认识论上的经验自我归属。

三、道德自我对本真自我的证成

康德将道德自我的澄清视作实现至善的必要前提,体现了他对纯粹统觉的基础性自我意识的保留。对这一点形成更强有力佐证的是,康德在《道德形而上学基础》一书中用意志自由来演绎道德法则,而在两年后出版的《实践理性批判》中,则径直将对道德法则的意识作为“理性的事实”而予以承认。这一转变的关键在于:如果自由意志与自我意识共享了一种因果性的自身关系结构,那么“理性事实”的优先性就体现了对这种共享关系的现实化。换言之,后者以自由意志和理性的合一为目的。通过比较以上两种思路,我们较易发现自我意识和道德法则之间的结构相似性。接下来,笔者将首先澄清这种相似性,其次通过对“理性事实”的分析将重点聚焦在本真自我的现实化道路上来。

自我意识与道德法则首要的共通之处在于其形式-普遍性。如前所述,康德将先验统觉的功能界定为综合统一的形式原则,恰使“我思”得以向世界敞开而自由

---

① 参见 Terry Pinkard, *German Philosophy 1760-1860: The Legacy of Idealism*, Cambridge: Cambridge University Press, 2002, p. 46。麦克道威尔曾在其《心灵与世界》中提出相反的观点,他认为康德的自我意识(主体性)理论“并没有使得该主体能够将自己,即它的经验的那个主体,设想成客观实在中的一个有身体的要素(a bodily element)——设想成世界中的一个有身体的呈现者”(参见麦克道威尔:《心灵与世界》,第 139 页)。实际上,在康德看来,只有自我意识的明晰性得到显著提升的本体领域才能容纳对存在者之具身性的意识,麦克道威尔的观点不免显得狭隘。

② 迪特·亨利希:《自身关系》,郑辟瑞译,北京:中国人民大学出版社,2017 年,第 129 页。

显现;同样,道德法则的形式性也要求自由的理性存在者将主体间交互的伦理维度纳入自身,并以"理性事实"印证自我的本真性。罗尔斯(John B. Rawls)正是在此处正确地看到了普遍法则对道德利己主义的有力排斥。①反过来说,"我思"既然是在与其他表象的联结中确认了自我意识的普遍性,那么认识论意义上的自我也就获得了一种指向伦理生活的公共性维度。②

其次,自我意识与道德法则的意识本身都蕴含了一个以综合统一的实现为目标的动力学系统,皆具有"渐成"(gradually achieved)的特点。除了阿利森所谓的"可能性的必然性",自我意识的同一性本身就附带着对综合统一体的表象;道德法则本身乃是自由意志得以显明的条件,它同样指向与自由意志——自我规定的自身关系结构——的综合。

值得注意的是,道德法则的渐成性不仅以自身释放出行动能力的"可能性"为前提,而且以本真自我的现实化为核心。用《道德形而上学基础》中的话来说,行动所依从的准则必定以自身成为普遍规律为目标,从而自由意志和服从道德法则的意志便完全等同了。③亨利希指出,康德理性实践的本质即基本自我关系的满足和完全现实化,人的本质经由这种现实化而构造起来。"自律"和"自由"即起到了统摄这种自身关系的作用。④

具体而言,基础自我意识的自身关系在道德领域的体现即"理性的事实"。在第二批判中,康德以智性直观排除了预设意志自由并对之进行探究的可能,同时揭示了纯粹理性的原始立法与自由意志的相互包含——自由是自律的存在理由,自律则是自由的认识理由。⑤如阿利森所说,正是"理性事实"提出了"验真(authenticate)道德律并建立先验自由的实在性"的可行策略。⑥

本真自我的现实化在实践活动中体现为"人格的自由",在跨越现象界和本体界、面向世界敞开的存在论意义上,则体现为自我自由地存有这一事实的不断明晰。因此,毫不奇怪,只有在道德的本体领域,自我才能洞见其跨越现象与本体的

---

① 参见罗尔斯:《正义论》,何怀宏等译,北京:中国社会科学出版社,2005 年,第 129—134 页。

② 黄裕生:《真理与自由:康德哲学的存在论阐释》,第 198 页。

③ 康德:《道德形而上学原理》,苗力田译,上海:上海人民出版社,2012 年,第 54 页。

④ 迪特·亨利希:《自身关系》,第 130 页。

⑤ 康德:《实践理性批判》,邓晓芒译,杨祖陶校,北京:人民出版社,2016 年,第 38 页。

⑥ Henry E. Allison, *Kant's Theory of Freedom*, Cambridge: Cambridge University Press, 1990, p. 230.

存有实情,这种二元化的力量由理性维持,并通过将自我本身与"被对象所作用的自我"区别开来的能力来展现完整的自身关系。平卡德(Terry Pinkard)曾正确地指出,对道德法则的接纳本身就是将自己设想为一个理性存在者的可能性条件①。反过来说,道德法则的"应该"就建立在对感觉世界的认识论态度的接纳中。"在必须承认自己是一个属于感觉世界的东西的同时,我认为自己是理性的主体,这理性在自由观念中包含着知性世界的规律。所以,我必须把知性世界的规律看作是对我的命令,把按照这种原则而行动,看作是自己的责任。"②

在这里,基础性自我意识的某种动态的本源力量得到了彰显:自由与自然的两种因果性汇合于自我,但必须被分开设想,而"先验自由"则是我们拥有关于道德义务本身的自我意识这种生命经验的基础。正因如此,理性存在者从自发性到自由的提升才是可能的。"理性事实"的概念既包含着关于道德洞见本身的本体论要素,也包含着关于该洞见的认识论要素。③道德自我并未否认或割裂与纯粹统觉之自我的关系,而是通过对本真自我的证成,使得基础自我意识的动态结构得到了澄清。

作者单位:复旦大学哲学学院

From Spontaneity to Freedom: the Self-structure of Kant's Basic Self-consciousness

Hao Chenchong

Abstract: From Henrich's and Guyer's arguments on the self-attribution and the role of self-consciousness, we can see that the reflective epistemological standpoint misunderstood the meaning of "spontaneity" in Kant's self-thesis, while the non-thematization of self-consciousness in the first Critique only applies to the knowledge domain of transcendental apperception, and its form-universality points to the subjective

① Terry Pinkard, *German Philosophy 1760-1860: The Legacy of Idealism*, p. 47.

② 康德:《道德形而上学原理》,第 60 页。

③ 刘哲:《黑格尔辩证——思辨的真无限概念》,北京:北京大学出版社,2009 年,第 67 页。

interactivity of ethical dimension. The German idealism(represented by Fichte and Hegel) does not go beyond the meaning cycle of knowledge and freedom in its efforts to develop the self-structure. Heidegger's ontological interpretation of Kant's philosophy correctly put forward the ideological line of proving the authentic self, but still did not clearly include the interactive dimension of cognition-practice. The real meaning of ontological interpretation of self-thesis lies in revealing the dynamic system shared by self-consciousness and moral law which aims at the synthetic unity, thereby verifying the "gradual" process of realizing authentic self. In view of this, the dynamic structure of Kant's basic self-consciousness from spontaneity to freedom must ultimately be based on the constant clarity of free existence in the open world of life.

Keywords: Kant, Basic Self-consciousness, Transcendental Apperception, Authentic Self, Interactivity

爱与敬：论康德道德情感的内在张力

李志龙

摘　要：康德的道德情感是实践理性的道德法则内化为每个行动者的诸准则的动机，因而是勾连起感性、知性（智性）和理性的关键概念。学界关注康德不同文本中的道德情感概念的异同，从而反思道德情感主义对康德形式主义伦理学的影响以及康德的批判，而这往往忽视了道德情感自身的内在张力，这一张力的实质是感性、知性与理性之间的关系，其表现则是爱与敬重之间的张力。康德在不同文本中对爱与敬重有着不同的论述，揭示诸种论述之间的关联，将有助于分析爱与敬重之间的张力，继而理解康德为何要重新引入与形式主义难以融洽的道德情感。

关键词：康德　道德情感　爱　敬重　人格

虽然对康德伦理学的研究已经蔚然成风，但康德的道德情感学说仍旧迷雾重重。一方面，在不同时期的不同文本中，康德对道德情感的态度和阐释存在出入与模糊，如索科洛夫（William W. Sokoloff）所言，康德的敬重概念就存在着文本的张力（textual tension）。[①]另一方面，更为重要的是，康德的道德情感学说存在爱与敬重之间的张力，这表现为自我与他人、自我与上帝之间的关系，而其背后则是感性（sensibility）与智性（intellectuality）之争。对于前者，学界已有详细论述[②]；至于后者，学者多关注道德情感作为动机的重要性，而忽略了道德情感自身的内在张力。康德的形式主义伦理学始终拒斥基于感性冲动的"情感"，但他还是保留了"道德情

① 周黄正蜜（Zhengmi Zhouhuang）的《康德道德情感理论的发展》一文考察了康德早期和晚期的道德情感概念，概述了康德不同时期不同文本的道德情感概念的变化。可参看 Zhengmi Zhouhuang, "The Development of Kant's Theory of Moral Feeling", in *International Journal of Philosophy* No.5, Junio 2017, pp. 58-74。

② 可参看 Lee Ming-huei, *Das Problem des moralischen Gefühls in der Entwicklung der Kantischen Ethik*, Institute of Chinese Literature and Philosophy, Taiwan, 1994。

感”(moral feeling)以勾连起感性之纯粹自发性和实践理性之自我约束性。学界一般认为,康德前批判时期的道德情感概念直接受惠于哈奇森。①然而,批判时期的康德并不满足于对道德情感的纯粹情感主义解读,而是将敬重这一道德情感纯粹智性化,使其既具有客观的普遍性,又具有个体的独特自发性。不过,此种智性的道德情感适用于对道德法则的敬重(respect for moral law),却无法与对人的敬重(respect for persons)相融洽。前者强调一种纯粹理性的认同,即理性的纯粹自我约束性;后者则偏向一种感性的认同,即康德所言之而贝克(Lewis White Beck)所强调之“易感性”(Empfänglichkeit/susceptibility)。如此,前者的对象是类比于上帝的道德法则,“因此,只有法则自身,才能是敬重的一个对象,从而是一条诫命”(G, 400, p. 55)。②而后者的对象则是现实的他人,即敬重他人的义务。虽然康德的评论者普遍忽视了“他人”,但康德实则在人与上帝的维度之上引入了人与人的关系。

贝克早就断定康德在《道德形而上学》所言之“道德情感”就不同于《实践理性批判》中的道德情感,也就是说前者的道德情感并不等同于后者的敬重。“在《批判》中,他讨论的是理性的感官存在者面对认识到的义务时所拥有的情感;在《形而上学》中,他谈论的不是作为意识的现象状态的情感,而是一种潜在性,一种易感性。”③同样,瑞斯(Andrews Reath)也指出康德的敬重概念存在两个面向,即理智面向和易感面向,不过瑞斯却认定这两个实则是一回事。④事实上,仅就文本而言,康德在 KpV 中仅承认“敬重”这一道德情感;而在 MS 中,康德又论及了良知、爱等与道德情感类似的情感,并且认定在“友谊”中,爱与敬重得到了统一。由此,如何

---

① 可查看 Dieter Henrich, “Hutcheson and Kant”, in *Kant-Studien*, 49(1), 1958, pp. 49-69。

② 关于康德著作,《实践理性批判》简称为 KpV,《道德形而上学》简称为 MS,《道德形而上学的奠基》简称为 G,《纯然理性限度内的宗教》简称为 Rel,《判断力批判》简称为 KU。康德的实践哲学文本,均引自 Immanuel Kant, *Practical philosophy*, trans. Mary J. Gregor and Allen Wood, Cambridge: Cambridge University Press, 1996。康德的宗教哲学文本,均引自 Immanuel Kant, *Religion and rational theology*, trans. Allen Wood and George Di Giovanni, Cambridge: Cambridge University Press, 1996。《判断力批判》,均引自 Immanuel Kant, *Critique of the power of judgment*, trans. Paul Guyer and Eric Matthews, Cambridge: Cambridge University Press, 2000。引文均参考李秋零先生和邓晓芒先生的译本,在此表示感谢。

③ Lewis White Beck, *A commentary on Kant's Critique of Practical Reason*, Chicago and London: University of Chicago Press, 1960, p. 224.不过,贝克仅仅指出了康德在文本上的论述差异,并没有进行详细诠释,而这也正是本文的诠释重点。

④ Andrews Reath, “Kant's Theory of Moral Sensibility. Respect for the Moral Law and the Influence of Inclination”, in *Kant-Studien*, 80(1), 1989, p. 287.

诠释这一文本变化就成为本文的切入口，而道德情感自身所蕴含之爱与敬重的张力就成为本文的核心论题。鉴于此，本文大致分为三个部分：第一部分概述康德的“敬重”概念，尤其是敬重所暗含之人与上帝、人与人两个维度；第二部分则引出康德的“爱”，即康德为何要重新引入他在 KpV 中所抛弃的与偏好等同的“爱”；第三部分为本文的核心部分，即辨析爱与敬重之间的异同，以及康德如何将这两种看似对立的义务统一于友谊。

一、康德的敬重概念

一般而论，康德的道德情感直接与基于纯粹感性冲动的“病理性情感”(pathological feeling)相对立。病理性情感，表现为与主体有着直接利害关系的愉快或不快；道德情感，则类似于崇高这一毫无利害关系的纯粹审美情感[①]，是一种与主体毫无利害关系的肯定性情感(positive feeling)。然而如贝克所言，康德对“道德情感”的论述确实存在文本上的差异。在 KpV 和 G 中，康德始终强调道德情感是基于先天理性认知的对道德法则的敬重。“因此，对道德法则的敬重是由一个理智的根基所产生的情感，而且这种情感是我们能够完全先天地认识和我们能洞察其必然性的唯一情感。”(KpV, 73, pp. 199-200)而在 MS 中，康德则转向突出道德情感作为一种基于对法则的意识的易感性。“道德情感是仅出自意识到我们的行动与义务法则相一致或相冲突时感到愉快或不快的易感性……只能是跟随着法则的表象的情感状态。”(MS, 399, p. 528)简言之，前者强调一种理性认知，后者强调一种纯然的道德感受力(moral sensibility)。

为此，麦克贝斯(A. Murray MacBeath)区分了道德情感的两层含义：(1)意识的一种状态，即自由的认知理性(ratio cognoscenti)；(2)经历第一种意义上的“道德情感”的能力，即自由的本质理性(ratio essendi)。[②]如此，麦克贝斯实则延续了贝克的解读，但麦克贝斯并未完全领会康德的用意，竟断定康德的道德情感概念存在严重的混淆。事实上，康德始终寻求感性与智性的统一，但无论是在 KpV 还是 G 中，康德都意图消除道德情感的感性维度，使其彻底沦为理智的自我建构。“尽管

---

① “自然中的崇高情感就是对我们自己的天职的敬重，这种敬重我们通过某种歪曲而展现给一个自然中的客体(对客体的一个敬重的替换，而不是对我们主体中人性理念的敬重)。”(KU, 257, p. 141)

② A. Murray MacBeath, “Kant on Moral Feeling”, in *Kant-Studien*, 64(1), 1973, p. 286.

敬重是一种情感,但它不是借由影响而**被接受**的情感;相反,这是借由一个理性概念而**自身造成**的情感。"(G, 401, p. 56)一般的自然情感都需要外界的刺激,而康德的道德情感则源自实践理性的自身确立,即将道德法则确立为行动的根据。如此,"康德将道德感归属于另一个看似矛盾的概念之下——智性的情感(intellektuelles Gefühl)、智性的愉悦(intellektuelle Lust)"①。然而,康德明确表示:"一个理智的情感将会是一个矛盾。"(KpV, 117, p. 234)显然,康德的道德情感试图既坚持实践理性对道德法则的确立,又凭借内在的情感刺激促使道德法则成为现实行动的根据。然而,敬重这一道德情感能否肩负这一使命?这就涉及三个问题:(1)究竟什么是"敬重"?(2)康德为何将敬重作为道德情感?(3)敬重能否独自起到道德情感的作用?

何为敬重?通观康德的道德哲学文本,康德实际上提供了两种定义。在 KpV 和 G 中,"借由法则而来的意志的直接规定及对此的意识就叫作**敬重**,所以敬重被视为法则作用于主体的**结果**,而不被视为法则的**原因**……敬重的对象仅仅是法则……对一个人格的任何敬重真正说来只是对那个人格提供给我们范例的法则(正直等等的法则)的敬重……一切所谓的道德兴趣(moral interest)都仅仅在于对法则的敬重"(G, 401, p. 56)。日常语境中的"敬重",是对他人行动中所体现的个人品质的敬佩(reverentia),因而与他人紧密关联。当然,确如艾伦 · 伍德(Allen W. Wood)所言,在一个文明败坏的地方,人们因权力、财富或高贵而为人尊重。②然而,康德此处所谓的敬重,既不是对品质的敬佩,也不是对外在条件的尊重,而是对道德法则或实践法则的"纯粹敬重"(pure respect)。值得注意的是,康德只在 G 和 KpV 中才强调敬重的纯粹性,因为康德始终强调道德法则的神圣性,即将道德法则作为绝对的义务从而使其成为行动的根据。③但是,康德也看到了人性的脆弱、人心的不纯正和人心的恶劣(Rel, 29, pp. 77-78),这些人性之"恶"都使得对道德法则的敬重这一道德情感或意向变得不纯。因此,对道德法则的纯粹敬重只能是一种范导性的理念,纯粹出于义务而行动仅在于无止尽的进步(endless progress)。另外,仅

---

① 周黄正蜜:《智性的情感——康德道德感问题辨析》,《哲学研究》,2015 年第 6 期,第 83 页。

② Allen W. Wood, *Kantian Ethics*, Cambridge: Cambridge University Press, 2008, p. 179.

③ 为此,保罗 · 盖耶(Paul Guyer)认定康德的道德法则的论证依据是义务论(deontological theory)而非目的论(teleological theory)。可参看 Paul Guyer, *Kant on Freedom*, *Law and Happiness*, Cambridge: Cambridge University Press, 2000, p. 132。

有对道德法则的敬重而无实际的行动,这往往沦为"虚伪"。道德情感仅仅是激发道德实践的动机,而此动机又非止于纯粹内在的情感,而是蕴含于切实的行动之中。道德实践出自对法则的敬重,其表现就是将敬重他人作为义务。

为了避免此种虚伪,也为了使纯然的道德法则能够成为实际行动的准则,康德在 MS 中引入了对他人的敬重。这种敬重,既不是对道德法则的敬重,又不是对个人品质的敬重。"因此,我对他人怀有的,或者另一个他人能够要求于我的敬重(observantia aliis praestanda),就是对其他人身上的**尊严**(dignitas)的承认。"(MS, 462, p. 579)在康德看来,对他人的敬重,应该是对他人身上所体现的尊严的承认,即承认他人之为人的普遍人性(humanity)。区别于动物性,人性作为尊严,要求不能将他人仅当作手段,而要作为绝对的目的。这种对人性尊严的敬重,显然不是一种纯粹由理智造成的情感,而是某种与生俱来的纯然主观的"易感性"①。正是因为这种易感性,作为道德实践理性主体的人才能意识到他人与自身的人格同一性,从而才能肯定他人的尊严,尊重他人。"理性存在者被称为**人格**,因为它们的本性就已经将它们划定为目的自身,亦即划定为不可以仅仅作为手段来使用的东西。"(G, 428, p. 79)康德的人性公式,其核心就是将人作为一个由实践理性所造就的理性概念——人格,即普遍的相互承认。②"对人的敬重,等同于对这种能力(能产生合法性行动的理性——引者注)的敬佩(reverence),在此保留了我们的人性,这被考虑成表达相互承认的关键概念。"③确如卡拉·贝格诺利(Carla Bagnoli)所言,对他人的敬重,实则引出的是相互承认,即承认对方的普遍人性,这是消极意义上的敬重,也就是说此敬重的对象是人性——人格,而非道德法则;只有对道德法则的敬重才是积极的敬重。其实,康德还提及了另外一种消极的敬重,即对他人品质的敬重(敬佩他人),而这并不是一种必须为之的义务,因为敬佩他人是个人的选择而非普遍的"责任"。"我并不必须**敬佩**(revere)他人(仅被视为人),也就是说,对他人表示**积极的**尊重(esteem)。我天生对之有责任的唯一崇敬(reverence),就是对

① 有意思的是,康德在 MS 中对"易感性"的最好阐明却是运用于"同情",即一种情感的普遍相互传达。然而,在康德看来,同情虽然形象地阐释了"易感性",但同情却不是敬重,因为同情的对象可以是动物,而敬重的对象只能是普遍的人格。

② 康德的人性公式,历来存在许多争议,本文仅取最基本的含义,可参看 William Nelson, "Kant's Formula of Humanity", in *Mind(New Series)*, 117(465), 2008, pp. 85-106。

③ Carla Bagnoli, "Respect and Loving Attention", in *Canadian Journal of Philosophy*, 33(4), 2003, p. 484.

法则的崇敬(revere legem);崇敬法则,并不是一般而言的敬佩他人(reverentia adversus hominem)。"(MS, 467-468, p. 583)

综上所述,康德的敬重概念隐含两层"悖论"(paradox)①。第一,因对象不同,敬重可分为:(1)对人性——人格的尊重;(2)对他人品质的敬佩;(3)对道德法则的敬重。②这三者并不是分离对立的,而是"敬重"这一道德情感的三个渐次上升的内涵,其最高点是对道德法则的敬重。如此,这一层的悖论并不成立。第二,"对道德法则的敬重是由一个理智的根基所产生的情感"(KpV, 73, pp. 199-200)。如此,敬重概念就必然蕴含感性与智性、特殊与普遍之间的对立,而康德对此始终未能清楚阐释。索科洛夫认为:虽然康德在 KpV 中并未明确表示敬重情感是一个悖论;但在《纯粹理性批判》中,"敬重无可非议地被认定为一个悖论,因为敬重是一种并不受到外在影响而自身生成的情感,即自身激发(self-affected)"③。这种"自身激发"(self-affection)恰好能够说明第二个问题——康德为何在 KpV 和 G 中仅将敬重视为道德情感。④姑且不论康德的"自身激发"能否成立,但自身激发即自我刺激自身,却暗含着自我限制自身,即自我只有通过对自身的刺激才得以显现。这种激发——限制的模式,虽然不能运用于人的纯粹理智,即人的理智无法不借助外在刺激而直观自身,但却被康德运用于"敬重"这一道德情感。

日常而言,"敬重"的对立面是"蔑视",即不敬佩他人的品质,并不对他人造成任何伤害;然而,康德却认为这不仅不尊重他人身上的普遍人性,而且还"拒绝给他人一般人应得的敬重"(MS, 463, p. 579)。在康德看来,我们日常语境中的"敬重"

---

① 丹尼斯·克利姆丘克(Dennis Klimchuk)着重论述了对人的敬重的三种解释,"在第一和第三解释中,敬重主要指一个准则(maxim);第三解释也构架义务范畴。在第二解释中,敬重是致敬(tribute)。第一和第三解释强调人本身,第二解释则强调人通过他们的行动而表达道德法则。最终,第一和第三解释是各种各样的 respect as,而第二解释则是一种 respect for 的形式。"(Dennis Klimchuk, "Three Accounts of Respect for Persons in Kant's Ethics", in *Kantian Review*, 7[1], 2003, p. 40.)

② 对此,麦克贝斯区分了"Achtung" "reverence"(崇敬或尊敬)和"admiration"(敬佩),并且认为"reverence"比"respect"更适合用来翻译德语的"Achtung","reverence"和"admiration"被统摄于"Achtung"之下。不过,异于麦克贝斯,笔者区分了"Achtung"(respect)与"reverence",前者指对道德法则的敬重,而后者指对人格的尊敬。当然,麦克贝斯也意识到了这种差异,但他并没有在术语上做出区分。可参看 A. Murray MacBeath, "Kant on Moral Feeling", pp. 299-301。

③ William W. Sokoloff, "Kant and the Paradox of Respect", in *American Journal of Political Science*, 45(4), p. 770.

④ 关于康德的"自身激发"问题,笔者受惠自丁耘先生的《论海德格尔对康德时间学说的现象学诠释》一文,可参看丁耘:《道体学引论·附录二》,上海:华东师范大学出版社,2019 年,第 469—481 页。

并不是真正的敬重，而是被归为爱的义务之下的感恩义务，即“**敬佩**一个人格，因为他向我们提供善行”(MS, 454, p. 573)，但这却必然产生敬重的道德情感，这就是对他人品质的敬佩。不过，就对个人品质的敬佩而言，还存在两种“假象”：(1)因畏惧他人的权势而给予的敬重；(2)因对他人有好感而给予的敬重。不难发现，前者基于“畏惧”(fear)，后者基于“偏好”(inclination)。“敬重既不是畏惧也不是偏好，但却‘类似’二者。”[①]这表现在：畏惧，实则造成一种疏远感，但因畏惧而起的敬重却营造二者相近的假象；偏好，基于一种天然亲近的喜好感，但因偏好而起的敬重却要求二者保持一定的距离。康德明确表示，敬重是“既不被视为偏好的对象，也不被视为恐惧的对象的某种东西”(G, 401, p. 56)。值得注意的是，这里所谓的敬重是对道德法则的“纯粹敬重”。一方面，敬重不是畏惧，因为纯粹敬重这种道德情感是纯粹自发的，并不需要任何外在的刺激，就此而言，敬重不同于崇高，崇高还是需要“绝对的大”这一外在刺激[②]；另一方面，敬重不是偏好，因为敬重是一种普遍的道德情感而非个人独特的内在感受。前者是自身激发，即面对神圣的道德法则，“每个人都把他的本性的感性癖好与道德法则做比较”(KpV, 74, p. 200)，这样必然产生“羞愧”，即感到自身的有限性，从而产生对道德法则的敬重。后者是自身限制，基于此种羞愧，限制自身将奠基于偏好的病理性情感(爱、畏惧)[③]作为道德的动机，这就必然产生敬重这一纯粹实践理性的动机。[④]这是刺激——限制模式的否定性向度，其肯定性向度基于“道德兴趣”(moral interest)。换言之，“羞愧”导致主体消除癖好和对法则的僭越，而这必然反向刺激主体产生一种“兴趣”，即限制自身的感官利害而遵从道德法则、将其作为绝对命令的道德兴趣，亦即敬重。[⑤]正是因为敬重能够起到理智直观所不能涵摄的刺激——限制作用，康德才将敬重作为唯

---

① William W. Sokoloff, “Kant and the Paradox of Respect”, p. 771.

② 可参看 A. Murray MacBeath, “Kant on Moral Feeling”, pp. 293-297。

③ 在 KpV 中，康德实则对“爱”充满了暧昧。一方面，康德将“爱”视为一种感性愉悦的病理性情感，例如爱动物；另一方面，康德又引入了基督教的戒律——爱上帝甚于爱自己，并爱你的邻人如爱自己，并将其视为无限努力的目标。

④ 羞愧并不是道德情感，仍旧是一种否定性的纯粹感性情感，但只有基于这一自身贬低或限制的情感，人才能逐渐避免基于偏好的自爱(self-love)与自负(self-conceit)。如此，敬重击毁了自爱，避免了自负，其前提是“羞愧”。可参看 Andrews Reath, “Kant's Theory of Moral Sensibility. Respect for the Moral Law and the Influence of Inclination”, pp. 284-302。

⑤ 麦克贝斯认为：“道德法则引起消极的和积极的情感，即羞耻情感和尊重情感(esteem)。”(A. Murray MacBeath, “Kant on Moral Feeling”, p. 292)麦克贝斯虽然对“羞耻”进行了细致分析，但却忽略了作为积极情感的道德兴趣。

一的由理智造成的道德情感。

然而，这种刺激——限制模式能解释对道德法则的敬重，却未必能说明对他人的敬重。进而言之，康德的敬重能否完全起到道德情感的作用？显然，这一问题关涉到对道德法则的敬重能否实践为对他人的敬重。在 MS 中，康德将“自由”视为一个纯粹的理性概念，即范导性原则，抑或纯然否定性原则。就此而言，对道德法则的敬重就是一个纯粹的理性概念，因为此纯粹敬重实则要求摒弃所有欲望和偏好，从而将有限者对无限者的敬重转变为对上帝的爱，其表现就是“爱人如己”。然而，康德始终坚持作为有限理性存在者的人并不能完全捐弃自身的欲望和偏好，此种“爱”只能依赖于一种永恒的进步，即不断地努力完善自身。如此，对道德法则的敬重就极易沦为一种幻想，这就必须从对他人的敬重入手。

如上所言，对他人的敬重表现为：(1)对他人身上所体现的普遍人格的尊敬；(2)对他人之品质的敬佩。前者是一种普遍义务，即每个理性存在者都应该遵从；而后者则是基于偏好的个人选择，即喜爱某人。鉴于道德法则是神圣的，人格中的人性也是神圣的，但“作为属于感性世界的一个人格，就其也属于理智世界而言，服从于它自己的人格性”(KpV, 87, p. 210)。表面上，人格与道德法则似乎是一回事；但麦克贝斯还是发现了二者的细微区别，即人格性并没有被视为一个动机①，动机只能是对道德法则的敬重。处于理智世界，有限理性存在者遵从实践的理性法则；处于感官世界，有限理性存在者又遵从认知的感性准则。这一对立，体现于对他人的义务之上，即敬重的义务与爱的义务。

二、康德论爱

与 KpV 不同，康德在 MS 中着重论述了“爱”，“在康德的德性论中，爱这一概念成为了最本质的道德概念”②。从 KpV 的“敬重”到 MS 的“爱”，这不仅是文献学上的转变，更表明康德注意到了道德情感的内在张力。然而异于敬重，康德对“爱”的论述模糊不清，甚至还略有抵牾。一方面，康德论及了好几种有着明显差异的

---

① A.Murray MacBeath, “Kant on Moral Feeling”, p. 303.

② Martin Moors, “Kant on: ‘Love God above all, and your neighbour as yourself’”, in *The Concept of Love in 17th and 18th Century Philosophy*, eds. Gábor Boros, Herman De Dijn and Martin Moors, Leuven: Leuven University Press. 2007, p. 248.

“爱”;另一方面,对于“爱”能否作为义务,康德给出了前后不一致的答案。至于“爱”能否作为道德情感,康德不仅在文本上存在模棱两可之处,而且在同一文本里给出了两个截然相反的解释。这三个问题,实则都指向爱的本质,而这就关涉爱的对象。实际上,康德确定了“爱”的三种对象:事物、人和上帝。与之相应,爱也可以分为欲爱之爱、仁慈之爱和诚爱之爱。[①]这三种对象并不是并列的,而是存在明显的上下之分,是一个渐次爬升的过程。不过,虽然康德在 KpV 中盛赞对上帝的爱,但此种对上帝之爱实则是对道德法则之敬重的升华或作为最高目的,而这仅仅是一种永远无法达到的“道德意向”(moral disposition)。因此,在 MS 中,康德转向了对他人的义务。

在 KpV 中,康德主要区分了作为病理性情感的爱与对上帝的爱或爱人如己;在 MS 中,康德实则区分了“爱”与“实践的爱”(practical love)。所谓病理之爱,就是指“欲爱”,即将纯粹感性的情感冲动(纵使是关爱或同情)作为欲求的动力,其目的是一种个人的愉悦。在康德看来,欲爱的对象是事物,即使是性爱,也仅仅是将对方作为满足性欲的事物。与之相反,“敬重总是仅仅指向人,而从不指向事物”(KpV, 76, p. 202)。另外,作为道德情感主义之根基的“同情”也仅仅是欲爱:一方面,同情的对象是人之苦难遭遇而非人之普遍人性;另一方面,同情作为一种纯粹的情感,往往因人因时而异。究其本质,欲爱并未以对人性之人格的敬重为其前提,甚至从对他人的关爱推出对他人人格的敬重。为了避免将欲爱作为道德准则,康德引入了基督教的诚爱这一诫命,即爱上帝甚于一切,并爱你的邻人如爱自己。鉴于诫命的外在强迫性,康德通过“乐意”(gladness)来强调自发性,即乐意遵从此诫命。实际上,诚爱诫命可分为爱上帝和爱他人。在 KpV 中,康德强调的是爱上帝,由此对道德法则的敬重就可以转化为对道德法则的爱,从而达到真正的自律,即纯然自发地将道德法则作为行为的准则。然而爱上帝,并不一定获得幸福,甚至会陷入无穷的苦难,但“正是由于诚爱超越人本性,所以,如此爱着的人自身,自然也就是证实人的本质的人,也就是真实的人。这便是欲爱之爱所不能有的东西”[②]。在对上帝的爱中,人的人性才得以凸显出来,即克服人性的缺憾而不断自我完善

---

① 除了仁慈以外,“欲爱”和“诚爱”都采自卡尔·巴特的《教会教义学》,巴特在“欲爱”与“诚爱”之间所做的区分,实则与康德的区分——病理之爱与对上帝之爱有着异曲同工之妙。

② 卡尔·巴特:《教会教义学》(精选本),何亚将、朱雁冰译,北京:生活·读书·新知三联书店,1998 年,第 319 页。

(self-perception)。这种自我完善,就是爱他人;这种爱,不仅表现为尊重(敬重)他人身上所体现的普遍人性,即不能将他人作为手段,这是一条消极义务;而且还表现为将他人的合乎道德法则的目的作为我自身的目的,这是一条积极义务。这两条义务,体现为促进自我的德性完善和增进他人的幸福;前者是作为纯粹道德情感的爱而后者则是实践的爱,而前者又以后者为前提,即对他人的爱最终落实于增进他人的幸福。

其实,在道德情感问题上,康德从敬重转向爱,其背后的视角从上帝与人之间的关系,转向了人与人之间的关系。人与人之间关系的基础是对各自人格的相互敬重,其理想状态就是对各自幸福的相互促进。在 MS 中,康德虽然将"爱"和"敬重"视为对他人的两条平行义务,但他始终将"爱"视为更高的义务。纵使在 KpV 中,康德将基督教的诫爱诫命——爱上帝甚于一切,并爱你的邻人如爱自己作为一个完整的义务,但康德还是从对上帝的爱转向了对他人的爱。据法赫米(Melissa Seymour Fahmy)考证,"在后期著作中,康德仍旧将福音书诫命'爱你的邻人'解为指导**实践之爱**而非**病理之爱**"①。实践的爱,不再是作为纯粹内在审判法庭的忏悔,而是增进他人幸福的事功。"既然我们在此将人类之爱(博爱/philanthropy)理解成实践的爱,而不是在其之中的欢愉之爱,这就必然被作为主动的仁慈,并且伴随行动的准则去行事。"(MS, 450, pp. 569-570)如此,实践的爱就是主动的仁慈(active benevolence),即将仁慈之心付诸实践。仁慈是否就是道德情感主义的"同情"(sympathy)? 一般而言,康德的形式主义倾向必然难以融摄充满感性内容的同情,所以康德在 KpV 中认为:虽然出于同情而行善是一件值得称赞的行为,但这一行为只是合乎道德法则而不是出自道德法则,因为这仍旧以内心的欢愉(避免良心的谴责)为目的。然而,在 MS 中,康德的态度则暧昧不定。康德断定:和道德情感一样,同情就是一种"易感性",而且是一种纯粹易感性。这种易感性基于人性,而"人性"又可分为两种:(1)"分享他人感受的**能力**或**意志**(humanitas practica[实践的人性])";(2)"和他人一样快乐或痛苦的感受的**接受性**(receptivity),这是自然本身所给予的(humanitas aesthetica[审美的人性])"(MS, 456, p. 575)。前者基于纯粹的实践理性,因而奠基于对人格的相互承认,这是一种先天普遍的自由情感;后

① Melissa Seymour Fahmy, "Kantian Practical Love", in *Pacific Philosophical Quarterly*, 91(3), 2010, p. 317.

者则基于纯粹的感性冲动,即一种纯粹动物性本能,所以是一种自然的不自由情感。在康德看来,后者是道德情感主义的奠基石——病理性的同情,这既不是实践理性所要求的义务,更谈不上对此负担责任;只有作为自由情感的同情,才是真正的义务,即作为理性动物的人对他人所应尽的义务,这是爱的义务而非敬重的义务。如此,康德虽然重新引入了道德情感主义的同情,但却将其等同为基督教的爱的义务,从而避免陷入经验主义的泥潭。

然而,纵使仁慈——同情是道德实践的触机,这也仅仅是纯粹潜在的形式,而非"实现"。为此,康德区分了"Wohltun"(beneficence)和"Wohlwollen"(benevolence)。"仁慈(benevolence)是在他人之幸福(福利)中的满足;但善行(beneficence)则是准则,即把他人幸福当作某人目的,对这一准则的义务就在于主体凭借其理性而将准则作为普遍法则来采用。"(MS, 452, p. 571)仁慈的准则是对伦理学的完善法则——爱人如己的字面转换,即要求对每个人都表示普遍同情,即希冀他人获得幸福,从而内心得到满足或安定。然而,仁慈虽然对他人不造成任何伤害,但却表露出一种最小关切(the slightest interest),因为仁慈仅仅是纯粹的内在情感,并没有任何外在行为。爱人如己,不仅在于相互持有仁慈之心,更要求"主动的实践的仁慈(善行),使他人的福利和幸福成为我的目的"(MS, 452, p. 571)。前者是纯粹的仁慈之心,这是消极的道德准则;后者则是实践的仁慈,即善行——将他人的幸福不仅作为义务更作为目的,这是积极的道德准则。这两条准则虽然略有不同,但却并不决然对立,仁慈是善行的前提,即先有仁慈之心,方才能行善。因此,法赫米才认定,仁慈和善行并不是同义词,实践的爱和善行才是同义词。①行善,就是践行完善法则——爱人如己,即增进他人的幸福,亦即将帮助他人获得幸福作为自身行为的目的,"力所能及地行善是义务"(G, 398, p. 53)。如此,出于义务的行善就不是为了个人的荣誉,而是一种德性义务,"即使没有偏好来驱使我们去践行它,甚至自然的而无法克制的厌恶还反对它,出于义务的行善也是实践的而非病理的爱"(G, 399, p. 55)。这种实践的爱,使善行纯粹自发地出于义务,而非沦为外在的强制。

问题是,爱能否被当作一个义务?对此,康德在 MS 中似乎给出了两个截然相反的回答。一方面,康德详细地讨论了对他人的爱的义务;另一方面,康德又认为:"**爱**是感觉的事情,而不是意愿的事情,而且我不是因为我**意愿**,更不是因为我**应当**

① Melissa Seymour Fahmy, "Kantian Practical Love", p. 318.

(我不能被迫去爱)而爱；因此，**去爱的义务**(a duty to love)是荒谬的。但是作为一个引导，**仁慈**(仁慈的爱/amor benevolentiae)能服从于义务法则。"(MS, 401, p. 530)也就是说，爱不能是义务，因为爱不能被强迫，而义务的要义是"强迫性"。确实，敬重作为义务，基于无限(上帝或人格)对人的超越，自然就具有内在强迫性；爱则基于人与人之间的人格平等，仅作为一种道德偏好(moral inclination)，具有或然性，怎可作为义务？究竟什么是义务？① "据此，就人而言，道德法则是一个以定言的方式来命令的**命令式**，因为这法则是无条件的；这样一个意志与这条法则的关系就是以责任为名的**依赖性**，它意味着一种对行动的**强制**，即使仅通过理性及其客观法则，所以它被称为**义务**。"(KpV, 32, p. 165)这个意志不是一般的意欲(volition)，而是善良意志；秉受自至善的善良意志必然将道德法则作为行动的准则，即无条件地遵从法则。就善良意志的绝对自发性而言，这种遵从是"责任"；就最高善的至善而言，这种遵从就是"义务"。不过，义务本身就内含责任，即义务概念暗指善良意志自发地遵从最高善，亦即自我强制。事实上，情感实指纯粹的感性自发性，而理性则暗指理智遵从自然法则，实践理性的自我立法就是强调出于义务而行事。

为此，穆尔斯(Martin Moors)认定："作为情感(接受的爱/amor complacentiae)，爱不能被视为义务；然而被视为义务(仁慈的爱/amor benevolentiae)，爱不能被还原为情感。"②接受的爱，实则是病理性的爱，即一种因对象而获得的具有差异的欢愉，当然不能作为义务；仁慈的爱，就是实践理性的同情之爱，即对他人抱有一种普遍的同情，这是义务而非病理的爱或同情。因此准确地说，爱的义务是仁慈的义务、行善的义务和感恩的义务。由此，对他人的爱能否作为道德情感？在KpV中，康德只承认对法则的爱作为对法则的敬重的升华，是道德情感；其余的所谓爱，都是病理性情感。基于MS，康德似乎认为道德情感是一种易感性，即由行动与法则的一致或冲突而导致的情感。而道德情感也是一种潜在的天赋，亦即产生良知、爱与敬重等情感的一种自然禀赋，这是纯然主观的机能。如无此种机能，就不可能出于义务而行动，只能合乎义务而行动。如此，就不可能有"自律"，而自律恰恰是康德伦理学的基石。由此，康德实现了一种转化，即从实存的敬重——唯一的道德情

---

① 康德的义务概念本就十分复杂，本文不做详细探讨，可参看 Philip Stratton-Lake, *Kant, Duty and Moral Worth*, London/New York: Routledge, 2005。

② Martin Moors, "Kant on: 'Love God above all, and your neighbour as yourself'", p. 261.

感转向了一种先天潜在的禀赋。表面上，这是从纯然的智性转向了纯然的感性，是一种倒退；实际上，这是从外在的现实性约束转向内在的潜能性强迫，以避免义务的强制性所带来的他律倾向。这就将义务彻底与内在自发性勾连起来，而"**爱**和**敬重**是伴随着执行这些义务的情感"(MS, 448, p. 568)。就纯粹的易感性而言，道德情感仅是情感本身而非现实的情感样态，因为道德情感并无现实的对象，仅是一种纯然主观之机能；就易感性的发用而言，爱与敬重就是现实的道德情感，其对象就是他人。

三、爱与敬之间的张力

爱与敬重都是道德情感，而且同时都是对他人的义务。不过康德并未将二者等同起来，二者之间存在微妙的张力。在巴伦(Marcia Baron)看来，"张力"贯穿于康德哲学，尤其是《人类学》，这就表现为结合的欲望与感到分离孤立的欲望之间的张力。[①]其实，这些张力的核心是感性与知性、人与上帝之间的关系。如前所述，在人与上帝的关系中，对道德法则的纯粹敬重可升华为对道德法则的爱。在此意义上，爱与敬重似乎是一回事[②]，但康德明显认为对上帝的爱必然包含对道德法则的敬重，从而将纯粹的敬重置于纯粹的爱之下。换言之，从智性的道德情感转向纯粹理性情感，即从德性到恩典(Rel, 202, p. 215)。恩典的前提，不仅是对上帝的虔诚，更是致力于德性的完善，而这就表现为尊重他人的人格。对于人与人之间的关系，约翰逊(Robert Johnson)断定康德在"德性论"中所谓的爱仅仅是敬重的一种形式，因为康德压根就没有给"爱"留有位置。[③]约翰逊的论断并不无道理，因为对人格的相互敬重，确实是交往活动的前提，而且对人格的敬重是所有义务的基石。然而，约翰逊却忽略了：既然敬重义务是基石，那么敬重义务就是最低层次的义务，甚

---

① Marcia W. Baron, "Love and Respect in the Doctrine of Virtue", in *The Southern Journal of Philosophy*, 36, Supplement, 1998, p. 29.

② 康德在 Rel 中用圣父、圣子、圣灵三位一体，来阐明对上帝的爱与敬重的差异。"这个圣灵通过作为拯救者的上帝的爱(真正说来是我们与这种爱相称的回应之爱)，而被统一进对作为立法者的上帝的敬畏(fear)，也就是说，使受条件制约的东西与条件结合起来，因此被表现为'从二者处前进'。"(Rel, 146, p. 170)

③ Robert Johnson, "Love in Vain", in *The Southern Journal of Philosophy*, 36, Supplement, 1997, pp. 45-56.

至笼统地说,可以是法权义务而非德性义务,因为缺乏对他人人格的敬重必然导致对他人的伤害。因此,康德才称:与爱的义务相比,敬重的义务实则是消极的义务(MS, 450, p. 569)。对他人人格的敬重是一个消极的义务,即我只需要一个准则——不要将他人仅仅作为手段;对他人的爱的则是一个积极的义务,即在前者的基础上,要将他人之合乎道德法则的目的也作为自身的目的,即增进他人的幸福。"除非每个人都尽其所能地促进他人的目的,否则仍旧只有一种与**作为目的自身的人性**相消极的而非积极的一致。"(G, 430, p. 81)不过,这仅仅是含混地概括了爱与敬重的差异,而二者实则存在诸多相似之处。作为对他人的义务,爱与敬重之间究竟是什么关系?这实则包含三个问题:(1)爱与敬之间存在什么异同?(2)爱与敬是否是一对平行的义务?(3)爱与敬如何统一起来?

对于第一个问题,康德在"德性论"中做了明确说明。确实,爱的义务与敬重的义务存在相似之处:第一,二者都是德性义务而非法权义务,即二者都出自自由抉择而非外在强制;第二,二者都是对他人的义务而非对自己的义务,即既非自爱,也非自重(self-respect);第三,二者虽然都还是对他人的义务,但反过来却促使自己不断自我完善。巴伦则发现了爱与敬重的两个区别:(1)爱的义务比敬重的义务要广泛些;(2)未能履行敬重义务是罪恶,未能履行爱的义务则仅仅是德性的缺乏。① 巴伦无非是想强调:敬重的义务是每个人都必须遵守的基本义务,而爱的义务则是一种纯粹德性完善的义务。然而,康德最看重的区别却是:"**互爱**原则时常劝告他们与他人**走得更近些**;他们应给予他人**敬重**的原则,这使他们自身与他人保持**一定距离**。"(MS, 449, pp. 568-569)简言之,爱,则近;敬,则远。值得注意的是,在"德性论"中,康德所谓的爱实指实践的爱或善行,敬重则是对人格的尊重。对他人行善,必然要求放下自身的身份和地位,而对他人有仁慈之心,二者的关系必然亲近;尊重他人人格,作为一条消极义务,通过否定性的禁止即可,即不能伤害他人,二者必然避免过多接触。由此,类似于物理学的吸引和排斥关系,爱与敬重的义务似乎是决然对立的,爱使人相互亲近,敬重则使人相互疏远。鉴于二者的对立关系,我们似乎就不能同时遵从这两条义务。通常而论,行善基于对人格的尊重,但对人格的尊重却不依赖于善行。不过,康德还是认为:"爱与敬重基本上总是被法则统一为一个义务,只有借此方式,时而这一义务是主体的原则,时而另一义务是主体的

① Marcia W. Baron, "Love and Respect in the Doctrine of Virtue", pp. 30-31.

原则，另一个则作为附属而参与其中。”(MS, 448, p. 568)这就是说，爱与敬重实则同时作为行动的义务，只是在不同的情景中，爱的义务与敬重的义务渐次成为主要义务。因为，所有的义务都出自对道德法则的敬重或爱。事实上，爱的义务与敬重的义务并不决然相对，敬重是强调道德法则的神圣性或至高性，而爱则是强调道德法则须内化为行动的准则。虽然二者略有抵牾，但正如艾伦·伍德所言，“爱的对立面不是敬重而是憎恨或冷漠；敬重的对立面不是爱而是羞辱”①。其原因是：爱的义务是增进他人的幸福，其对立面是漠不关心，但也不损害他人的人格尊严；敬重的义务则是尊重他人的人格，其对立面是直接伤害他人的人格尊严。因此，这两个义务并不相互对立，那么二者是否可以相互还原？

这就关涉第二个问题，即爱的义务与敬重的义务是否是一对平行的义务？首先，与爱的义务相比，敬重为何是消极的义务？事实上，最低的敬重，即尊重人格的义务既是德性义务更是法权义务，因为“人格”既不是完全内在的德性义务又不是完全外在的法权义务。人格，体现为人性的尊严，“康德伦理学的基本原则是，所有人都拥有作为目的自身的平等尊严”②。如此，敬重的义务就是所有行为应当遵守的基本义务。也就是说，行善的前提必然是对他人人格的尊重，而尊重他人人格并不必然表现为行善。据此，约翰逊实则将爱与敬重等同起来，并将爱还原为敬重，那么是否存在没有爱的本真敬重(genuine respect)？与之相反，巴伦却说：“相较于爱的义务，敬重的义务自然有点多地被以否定方式解释，但这差异似乎很轻微。”③巴伦认定爱是敬重的前提，即没有爱就没有敬重。“被理解为一个准则的爱，似乎包括敬重，而不是一个相反对的‘力量’。”④如果将爱仅仅理解为“实践的爱”或“善行”，那么对人格的尊重确实不需要“爱”。问题是，行善的前提不仅是尊重他人的人格，而且须要怀有仁慈之心，即普遍的同情。仁慈和尊重，都是一种能使义务成为行动之准则的先天禀赋，均为道德情感之发用。区别在于，尊重是一种偏强制的情感，而仁慈则是一种偏自发的情感。然而，二者为一体之两面，凸显了道德情感的“自身激发”。由此，并不存在没有爱的本真敬重，爱也不是敬重的前提。作为情感，仁慈与尊重都是道德情感的实现样态；作为义务，爱与敬重实则是一对相辅相

① Allen W. Wood, *Kantian Ethics*, p. 178.

② Ibid., p. 180.

③ Marcia W. Baron, “Love and Respect in the Doctrine of Virtue”, p. 40.

④ Ibid., p. 33.

成的义务。"尽管敬重和爱可能与道德实践相一致同时影响我们的交互作用,但他们是我们道德感受力(moral sensibility)的不同功能,并且以不同的方式支配我们的关系。"①虽然爱与敬重相辅相成,但二者仍旧是一对非对称的义务。在行善中,爱作为主要义务;在礼节性问候中,敬重作为主要义务。

事实上,康德断定爱与敬重不仅是一对相辅相成的义务,而且还能被统一为一个整体义务,服从此义务的表现就是"友谊"。什么是友谊?互相帮助是否是友谊?在康德看来,"**友谊**(在其完善性上而言)是两个人格凭借相等同的相互爱和敬重而统一"(MS, 469, p. 584)。换言之,"友谊"是同时遵从敬重义务与爱的义务。据丹尼斯(Lara Denis)考证,康德承认至少有四种友谊概念,其中三种都来自亚里士多德,即"品味之友谊"(审美的友谊/aesthetic friendship)、"需要之友谊"(实用的友谊/pragmatic friendship)、"性情和感情之友谊"(道德的友谊/moral friendship)。这三种友谊,都是现实的但并不完美的友谊。康德认为真正完美的友谊,只能是一种我们不断接近但不能完全实现的理想友谊(ideal friendship),康德也将其称为"道德友谊",不过这实则是爱与敬重的统一。②确实,与"道德友谊"相对,康德在MS中明确提及了"审美的友谊"和"实用的友谊"。"审美的友谊"是基于纯粹的感性欢乐的相互亲近,"实用的友谊"则是基于实际用处的相互利用,而"道德友谊"则是"两人互相揭露他们的隐秘论断和情感时的完全信任"(MS, 471, p. 586)。相互信任的前提是相互敬重,不过不是对人格的尊重。有意思的是,康德在"道德友谊"中所论述的"敬重"实则是对他人品质的钦佩,是对他人人格尊重的义务与对他人行善的义务之统一。

为什么在道德友谊中,爱与敬重能统一起来?单纯的善行,并不是友谊,因为行善者遵从对人格的尊重,而接受此善行的人却遵从对品质的敬佩,二者所遵从的敬重义务实则不一样。相互尊重各自的人格也不是友谊,因为此义务是每个人都必须遵从的基本义务。道德友谊立足于社会交往的德性,其表现就是相互的爱与敬重。就康德而言,友谊的核心是"交互性",即相互将对他人的义务作为自己的目的,如此就必然包含敬重的义务和爱的义务。这种"交互性"不是为了好处而相互帮助,也不是为了欢愉而相互亲近,而是出于对各自品质的相互敬佩。如若失去此

---

① Carla Bagnoli, "Respect and Loving Attention", p. 486.

② Lara Denis, "From Friendship to Marriage: Revising Kant", in *Philosophy and Phenomenological Research*, 63(1), 2001, pp. 3-4.

种本真的交互性，就会沦为"实用的友谊"和"审美的友谊"，真正的友谊也就不复存在。这种品质，实指德性完善而非性格。就此而言，康德所谓的道德的友谊，实则是为了相互促进德性完善或彼此将德性完善作为行动的准则。如此，在道德友谊中，敬重义务似乎就高于爱的义务。狄龙(Robin S. Dillon)更是断定："康德认为友谊是不稳定的，除非敬重束缚和限制爱，这表明即使在亲密的语境中，敬重仍旧有道德的优越。"①确实，康德也承认通行的交往法则——"即使是最好的朋友也不应该彼此太过亲近"(MS, 470, p. 585)，但这是为了避免道德的友谊沦为"审美的友谊"，因为纯粹的感性冲动极易损害德性的完善。不过，康德此处所谓的"爱"实指善行，即相互敬佩各自的品质必然要求相互行善，亦即相互增进对方的幸福。此种善行，又奠基于对各自品质的敬佩，从而既不会表现为"伪善"，也不会表现为"蔑视"(损害对方的尊严)。

因此，在道德友谊中，爱的义务与敬重的义务得以统一为一个相互的、整全的义务，即相互敬佩。也就是说，就对他人的义务而言，爱与敬重是一对非对称性的相辅相成的义务；就对朋友的义务而言，爱与敬重则是一对对称的相互统摄的义务。然而，如同亚里士多德，康德也断定真正的道德友谊是无法完全实现的。因为在现实中，爱的义务与敬重的义务往往相互对立。一方面，助友改错，这是爱的义务，但却因使朋友丢失脸面而与敬重的义务相冲突；另一方面，敬佩朋友清高的品质而无法救济，这与爱的义务相冲突。换言之，德性的完善总是无法带来友谊上的满足或幸福。然而，我们并不能因此而放弃德性的完善，康德还是笃定真正的道德友谊在于一种相互的、无止境的德性完善。在这一努力过程中，爱与敬之间的张力逐渐被消弭。不过，爱与敬重被统一为一个整全的义务，这仅是一个理想；在现实中，爱与敬仍旧存在难以克服的张力。

四、余　　论

综上可得，康德的道德情感学说不仅存在文本上的转变，即从唯一的道德情感(敬重)转向由实践理性及其法则所激发的纯粹易感性，亦即从纯粹智性的情

---

① Robin S. Dillon, "Respect and Care: Toward Moral Integration", in *Canadian Journal of Philosophy*, 22(1), 1992, p. 106.

感转向纯粹实践理性的情感;而且存在对象的转变,即从神圣的道德法则转向了现实的人性,亦即从对道德法则的敬重(爱上帝)转向了对人格的尊重(爱人如己)。如此,康德似乎还是将"敬重"作为了唯一的道德情感。然而,对人格的尊重只是一条消极的义务,即每个人都必须遵守的义务,亦即德性完善的基本前提。德性完善,还须要增进他人的幸福,即作为爱的义务的善行。一般而论,爱的义务与敬重的义务相互对立,因为前者使人亲近而后者使人疏远。不过,康德还是认为在道德友谊中,爱的义务与敬重的义务被统一为一个整全的义务,即对各自品质的相互敬重。由此,道德情感所内含之爱与敬重的张力就似乎被道德友谊消除了。

虽然康德深受基督教的道德诫命影响,但康德还是重新引入了希腊哲学的"友谊",尤其是亚里士多德的"友爱"(Philia)。[①]基督教哲学家教导:"对上帝的爱应该先行于并且取代个人的选择和爱好,这些作者借由慈善(caritas)来理解友谊和他的责任。"[②]在康德看来,基督教一般所谓的"爱人如己"仅仅是对他人行善的义务,暗含的是一条消极的敬重义务,而且行善不是基于相互敬重的义务,所以有可能导致对人格尊严的伤害。为此,康德从"爱人如己"推进到"道德友谊",其实质是从抽象的人格关系下降为社会人际关系,因为朋友既是我们的"邻人",又与我们有共同的道德意向。我们对他人仅仅具有行善的义务,而对朋友则还须持有敬佩其品质的义务,而且这种义务是相互的。这种"相互性",基于德性完善而非善行,就此而言,在爱与敬重的内在张力中,康德实现了两次转变:(1)从对上帝(道德法则)的敬重转向了对人格的尊重,即从敬重转向了爱人如己(行善);(2)从对人格的尊重转向了对朋友的敬佩,即从爱人如己转向了道德友爱,亦即爱与敬重的统一。表面上,康德试图借此转变来弥合道德情感的内在张力;实际上,在确立了道德之根基后,康德不得不面对一个更为棘手的问题,即至高的道德法则如何内化为每个道德行动者的准则,这两次转变就是为了回应这一问题。虽然康德在道德情感问题上有些许游离,但他仍旧寄希望于一种永恒的道德努力,即德性的不断完善,而这恰

---

① 虽然康德的友谊与亚里士多德的友爱存在诸多类似之处,但二者的着眼点并不一致,本文仅强调"相互性",可参看 Andrea Veltman, "Aristotle and Kant on Self-Disclosure in Friendship", in *The Journal of Value Inquiry*, 38(2), 2004, pp. 225-239。

② Suzanne Stern-Gillet, *Ancient and Medieval Concepts of Friendship*, Albany, NY: State University of New York Press, 2014, pp.ix-x.

恰是康德实践哲学的底色。

作者单位：复旦大学哲学学院

Love and Respect: On the Inner Tension in Kant's Moral Feeling

Li Zhilong

Abstract: Kant's moral feeling is which the moral law of pure reason is internalized into the incentive of maxims in every agent, so it is the key concept to correlate sensibility, understanding(intellectuality) and reason. Many scholars pay attention to the difference of concept of moral feeling in Kant's different texts, then they reflect the moral emotionalism's influence of Kant's formalist ethics and Kant's critiques, but they always neglect the inner tension of moral feeling itself. In fact, this tension is the relationship of sensibility, understanding and reason, and it manifests as the tension between love and respect. Kant makes difference discourses about love and respect in the different texts, so it can be able to analyze the tension between love and respect to uncover the relationships among these discourses, then we can understand why Kant reintroduces the moral feeling that is difficult to harmonize with the formalism.

Keywords: Kant, Moral Feeling, Love, Respect, Person

康德伦理学在何种意义上是道德实在论

——一种基于先验观念论的解读*

钱 康

摘 要:本文从学界近年来流行的关于康德伦理学是否属于道德实在论的讨论切入,探讨康德对于道德约束性的有效性证明。我将综合考察以建构主义为代表的非实在论以及以价值实在论和直觉主义为代表的实在论解释。我试图基于对康德文本的分析指出这些论证的局限性及其与先验哲学的冲突。之后,我将从《实践理性批判》中对实践理性至上原理的演绎部分出发,并结合《纯粹理性批判》的"原理分析论"探讨一种在先验观念论立场之下对道德法则的客观实在性进行先验演绎的可能性。

关键词:康德伦理学 道德实在论 实践理性批判 先验演绎

导 论

康德在《道德形而上学奠基》(以下简称《奠基》)中宣称道德义务具有普遍必然性(AA 4:400)①,并且善的意志具有客观的、无条件的价值(AA 4:426)。同时,康德在《实践理性批判》中提到,纯粹理性能够独立于一切经验性的东西规定意志是一个事实(das Faktum),并且这一事实与对自由的意识是不可分割地联系在一起的(AA 5:42),因而对自由的这种意识不能得到更进一步的解释(AA 5:46)。康德

---

* 基金项目:本文接受中国国家留学基金委资助,项目编号 201706100175。

① 本文中对于康德原文的引用除《纯粹理性批判》采用惯例的 A、B 版页码外,其他均采用普鲁士科学院的标准版本卷次和页码,即 Kants gesammelte Schriften, herausgegeben von der Deutschen (Königlichen Preussischen) Akademie der Wissenschaften, 29 vols, Walter de Gruyter, 1902。其中引用前九卷,也就是康德出版著作的中文翻译参考了李秋零译《康德著作全集》,但在必要处有改动。

对道德性的这种表述与始自西季威克(H. Sidgwick)和摩尔(G. E. Moore)的道德实在论有许多相似之处。因为无论在道德实在论的发展过程中演化出了多少大相径庭的分支理论,但是其总体思想仍可以大致表述为:在道德判断中存在着独立于主观意愿或价值取向的客观价值或道德事实,并且以此为根据能够赋予道德判断以普遍有效的真值。尤其是康德认为对道德法则的意识是理性事实的观点也十分符合早期道德实在论关于道德"善"的认知主义表述,即认为道德认识的基础是一种不可还原的、自明的道德事实①。

但是近年来,无论在英美还是德国,康德研究者们都针对康德是否是,或者在何种意义上是道德实在论展开了广泛的讨论。其中以罗尔斯(J. Rawls)和科思嘉德(C. Korsgaard)为代表的建构主义率先挑战了传统的实在论解释。他们从康德的自立法概念出发,主张康德伦理学就法则的建构性而言并不符合实在论,因为道德法则或正义的原则是那些在原初状态下会被理性存在者所选择的原则。也就是说,正义原则本身并不是客观实在的,而仅仅是我们基于理性的程序自发地建构出的原则。另一方面,法则也正因为其是理性自立法的结果而具有无条件的价值,因此道德法则的规范性与道德行动的价值也应当是我们理性的建构活动的产物,而不是一种归属于道德法则自身的内在属性。②

与此相对地,凯因(P. Kain)则从义务性(die Verbindlichkeit)和自立法概念的历史语境出发反对这种非实在论解释。他认为,根据建构主义的解释,道德法则的有效性是基于理性存在者的意欲上的认可(volitional commitment),但是康德对神学唯意志论的批判同时也表明了,他的伦理学不支持一种基于意欲认可的建构主义解释。③伍德(A. Wood)也反对建构主义解释并指出,自律是一个"理念",这意味着理想的道德真理性与可能犯错误的、作为有限理性存在者的人类是割裂开的。这同时也说明,道德的真理性并不能还原为某种基于人类理性的认可程序(verifi-

① 不可还原的、自明的道德事实(nonreductive and self-evident moral truths),参见 Henry Sidgwick, *The Methods of Ethics*, 7th ed., Chicago: University of Chicago Press, 1962; G. E. Moore, *Principia ethica*, Cambridge: Cambridge University press, 1903。

② 参见 John Rawls, "Kantian Constructivism in Moral Theory", in *The Journal of Philosophy*, 77(9), 1980, p. 548; Christine M. Korsgaard, *The Sources of Normativity*, Cambridge: Cambridge University Press, 1996, p.112。

③ Patrick Kain, "Self-Legislation in Kants Moral Philosophy", in *Archiv für Geschichte der Philosophie*, 86(3), 2004.

cation procedures)。①舍内克(D. Schönecker)则是传统的实在论解释的支持者,他认为康德在第二批判中对道德法则和自由的演绎所使用的论证方法符合一种道德实在论,尤其是直觉主义的论证。②

在对这一讨论展开进一步的研究之前必须要解释的一点是,这样一种基于当代元伦理学术语体系的讨论对康德伦理学而言具有什么样的意义。首先,元伦理学中的道德实在论并不仅仅指涉一种基于道德判断的来源和性质的分类方式,更重要的是为这些伦理学观点,诸如道德判断的普遍性或实在性,提供进一步的辩护和说明。如果说一阶的规范伦理学讨论的是"什么是道德原则",那么元伦理学讨论的就是"为什么我们要遵守这样的道德原则"。从前文的综述也可以看出,这种元伦理学的讨论或多或少地指向了《奠基》第三章和《实践理性批判》中的"演绎"(Deduktion)部分。在其中康德试图以纯粹理论理性和实践理性的批判为前提对理性存在者、自由等概念进行演绎,以提供对纯粹先天的道德法则的约束性在人类条件下的可能性说明,或者说解释我们之所以要将自己置于道德法则的约束之下的理由。其次,由于康德提供了至少两个不同版本的演绎,且无论哪个版本的演绎都或多或少是一种间接论证③,缺乏直截了当的论证,因此其整体结构显得十分复杂。再加上康德所使用的术语的模糊性,导致长久以来学界一直无法就康德对道德法则可能性的论证达成系统性的共识。在这一背景下引入元伦理学的术语体系有助于研究者重构康德的论证,并且清晰定位原始论证中诸多要素在复杂的论证体系中的位置。因此关于康德是否,以及在何种意义上是道德实在论的争论并不

① Allen W. Wood, *Kant's Ethical Thought*, Cambridge: Cambridge University Press, 1999, pp. 157-159.

② Dieter Schönecker, "Kants Moral Intuitionism: The Fact of Reason and Moral Predispositions", in *Kant Studies Online*(2013).

③ 关于《奠基》第三章的演绎是间接抑或是直接的演绎,在康德研究者中尚存在争论。如亨利希(D. Henrich)和盖耶尔(P. Guyer)认为康德在《奠基》第三章尝试提供一种直接的、形而上学的演绎却失败了。参见 Dieter Henrich, "Die Deduktion Des Sittengesetzes," in *Denken im Schatten des Nihilismus*, ed. Alexander Schwan, Darmstadt: Wissenschaftliche Buchgesellschaft 1975; Paul Guyer, "Problems with Freedom: Kant's Argument in Groundwork III and its Subsequent Emendations", in *Kant's Groundwork of the Metaphysics of Morals: A Critical Guide*, ed. Jens Timmermann, Cambridge: Cambridge University Press, 2009, p. 176。与此相对的,克勒梅(H. Klemme)则认为《奠基》的演绎是一种基于实践理性的间接的、相对较弱的演绎。参见 Heiner F. Klemme, "Freiheit oder Fatalismus, Kants positive und negative Deduktion der Idee der Freiheit in der Grundlegung", in *Kants Rechtfertigung des Sittengesetzes in Grundlegung III: Deduktion Oder Faktum?*, ed. Heiko Puls, De Gruyter, 2014。

仅仅是一种学派之争,而是对康德自身论证结构之复杂性和曲折性的真实反映。尽管我并不认为这样以一种元伦理学的讨论能够忠实地还原康德本人基于先验观念论的论证结构,但以道德实在论的讨论作为切入点,一方面有助于我们在之后更好地理解康德原始论证中的关键要素,另一方面也能够避免陷入一些常见的误区。

本文将对这一系列关于康德伦理学与道德实在论的讨论进行梳理,并基于康德在《奠基》和《实践理性批判》中的论证结构对几种常见的实在论和非实在论进行批判,同时基于先验观念论整体视角解释康德对于道德法则的实在性证明。在第一节中我将讨论以建构主义为代表的非实在论解释,我试图说明,建构主义在某种程度上与价值实在论共享了一种基于自由的绝对价值的论证结构,同时这种以动机论为核心的论证结构作为一种康德解释具有不可避免的局限性。在第二节中我将讨论以舍内克为代表的基于直觉主义的实在论解释,我试图论证这种以认识论为核心的解释尽管避免了建构主义的缺陷,然而却错误地理解了道德法则的有效性证明中实践理性原理的先验的被给予性。在第三节中我将《实践理性批判》中的"分析论"部分与《纯粹理性批判》的对应章节进行对比,以将康德对道德法则的有效性证明转化为对实践理性的先天综合判断的可能性说明,并在第四节中展开论述康德的论证结构,并强调康德对道德法则的实在性论证实质上是通过一种弱意义上的先验演绎证明了道德法则的可能性条件拥有一种实践意义上而非经验意义上的实在性,而这也正是前述几种基于传统反形而上学立场的经验道德实在论解释所忽视的,并且康德这种基于先验观念论对道德法则实践意义上的实在性证明能够为道德实在论的发展提供全新的思路。

一、建构主义与价值实在论

对于康德伦理学解释中关于实在论与非实在论的争论归根结底也就在于对一阶的道德规则的有效性证明(justification),亦即关于如何说明客观普遍的道德法则在人类条件下的可能性。建构主义对这一问题的回答是,道德义务性的来源是理性的自立法:由于我们自己就是法则的制定者,那我们自然有理由遵从我们自己订立的法则。因为我们也就有理由按照自己的慎思结果去行动。由此,建构主义认为他们不需要论证道德法则具有某种本体论意义上的客观实在性,也能够解释其客观普遍的约束性。通过这种方式,建构主义者们既保留了康德伦理学中道德普遍主义的部分，同时由于不用对道德法则的客观性做出实在性宣称，他们也就没有了本体论和形而上学上的论证负担，这使得建构主义方案在元伦理学经历了史蒂文森(C. L. Stevenson)和麦基(J. L. Mackie)等人对客观主义和道德实在论的批判之后，显得更有说服力。

然而正如赖斯(A. Reath)所指出的那样，建构主义的这种论证方式听上去似乎在说个人意志的某种活动(即意欲这种立法的活动)是义务性的必要条件。[①]既然道德行动的理由是由我们理性的慎思活动所提供的，那么作为对道德法则的有效性证明，建构主义就必须进一步解释这种慎思活动本身的理由，换言之，也就是要解释原初状态下的人意欲运用理性去建构一种基于公平的正义原则的动机，即我们为什么要在一开始选择诉诸理性而不是其他的方式去建构原则？而关于这一系列问题的论证恰恰是建构主义作为一种康德式解释不尽如人意的地方：罗尔斯认为在原初状态的无知之幕之下人们由于不知道自己的真实处境，也就不知道此时的选择会如何影响自己的情况，因此他们必须得选择一种基于普遍同意的原则。[②]然而约翰森(O. A. Johnson)指出，在无知之幕背后的是一种他律的功利主义的动机，也就是说，在原初状态中之所以选择公平的原则是为了避免个人幸福可能出现的最坏的情况[③]，因此建构主义不能与康德伦理学的自律要素相容。如果建构主义宣称他们是一种与康德的伦理学理念相容的理论，他们就必须以一种非功利主义的方式解释，为什么人在原初状态下要运用理性去选择正义原则。

其实在这一问题上，比起基于非实在论的建构主义，一种基于道德实在论，尤其是价值实在论的康德解释就拥有了天然的优势：既然康德在《奠基》中宣称，理性和自由具有客观的、最高的价值，那么通过诉诸这种价值就能够直接解释我们的道德行动的动机，甚至是我们运用实践理性自立法的动机。[④]那么

---

① Andrews Reath, "Legislating the Moral Law", in *Nous*, 28(4), 1994, p. 440.

② John Rawls, *A Theory of Justice*, Cambridge, Massachusetts: The Belknap Press of Harvard University Press, 1999, p. 118.

③ Oliver A. Johnson, "The Kantian Interpretation", in *The Philosophy of Rawls*, ed. Henry S. Richardson, New York and London: Garland Publishing, 1999.

④ 支持价值实在论解释的康德学者包括伍德、盖耶尔和斯特恩(R. Stern)等人。参看 Allen Wood, *Kant's Ethical Thought*; Paul Guyer, *Kant's Groundwork for the Metaphysics of Morals: a Reader's Guide*, London: Continuum, 2007; Robert Stern, *Understanding moral obligation: Kant, Hegel, Kierkegaard*, in *Modern European philosophy*, Cambridge, New York: Cambridge University Press, 2012。

在原初状态下我们为什么要选择以理性的方式建构正义原则的问题也就迎刃而解了，因为这一行为背后的动机是我们对自由和理性所具有的客观普遍的价值的追求。

事实上，建构主义确实在某种程度上采纳了价值实在论的论证。比如罗尔斯会认为在无知之幕背后是关于人类之间是互相自由平等的存在者的理念①，而科思嘉德则是结合定言命令的第二公式以及她本人的实践同一性理论将这一理念具象化为了一种人性的绝对价值②——尽管建构主义者们宣称自由和人性的价值是我们理性活动建构出的价值，而不是一种客观实在的价值。但就这种价值被用作解释道德法则规范性的有效性论证而言，建构主义与其他价值实在论者并无差异：二者都试图用人性或自由的价值为我们理性的立法活动提供理由。只不过建构主义不承认这种价值是独立于理性活动之外被给予的，从而试图与价值实在论划清界限。但事实上他们将这种“被建构”出的价值作为建构活动本身的实践慎思的理由（甚至就科思嘉德而言，这种价值可以说是普遍实践同一性的可能性条件），那么无论这个价值是客观必然地伴随着我们的理性活动，抑或纯粹是我们理性建构出的结果，在元伦理学论证的意义上承担的其实都是同样的功能。只不过价值实在论会认为理性活动与价值的关系是客观实在的，而建构主义认为这种关系必须被设想为实在的——这一差异或许具有本体论上的意义，但就其为道德法则的约束性提供有效性证明而言确实在某种意义上共享了论证结构。

由此我们可以看到作为非实在论的建构主义与价值实在论之间的内在联系。这一看似矛盾的联系并不难理解，因为尽管建构主义是一种反实在论立场，但由于康德伦理学无论如何都对道德法则有客观性和普遍性的要求，使得他不可能完全被解释为史蒂文森或麦基那样彻底的道德非实在论，并且以相对主义的方式将道德法则的规范性还原成一种单纯的情感诉求或是现实制度的博弈结果。建构主义者也确实并不打算成为极端的非实在论，他们更倾向于将建构主义解释为一种处于道德实在论与非实在论之间的理论。科思嘉德认为这种中间立场可以体现在与实体的道德实在论（substantive moral realist）相对的“程序实在论”（procedural

---

① John Rawls, *A Theory of Justice*, pp. 221-227.

② Christine M. Korsgaard, *The Sources of Normativity*, p. 121.

realism)之中。[1]也就是说，相对于绝对的非实在论，建构主义仍然承认某种程度上的道德事实，只不过具有实在性的只是理性存在者反思与建构正义原则的那种程序性的实践慎思，而道德法则本身并不具有某种被给予的实在性。但是，由于建构主义语境下的实践慎思仅仅是对于行动理由的一阶反思，亦即对被给予的准则和动机的反思[2]，并不涉及对行动者主体自身认识能力和行动能力的反思，这也就意味着，自立法或道德慎思本身的动机和理由不能通过这种程序被建构出来。因此，为了支撑程序的实在论，建构主义者们就必须要在某种意义上采纳对康德伦理学的价值实在论解释，将理性、自由和人性本身预设为具有绝对的价值。

但事实上对于康德而言，实践理性并不光是对被给予的自然动机的反思能力，而是一种对主体行动能力本身进行先验反思和批判的能力，并且强调它不借助任何自然动机或价值就能够规定意志。然而根据建构主义或价值实在论的解释，我们必须要诉诸一种额外的价值才能开始道德行动，甚至单纯的道德慎思都需要这种价值，那这无论如何都会与康德伦理学的核心概念——自律产生矛盾，因为“如果只能是与法则相结合的某种欲求的客体的意欲质料进入实践法则作为它的可能性的条件，那么由此就形成任性的他律，亦即对遵从某种冲动或者偏好的自然法则的依赖性”(AA 5:33)。而且，用一种动机论去解释道德约束性的可能性也违背了康德对于动机与道德法则之间关系的说明：“不是道德法则在自身中充当一个动机由以出发的根据，而是就道德法则是这样的动机而言，这动机在心灵中所起的作用。”(AA 5:72)也就是说，道德法则自身就包含了动机要素，因为实践理性基于对主体行动能力的反思已经包含了对于动机的说明，因此“凡是先于道德法则作为意志的客体呈现出来的东西，都通过这个作为实践理性的至上条件的法则本身，本以无条件的善的名义从意志的规定根据中排除了”(AA 5:74)。很显然，在一种单纯的建构主义的视角下，建构性法则的“可能性条件”不能够被建构出来，那么他们就必须设定某种先于道德慎思的动机，即一种价值作为他们理论的出发点，而这与康德的观点并不相符。

同时，如果我们仔细考察康德在《奠基》中从 AA 4:425 到 AA 4:429 的讨论就

---

① Christine M. Korsgaard, *The Sources of Normativity*, pp. 36-37.

② 参看 Christine M. Korsgaard, “Motivation, Metaphysics, and the Value of the Self—A Reply to Ginsborg, Guyer, and Schneewind”, in *Ethics*, 109(1), 1998, p. 51。

会发现,尽管价值被建构主义和价值实在论认为是说明道德约束性的核心概念,但事实上在康德对最高实践原则的论证结构中它却并没有扮演如此重要的角色,甚至这种价值仅仅是作为一种伴随性的推论。康德没有也不需要试图将这种价值与我们选择自立法的理由联系起来,因为对他而言实践理性本身就意味着一种不需要考虑任何动机与偏好的对行动的直接决定性,这表明建构主义意义上的实践慎思本身就已经被置于实践理性的约束之下了,因为在实践理性的运用中已经包括了我们能够,同时也应当基于理性的必然性而不是感性的任意来选择意志的准则。

建构主义之所以将道德规范性的证明依托于一种对于价值的欲求,正是因为他们的理性概念并不涉及对主体行动能力批判性的先验反思。不过我认为,这并不是建构主义本身的理论缺陷,相反,在很大程度上建构主义是在有意识地拒绝这种更高阶的反思。正如康德自己在《奠基》第三章所承认的那样,关于"纯粹理性如何是实践的"这个问题已经超出了实践哲学的最终界限,同时康德试图通过《奠基》和《实践理性批判》中的两次"演绎"来为道德法则的有效性提供先验的证明。无论这两个版本的演绎成功与否,这始终意味着康德伦理学的合法性不可避免地要被置于他的整个先验观念论体系之下才能够得到证明,而建构主义则致力于尽可能地减少形而上学或哲学的前见对其理论的影响,以增强其理论的效力,并且与当代自然主义和分析哲学的反形而上学背景更相容。因此建构主义将康德意义上的二阶的实践理性降格为一阶的实践慎思,试图在完成对康德伦理学的去形而上学化的同时保留其普遍主义和理性主义的形式。这一尝试至少使得建构主义作为一种规范伦理学和政治哲学的原创性理论获得了相当的影响力,但如果深入到元伦理学层面进一步考察其与康德伦理学的关系,那么由于这种慎思做不到对主体自身的实践能力进行反思,无法完成一种基于先验批判的证成,而只能诉诸某种外在于其慎思活动的价值来为慎思的动机进行辩护,因此也就自然而然地偏离了康德本人的立场。

由此可见,作为一种非实在论,或者说处于非实在论与实在论之间的建构主义,在对康德伦理学的可能性说明中不可避免地需要借助价值实在论来解释理性建构的动机,因而与康德伦理学的一些基本概念产生了矛盾,同时也抛弃了其背后的先验哲学的立场。尽管这些并不能否定建构主义作为独立的伦理学体系本身的价值,但就其作为一种康德伦理学的解释理论而言却是不符合康德本意的。

二、基于直觉主义的实在论

建构主义式的康德解释无法成功的关键就在于它否认了道德法则本身具有的客观实在性，相对地，道德法则及其规范性都只是某种建构的产物。这导致了道德判断并不存在某种客观意义上的真值，我们也就无法通过一种单纯的**认识活动**说明道德法则的约束性，而只能诉诸一种**意欲活动**来承认道德法则的规范性。那么，对于道德法则的有效性说明就被还原成了对这种意欲活动的证成，这一方面使得道德法则不再具有无条件的命令式的特性，同时也违背了康德"不要妄生念头从人类本性的特殊属性中导出这个原则的实在性"(AA 4:425)的告诫。

然而，如果我们接受了道德实在论的传统观点，那么道德法则的有效性就不再依靠某种意欲活动，而是通过一种认识活动得到证明。因为不同于建构主义，对道德实在论而言，道德法则及其约束性是一个客观实在的事实，它的有效性独立于任何慎思的活动或是意欲上的认可，因此也就不需要寻找额外的价值去说明这种认可活动的动机。与此相对地，道德实在论需要说明的是一个认识论问题：如果道德法则具有外在于我们意欲活动和道德慎思的客观实在性，那么我们是如何能够认识或意识到这种法则及其约束性的？

对于早期的道德实在论而言，直觉主义是最常用的论证方式。比如摩尔就认为，道德事实不能被还原为某种自然的性状，而是一种"自明"的事实。①而康德在《奠基》和《实践理性批判》中也同样有类似的表述："一个就自身而言就应受尊崇的、无须其他意图就是善的意志的概念，如同它已经存在于自然的健康知性之中，不需要被教导，只需要被启蒙"(AA 4:397)；"人们可以把对这条基本法则的意识称为理性的一个事实"，"纯粹理性能够是实践的……上述事实与意志自由的意识是不可分割地联系在一起的，甚至与它就是一回事"(AA 5:31, 42)。从直觉主义的视角看，这意味着康德认同(1)存在一种就自身而言(an sich selbst)的善；(2)这种善是通过一种"意识"而被把握到的。

基于上述理由，德国的康德学者舍内克尝试将康德在《实践理性批判》的"分析论"部分中对道德法则的有效性证明重构为一种基于直觉主义的论证。同时，尽管

---

① G. E. Moore, *Principia ethica*.

直觉主义也能够用来证明上一章中提到的价值实在论,并且舍内克本人也是其支持者,但是他并不认为在对道德法则的有效性证明中需要依赖前述价值实在论所用的方式,即通过诉诸理性存在者或自由的价值来说明遵守道德法则约束性的动机,而是可以依靠一种"有效性的直觉主义"①来直接证明道德法则及其约束性的有效性。也就是说,并不是先直觉到价值再通过这种价值来说明道德法则的约束性,而是我们能够直接地意识到这种无条件的约束性,因此这种基于直觉主义的实在论解读似乎可以避免建构主义或价值论的缺陷。

舍内克认为,一方面,在具体的行动中,道德法则内容是通过理性而不是通过某种直觉被把握到的,因为我们只能依靠理性将具体的行动准则普遍化为一种道德法则;但另一方面,这种法则之所以被我们视为是一条命令式,亦即对我们具有绝对的约束性,这只能通过敬重的情感直接地被意识到。②也就是说,尽管道德法则的内容是来自于理性的普遍化,但法则的有效性却并不是通过某种理性的推理被认识到的,而是通过一种自明的感觉直觉地把握到的,这种感觉就是敬重。因为对法则的敬重能够抵抗其他一切愉快与不快的经验性的情感,那么通过敬重的情感我们就能意识到道德法则具有一种能够抵抗一切经验性情感的绝对的约束力,由此,舍内克认为,定言命令的"有效性"就是某种通过敬重被意识到的东西。同时他还认为,这一基于直觉的自明性和被给予性的理性事实必须取代对于定言命令的演绎,成为对于道德法则的有效性证明。③

舍内克这种直觉主义解读的关键在于,他认为敬重的情感具有认知性,我们可以通过这种情感直接认识到定言命令的绝对有效性。④然而传统的康德伦理学中,敬重通常只有动机性的功能而没有认知性的功能,比如博亚诺夫斯基(J. Bojanowski)就认为,根据康德的文本,理性事实只能是被理性,而不是被情感所认识到的,同时他也反对敬重的情感具有认识功能。⑤舍内克尝试通过一种情感直

---

① 有效性的直觉主义(validity-intuitionism),参见 Dieter Schönecker, "Kants Moral Intuitionism: The Fact of Reason and Moral Predispositions"。

② Ibid., 4.

③ 因为康德表示,"道德法则的客观实在性不能由任何演绎……来证明""取代徒劳地寻求对道德原则的这种演绎的,是某种别的东西"(AA 5:47)。但是在后文中我将会对这段表述进行解释,并且论证康德在《实践理性批判》中使用的仍然是先验哲学意义上的演绎论证。

④ Dieter Schönecker, "Kants Moral Intuitionism: The Fact of Reason and Moral Predispositions", p. 25.

⑤ Jochen Bojanowski, "Why Kant Is Not a Moral Intuitionist", in *Realism and Antirealism in Kant's Moral Philosophy*, De Gruyter, 2017, p. 180.

觉主义的方式去解释康德对道德法则的有效性论证，但事实上我们对道德法则约束性的意识无论如何都不是基于一种被给予的直觉。我们对纯粹实践理性基本法则的意识，或者说意识到意志绝对地、直接地通过实践理性被规定，是因为“它独立地作为先天综合命题把自己强加给我们，这个先天综合命题不是基于任何直观，既不是基于纯粹的直观也不是基于经验性的直观”(AA 5:31)。这意味着道德法则必然的约束性并不是通过任何一种直观被给予的，我们也并不是通过敬重的情感直觉地认识到实践理性对意志的直接规定性。

尽管康德的确认为纯粹实践理性的基本法则是“被给予”的，但是“为了把这条准则准确无误地视为被给予的，人们还必须注意，它不是任何经验性的事实，而是纯粹理性的唯一事实，纯粹理性借此宣布自己是原始地立法的”(AA 5:31)。也就是说，康德恰恰否定了以一种经验直观把握的方式去理解“被给予性”，而是将实践理性的原理作为在理性运用中必然被给予的一个先天综合命题进行讨论，即纯粹理性如何能够是实践的？理性如何能够直接地规定意志的准则？也就是说，纯粹理性是实践的，这一理性事实是作为一个先天综合判断，而不是作为一个可被认识的经验对象被给予的。而这样一个先天综合命题是独立存在的，就意味着它并不依赖于经验原则，也就不会以对象—认识的方式与我们发生关系。那么，关于道德法则约束性的问题就应该是对这样一个先天综合判断的可能性证明，而不是一个基于直觉的认识论问题，那么对于道德约束性的说明无论如何都不能被还原为一种情感或直觉性的认识。

可以说，舍内克的直觉主义解读最根本的问题恰恰就在于，他将道德法则的有效性证明理解为一个认识论问题，也就是说，他认为定言命令的约束性是通过我们的某种认识活动(基于直觉)而被解释的。因此当康德说对实践理性基本原则的意识不能被“进一步解释了”(AA 5:46)，就会被认为是一种直觉主义的表达——因为康德认为对道德约束性的意识是一个不可被分析还原的直接的意识，那么在舍内克的解读中，这种意识就被认为是在某种程度上构成了我们对道德法则约束性的认识论基础。但是实际上，《实践理性批判》中对道德法则的可能性论证恰恰不是关于认识论的。因为这一可能性论证，即说明“纯粹理性如何能够(仅仅通过他自己的准则作为法则的普遍有效性的思想)就是一致的规定根据”这一课题，属于实践理性的批判(AA 5:44-45)。而不同于纯粹思辨理性，实践理性批判的课题并不关涉能够被认识的对象的可能性，也就不可能是一个认识论问题。

另一方面,直觉主义在康德伦理学中确实扮演了某种角色。就像康德在《奠基》开头所说的那样,"善的意志的概念,如同它已经存在于自然的健康知性之中"(AA 4:397)。事实上,在普通经验中我们不单单能意识到自己处在自然必然性的因果性链条之中,同时我们还能无须任何教导就直觉地意识到我们能够将自己置于自由的因果性之下。由此,纯粹理性如何能够是实践的,如何能直接规定意志,这个先天综合命题才不可避免地在我们的理性运用中"被给予"。但是这种意义上的自明性只能用来说明这一问题为何必然地被讨论,却并没有提供对这一问题的解决方式,而要说明这个被给予的先天综合命题的可能性就必须依靠一种先验的演绎和论证。也就是说,直觉主义的解释更适合用来说明为什么纯粹实践理性的原理是被给予的,而对这一原理本身的证成,则不能被还原为在经验中对它的认识。十分遗憾的是,舍内克混淆了直觉主义在康德伦理学中所扮演的角色。尽管康德在某种程度上以直觉主义的方式说明了实践理性批判"必须无可指摘地从纯粹实践法则及其现实性开始"(AA 5:46),但这恰恰意味着,对道德法则绝对约束性的先验证明才刚刚开始。

三、作为先天综合判断的实践理性的原理

通过以上两章的分析我们可以看到,建构主义或价值实在论试图以动机论的方式解释我们将自己置于理性道德法则约束性之下的理由,而直觉主义则试图以认识论的方式说明我们如何通过感觉就直观地把握到这种约束性。但我已经尝试证明,这两种方式都偏离了康德的论证思路。而且我们也不难发现其背后的真正原因:无论是建构主义、价值实在论还是直觉主义,它们都在某种意义上放弃了先验观念论的立场,并且否认一种基于先验批判和演绎的解释路径。他们认为,康德在第二批判中关于"理性事实"的讨论说明康德或多或少地否定了他之前在《奠基》第三章中试图用先验论证说明道德法则可能性的想法,与此相对地,理性事实则代表了一种更加自然、去形而上学化的方式,无论它指涉的是自由绝对的价值,或是基于情感的直觉。

就理性事实在康德伦理学中所扮演的角色而言,我赞同舍内克的观点,即它涉及的是对道德法则的有效性证明。但我并不认为这一证明"取代了"无论在《奠基》还是在《实践理性批判》中康德所使用的"演绎"的论证方式。恰恰相反,正如之前

所提到的那样，理性事实并不指涉一个被直觉到的事实，而是一个其现实性需要在先验观念论框架内基于理性批判和演绎才能得到证明的事实。为了进一步讨论康德是在何种意义上证明道德法则的实在性，我们有必要对实践哲学意义上的原理、演绎和先天综合判断等基本概念进行重新地梳理，这一方面有助于我们把握建构主义与直觉主义这种争论的关键点，另一方面也为一种基于先验观念论立场的道德实在论解读铺平道路。

让我们首先从康德在《实践理性批判》中"演绎"部分（AA 5:42-50）的标题"纯粹实践理性诸原理的演绎"入手。康德在"分析论"的开篇就指出，实践理性的诸原理是指"那些包含着意志的一个普遍规定的命题"，而这种规定如果要是客观、普遍有效的，其可能性条件就是"纯粹理性能够在自身中包含着一个实践的、亦即足以规定意志的根据"（AA 5:19）。或者说，"纯粹理性单凭自身就是实践的"（AA 5:31，42）。而对原理的"分析论"抑或"演绎"，在先验哲学的语境中通常可以被理解为是一种与其**客观现实性**相关的逻辑上的有效性证明。对"演绎"概念的具体分析和康德的使用语境可参考亨利希（D. Henrich）著名的解读。①他指出，在先验哲学中"演绎"所扮演的角色就是在不能够提供直接证明（der Beweis）的情况下对于一个观点的合法性（die Rechtmäßigkeit）说明，并且康德认为它只能够存在于一种"对主体的批判"中。②那么综合以上几点我们可以认为，康德在这一章的任务是要论证"纯粹理性单凭自身就是实践的"这条原理在现实中的可能性。因此，关于康德在何种意义上是道德实在论的讨论也就应当聚焦于对这一原理的现实性证明。

为了更好地理解这样一种对于原理的演绎论证在先验哲学中的含义，我认为有必要参考《纯粹理性批判》同样出现在"原理分析论"中对知性原理的讨论。尽管第一批判的"原理分析论"是与判断在经验上的客观现实性相关，我也并不试图说明这一分析适用于实践哲学领域（毕竟康德在 AA 5:46 明确否定了这一点），只想通过这种分析找出康德对知性的原理分析所使用的论证结构，以便更好地理解实践理性的原理在论证中的意图和作用。另一方面，纯粹知性的原理根据判断的形式分为两种，即分析判断和综合判断的至上原理，在此我们只着重讨论与实践理性的原理可以形成对照关系的综合判断的原理，因为正如前文所说，实践理性的原理

① Dieter Henrich, "Die Deduktion Des Sittengesetzes", in *Denken im Schatten des Nihilismus*, ed. Schwan, Darmstadt: Wissenschaftliche Buchgesellschaft, 1975, pp. 76-84.

② Ibid., p. 79.

就是作为一个先天综合判断被给予的。

第一批判中"原理分析论"的目的是在于说明知性和判断力在先验逻辑中是客观有效的,或者说具有知识论意义上的客观的现实性(B171, 194),那么对于原理的分析就是"教导判断力把包含着先天规则的条件的知性概念运用于显象"(B171)的法规。就先天综合判断而言,对原理的分析就等同于说明先天综合判断应用于显象,或者说经验的合法性。不同于分析判断,先天综合判断的可能性依赖于一个"第三者",而主词和谓词的"两个概念的综合只有在他里面才能产生"(B194)。另一方面,由于这里讨论的是先天综合判断作为一种知识的现实性,那么它就必须"与对象发生关系",也就是"让对象的表象与经验发生关系",因为"经验的可能性就是赋予我们一切先天知识以客观实在性的东西"。而"经验依据的是显象的综合统一,也就是说,依据的是一种按照一般而言关于显象对象的概念进行的综合"(B195)。基于以上两点可以发现,如果一个先天综合判断具有知识意义上的客观有效性,就必须满足以下两个条件:(1)通过一个第三者的综合;(2)满足经验的可能性条件。由此,这样一个第三者就只能是"一切表象都被包含在其中的综合,也就是内感官及其先天形式,即时间"并且归根结底"依据统觉的统一"(B194)。通过这一个简短的重构可以看出,对于原理的分析就是通过一个作为判断的现实性的最高条件的第三者,来说明先天综合命题的客观有效性。接下来我试图将纯粹知性的原理与实践理性的原理进行对照,以发现其中的异同。

首先,在实践理性中也存在先天综合命题,在《奠基》中这一命题被表述为"一个绝对善的意志是其准则在任何时候都包含着被视为普遍法则自身的意志"(AA 4:447),在《实践理性批判》中则是"要这样行动,是你的意志的准则在任何时候都能同时被视为一种普遍立法的原则"(AA 5:30)。这一个命题之所以是综合的,因为它试图将决定行动的"意志"与作为普遍法则的"理性"综合起来。或者通过一个推论能帮助我们更好地理解这两个判断在何种意义上是先天综合命题:"纯粹理性单凭自身就是实践的"(AA 5:31),因为"实践"就意味着理性能够决定行动的准则。然而,无论是通过分析理性概念或是意志概念都不能将这两个概念必然地联系起来,因为行动的准则并不必然地被理性所决定,而是同时也会受到偏好和欲望的影响。而另一方面这一命题阐述的又是理性和意志先天必然的联结,因此这一命题是先天综合命题,那么就像知性判断力的先天综合命题一样,它也需要一个第三者将主词与谓词联系起来。康德认为这个第三者是自由,因为"人们预设意志的自由时它会是分析的"(AA 5:31),"自由的积极概念造就了这个第三者"(AA 4:447)。

其次,在"演绎"一章中,康德的目的同样在于对这一先天综合判断的有效性和可能性提供演绎或辩护,但是,康德强调,这种演绎"不能希望像在涉及纯粹理论知性的原理时那样顺利进行了"(AA 5:46),因为后者涉及的是可能经验的对象,而作为知性先天综合命题的"第三者"的内感官和统觉正是经验的可能性条件本身,这一点在"先验感性论"和"概念分析论"中,尤其是在其"纯粹知性概念的先验演绎"部分已经得到了明确的阐述(B168-169)。康德通过对主体认识能力的批判说明了,任何一个命题如果要具有认识上的实在性,它就**必须**依据经验的可能性条件,即必须通过内感官与统觉的综合统一,而先天综合命题也不例外。因此,既然将综合命题的主词与谓词联系起来的那个"第三者"是必然地被给予的,那么作为普遍必然的先天综合命题的客观有效性也就得到了辩护——一言以蔽之,先天综合命题的客观有效性辩护需要依赖"第三者"的必然性,而这一必然性通过对主体认识能力的批判而被证成。

然而,作为实践理性原理这一先天综合命题的"第三者",自由却并不享有这种必然性。因为实践无非意味着意志通过准则决定行动,而自由却并不是实践的唯一可能性条件,因为我们的准则既可以依照自然的因果性,也可以根据自由的因果性被决定。那么康德自然要放弃"徒劳地寻求对道德原则的这种演绎",因为理论哲学的演绎是通过诉诸经验唯一的可能性条件,但是就行动的准则而言,自由却并不具有唯一性,甚至在休谟主义或怀疑论的批判之下,自由的实在性本身都无法得到明确的证明,那么连理性和意志综合的可能性都尚且存疑,更妄论这种综合具有先天必然的有效性。既然康德无法明确地证明我们的意志与理性之间的必然联系,也就无法说明我们为何要将自己置于道德法则的必然和绝对的约束性之下。

现在我们就能把握到关于康德在何种意义上是道德实在论这一争论的本质了。对于建构主义和价值实在论而言,既然康德无法说明自由的实在性,而我们又处于一个自由和自然的双重视角之中,那只需要说明我们出于什么具体的动机而选择理性和自由的视角就能够说明道德约束的有效性。而对于直觉主义来说,只需要说明我们通过敬重的情感认识到作为"第三者"的自由的现实性,那么他就至少就能够说明理性与意志之间联系的可能性。然而无论如何,这些解释方式都偏离了康德的一个核心观点,即实践理性的原理是"独立地作为先天综合命题把自己强加给我们的"(AA 5:31)。"独立"意味着这个综合判断除了主词、谓词和第三者之外并不包括“第四者”,而无论是自由的价值还是对自由的直觉都是在这个综合命题之外与自由相关的另一个综合命题。

尽管康德承认对实践原理的演绎不可能达到一种无可置疑的确定性,但是取代这种知识论意义上确定无疑的演绎的却是“某种别的东西,而且是完全非理智的东西(etwas Widersinnisches),因为它反过来自己充当一种无法被探究的(unerforschlich)能力的演绎原则”(AA 5:47)。对先天综合判断的一种确定无疑的演绎只能属于与经验对象相关的知性,但是道德法则所涉及的不是“被给予的对象”,因此无论如何达不到这种确定性。但是康德在第一批判中已经明确地拒绝了理论理性在纯粹超验领域内的应用,并且将这种权限让渡给纯粹实践理性。那么就存在一种可能性:既然认知领域内的先天综合判断的客观有效性是基于对主体认识能力的批判,实践领域内的先天综合判断的有效性就能够通过一种对主体实践能力的批判来说明,并且这种说明不会受到来自理论理性的干预。结合之前提到的亨利希对于“演绎”论证的解释,我们可以说恰恰是因为在这个问题上康德不能够提供直接、明确的证明(der Beweis),他才更需要依赖一种弱意义上的“演绎”,通过对主体的批判来说明实践理性最高原理的合法性(die Rechtmäßigkeit)。

四、“理性事实”与一种基于先验观念论的道德实在论

总结一下目前为止的论证:由于以下观点康德被视为道德实在论者,即康德宣称基于纯粹实践理性的道德法则是客观普遍必然的,并且具有无条件的约束性。而为了对这一宣称的有效性进行证明,康德就需要说明一种普遍立法的意志的可能性,而这一说明需要将普遍立法的纯粹实践理性和决定行动的意志综合起来,也就是说康德对道德约束性的论证最终被归结为对一个作为实践理性的原理的先天综合判断的可能性证明。为了证明先天综合判断的可能性就需要一个同时包含主词与谓词的第三者的概念,就我们目前讨论的主题而言,这个第三者的概念就是自由。建构主义、价值实在论和直觉主义都尝试忽视这一论证框架的先验观念论背景,而通过直接说明自由的现实性来证成普遍道德法则的有效性,我现在则回到先验哲学本身,通过将自由、意志和实践理性置于先天综合判断的关系中,尝试基于先验观念论的立场为康德的道德实在论提供辩护。

论证的核心毫无疑问在于作为第三者的自由。如果要证明先天综合判断的有

效性,就必须要说明这样一个第三者是主词与谓词的必要条件,而难点就在于人类意志非但不是必然地被自由的必然性所规定,甚至在怀疑主义的评判之下自由本身都是不可能的。于是在开始演绎先天综合判断的合法性之前,康德首先需要说明自由的现实性。

康德认为我们对自由的意识是一个"理性事实"(AA 5:42),不过这一容易被理解为直觉主义的表述很快就得到澄清:因为这种对自由的意识"不是按照对它自己的某种特殊的直观,而是按照某些能够在感官世界中规定它的因果性的动力学法则;因为自由既然被赋予我们,就把我们置于事物的一种理智秩序之中,这在别的地方已经得到充分的证明"(AA 5:42)。根据克勒梅(H. Klemme)的观点,这里"别的地方"是指《奠基》的 AA 4:454,《纯粹理性批判》的 B560、B586[①],大体是指我们在道德行动和理性思辨中不可避免地设想与自然因果性相对应的另一种名为自由的因果性序列。但是必须强调的一点是,这并不意味着康德已经提供了对自由的现实性证明,因为"自由的可能性问题虽然由心理学来考察,但既然它依据的仅仅是纯粹理性的辩证论证,它就必须连同其解决一起都仅仅由先验哲学来处理"(B563)。然而如果根据先验哲学来考察自由的现实性,那么我们对自由的意识就恰恰不能证明自由的现实性。因为如果这种证明成立,就意味着我们能够通过"意识"活动把握到作为这一活动的对象,也就是自由的实在性,这无外乎是在说对自由的意识是一种将自由概念对象化的认知活动,那么自由概念就应该是一个有经验内容概念,因为对知性概念的认识活动唯有与直观相结合才能成为可能。但是康德始终强调自由是一个不能在直观中被给予的纯粹先天概念,并且也不依赖于某种"特殊的直观"即智性直观。因此,自由概念的现实性不能基于一种对象化的认识活动,那么对自由的意识也就不能够在认识论的意义上承担起证明自由现实性的任务。

那么我们又如何能够说明自由的现实性?显然我们在这里只能诉诸实践理性。因为纯粹思辨理性不能积极地证明一种超出经验直观之外的原理,但同时,它也恰恰因此不能够否定这种原理。而且由于我们对自由的意识又使得这条原理不是一种任意的虚构和假定,因此理论理性"被迫至少假定一种自由的可能性",却

---

① Heiner F. Klemme, "Sachanmerkungen", in *Kritik der praktischen Vernunft: Mit einer Einleitung, Sachanmerkungen und einer Bibliographie von Heiner F. Klemme*, eds. Horst D. Brandt and Heiner F. Klemme, Meiner, 2003, p. 231.

“根本没有认出被赋予这样一种因果性的那个对象是什么东西”(AA 5:48)。

而另一方面,实践理性则发现了自由因果性的规定方式,即这种因果性是一种不同于依照自然偏好决定行动准则的理性法则,通过自律将意志置于这种法则之下能够证明行动者在行动因果性中的自立法。这一方面证明了普遍必然的道德法则的可能性,另一方面也说明了我们对自由因果性的一种使用方式。这样,由于实践理性对自由的因果性做出了积极的说明,尽管“对于思辨理性来说在其洞识方面没有任何增添,但毕竟在它或然的自由概念的**保障**方面有所增添”,因而也就“填补了这个空出的位置”(AA 5:49)。由此,自由概念获得了“客观的、虽然只是实践的、但却是无可怀疑的实在性”(AA 5:49)。这种实践的实在性之所以“无可怀疑”,是因为自由不是经验概念,没有直观内容,因此不能被感性和知性所统摄。同时康德又拒绝了理论理性把握自由这种超验概念的可能性,因此我们没有权限在认识论意义上证明或证否自由。

论证到这一步之后,康德对于以自由作为第三者的实践理性的先天综合判断的合法性演绎也已经包含在其中了。因为康德在这一讨论中排除了以知性和理论理性为代表的知识论的干预,因此能够单纯依靠实践理性完成对这一先天综合判断的合法性演绎。之前提到过,实践的先天综合判断之所以不能够得到像在知性领域内那样的证明,是因为在后者的情况下,作为第三者的统觉是主词和谓词作为经验得以可能的必要条件,而自由却并不是意志的唯一可能性条件。然后在实践哲学领域内,理性之所以是“实践”的就意味着“它仅仅把作为感性存在者的人的因果性的规定根据设定在纯粹理性中”(AA 5:49),而这样一种规定根据就只能通过自由的因果性而可能,否则,如果规定根据是依据一种自然法则,那就是一种对象化的认知活动,因而只能属于知性,而无法满足理性的自发性。所以康德将意志的另一种可能性,即被自然法则决定的可能性排除出了实践理性的范畴之外,而相对地在实践领域内,自由就是主词实践理性和谓词意志的必要条件,也就因此演绎出了作为实践理性最高原理的这样一条先天综合判断的合法性。

可以看到,康德意指的“理性事实”只是说明了自由作为一种不同于自然因果性的可能性在理论认识和实践行为中是被给予的,但这并没有说明为什么自由的理念不是一个妄想,从而我们对自由宣称是合法的。不过无论如何,对自由的意识使得理论理性无法否定自由的可能性,因而不得不为这种可能性的证成留下空间,然后通过实践理性对自由概念的积极规定,使得自由作为一种因果性在道德法则的应用中获得了客观实在性。可以说，这样的证明方式和《奠基》第三章使用权利演绎的方式说明对自由的合法性宣称是一脉相承的。①

虽然最终是实践理性证明了自由的客观实在性，但是这一系列证明的关键事实上仍然在于先验观念论立场下对理论理性的限制。正是因为有物自体和显象之间的区分，有对于纯粹思辨理性的批判，康德才能够将自由从怀疑论中解放出来：因为自由是一个无对应直观的纯概念，所以人类理性不具有对这种概念的认知能力，也就不能够对其做出否定性的宣称。纯粹思辨理性只能合法地宣称"自由不能被认识"，但不能宣称"自由不存在"。这才使得实践理性对于自由概念的运用能够获得实践意义上的实在性。相反，尽管价值实在论和直觉主义在一阶的伦理学中都坚持了对于康德意义上普遍道德法则的绝对约束性，但他们事实上都在尝试通过价值或直觉以一种相对自然的方式提供对自由的**经验实在性**的证明，这在根本上背离了康德的初衷，也没能充分利用先验哲学对于显象—物自体以及实践理性和理论理性之间的区分。总而言之，道德法则或自由的现实性是通过一种先验观念论意义上的合法性演绎得到证成的，而不是通过任何一种意欲活动或是认知活动被证明的。相对地，对于道德法则的有效性证明也就不在于对立法活动的动机或是对被给予的道德法则的直觉，而是在于我们理性自身的批判活动之中。

结　　语

关于康德伦理学在何种意义上是道德实在论的讨论，本质上是关于如何在元伦理学层面上理解康德对道德法则约束性的辩护。无论是建构主义、价值实在论或直觉主义事实上都在尝试从元伦理学层面上提供一个相对自然主义的解释模式，以将康德伦理学"去先验化"。尽管它们的学说作为一种独立的伦理学理论而言都颇具洞见，但是去先验化这一理念本身就与康德本人的初衷背道而驰了。我并不试图否定对康德伦理学的自然化改造，反而认为这一系列的尝试充分体现了康德哲学对后世的启发与影响，这也说明了康德哲学是在时代中发展着的、充满活

① 关于《奠基》中演绎论证可参见 Klemme, "Freiheit oder Fatalismus, Kants positive und negative Deduktion der Idee der Freiheit in der Grundlegung", in *Kants Rechtfertigung des Sittengesetzes in Grundlegung III: Deduktion Oder Faktum?*, ed. Puls, De Gruyter, 2014。

力的思想资源。但是这种新思潮并不能否认在康德去世两百余年的今天依然坚持以文本解读为基础的康德研究的意义。恰恰因为当代哲学伦理学的发展为我们提供了无数切入康德哲学的新角度,而每每从这些角度切入都能发现,康德哲学时至今日仍然具有独特的价值。比如以元伦理学中关于道德实在论的讨论切入,就能发现一种全新的实在论模式,即在规范伦理学层面承认道德法则的普遍必然的客观实在性,但在本体论层面却不用将法则的这种实在性还原为某种经验性的元素,因而也就不必承担由于非实在论和怀疑论而产生的对于本体论的论证负担。得益于先验观念论对显象—物自体以及理论理性—实践理性之间的区分,我们可以尝试发展一种不同于基于直觉主义传统解释的道德实在论的全新模式。

最后,由于自然主义显然更能够得到来自对于人类本性的经验研究的支持,因此先验观念论就其必要性而言仍然会受到自然主义的抨击。但值得注意的是,康德哲学中的人类本性,无论是认识能力还是行动能力,都不是一种被给予的经验事实。相反,就像在本文中所展现的那样,人类的本性与各种能力都必须始终基于先验原理得到批判性的证成。也就是说,先验观念论至少向我们展现了一种截然不同的可能性,在其中人的本质并不是某种描述性的、被给予的自然本质,而是一种在主动的批判活动中不断自我彰显的先验本质,唯有通过它,人类的道德活动才能被赋予绝对的价值与尊严。

作者单位:哈勒大学

In Which Sense is Kantian Ethics a Moral Realism? A Reading Based on Transcendental Idealism

Qian Kang

Abstract: This paper examines the relationship between Kantian ethics and moral realism in view of Kant's justification of moral obligation. I consider constructivism as an instance of anti-realism, and intuitionism along with value-realism as instances of moral realism. I argue that these interpretations contradict Kant's original justification of moral obligation, which should be based on transcendental idealism. By focusing on Chapter I of the Analytic of Pure Practical Reason in the 2nd Critique and its relation with the Analytic of Principles in 1st Critique, I propose a justification of the objective validity of moral laws within transcendental philosophy.

Keywords: Kantian Ethics, Moral Realism, Critique of Practical Reason, Transcendental Deduction

自我完成的怀疑主义与绝对知识

涂骁睿

摘　要：怀疑主义是德国古典哲学发展过程中的一个核心动机，而且德国古典哲学家不仅处理了近代以休谟、笛卡尔为代表的怀疑主义，还将古典怀疑主义的均势攻击视为对理性不可避免的挑战。康德在"先验辩证论"中提出的二律背反便是古典怀疑主义经过近代主体性中介的类型，它构成了理性向先验理想这一根据超越的视域。黑格尔在耶拿早期哲学中将二律背反与古典怀疑主义相提并论，并视为理性否定的方面，它构成通向科学自身的导论。在《精神现象学》中，黑格尔将古典怀疑主义进一步理解为"自身完成的怀疑主义"，是达到绝对知识必不可少的途径，也是绝对知识本身的构成性要素。只有理解怀疑主义在意识检验过程中扮演的角色，才能把握黑格尔绝对知识与有限认知的关系，从而理解他将超越性的绝对者视为内在于知识过程的观点。

关键词：怀疑主义　绝对知识　理性　超越

一、怀疑主义在康德哲学中的重要性

康德的《纯粹理性批判》在后世接受史中往往被冠以反驳怀疑主义的意义，这在其同时代哲学家如舒尔策、赖因霍尔德、雅可比以及早期费希特的思想中得到体现。[①]这些思想家围绕康德哲学的核心争论便是，认知如何能够通过表象切中具有

---

① 赖因霍尔德对康德先验哲学这方面的推进可见 Karl Leonhard Reinhold, *Über das Fundament des philosophischen Wissens*, Hamburg: Felix Meiner Verlag, 1978, S. 22-65。舒尔策对先验哲学的怀疑论攻击，可见拜赛尔的详尽阐释：Frederick Beiser, *The Fate of Reason*, *German Philosophy from Kant to Fichte*, Cambridge: Harvard University Press, 1987, pp. 266-284。费希特正是出于应对舒尔策对先验哲学的批评而发展出早期知识学的基本原理，参见《评〈埃奈西德穆〉》，《费希特文集》第一卷，梁志学编译，北京：商务印书馆，2014 年，第 413—436 页。

独立实在性的对象，以及这一对象与物自体具有怎样的关系。如果表象内在于意识，那么表象的对象作为表象本身的内容，如何可能指涉一个外在于意识的独立对象？这又进一步牵涉到康德哲学中作为先验统觉之相关项的先验对象与物自体的关系问题。只要这两个问题还没得到澄清，人类的有限认知就不能被保障为客观实在。如果一切对象都内在于意识的表象，那么意识便没有与客观世界建立关系，自我意识也只是纯粹主观的幻象。20世纪60年代以来，国际学界对康德哲学的接受很大程度上仍是上面问题的延续，对康德哲学关注的重点自然也就在于“先验分析论”中自我意识与对象意识的关系，以及“原理分析论”中的反驳唯心论问题。①

实际上，与对象实在性相关的这一怀疑主义仅仅是康德以及德国观念论哲学中的一种怀疑主义，也即关于外部世界的怀疑主义。这可以追溯到笛卡尔在《第一哲学沉思录》的前两个沉思。当代学界对这一类型怀疑主义的偏好，与近代以来主体主义的发展密切相关，它强调“我思”在认识论层面的优先性，并将“我思”的自明性还原到意识的内在性领域，从而把外部事物视为相对于主体的超验对象。然而，侧重“我思”或“纯粹统觉”的哲学进路忽视了早已蕴含在笛卡尔与康德哲学中的张力，也即自身确定的主体性与超越性的上帝或理念之间的复杂关系。这在康德那里尤其体现于“先验辩证论”，显象之总体综合的无条件者被揭示为理性不可避免产生的超验幻象，而理性由此陷入的二律背反则揭示出不同于外部世界怀疑主义的皮浪怀疑论。《纯粹理性批判》中因此至少可以区分出三种怀疑主义，分别是休谟对因果律以及普遍必然认知关系的质疑、笛卡尔对外部世界的怀疑，以及古典的皮浪怀疑论。前两种怀疑主义都是从主体出发，说明有限认知如何能够与外部对象建立客观关系；后一种怀疑论则涉及两种哲学立场的关系，因此处于一个更高的层面。

在“先验辩证论”的二律背反部分，康德指出，一旦范畴运用超越经验可能性的领域，独断论与经验论就会不可避免地在同一问题上陷入无法说服对方的争执中。尽管康德本人没有明言二律背反产生的根源，而是单纯指出它的必然性，人们还是

---

① 这在英语世界主要体现于斯特劳森的《感觉的界限》一书，见 P. F. Strawson, *The Bounds of Sense: An Essay on Kant's Critique of Pure Reason*, New York: Routledge, 2007。相应地，迪特·亨利希也在一系列出版物中对康德的先验演绎进行了详细重构，并与斯特劳森展开对话。可参见 Dieter Henrich, *Identität und Objektivität: Eine Untersuchungen über Kants transzendentale Deduktion*, Heidelberg: Carl Winter Universitätverlag, 1976。

能够在显象综合为总体性的机制中发现二律背反的原因。在“先验感性论”的开端，显象就被规定为“一个经验性直观的未被规定的对象”①。它可以分为形式与质料两个方面，形式方面是主体性自身的感性直观形式，质料则是被给予主体的感觉。由于经验(Erfahrung)是通过范畴对感性直观的图式化综合形成，主体的经验性综合活动因此必然是一个渐进的时间进程。一切当下综合的经验都依赖于先行的经验，当下给予的显象便总是依赖于先前被给予的显象，后者是前者的条件。康德将这一不断寻求条件的过程称为回溯的综合，它试图为当下给予的显象中的内容提供根据。为了真正解释当下经验的根据，回溯的综合必然产生对完备性的诉求，这意味着人类理性一旦涉及条件，就同时指涉了条件的总体或无条件者。②此时，二律背反的原因已经呼之欲出，这可以分为三个步骤进行说明：1.之所以进行回溯性的综合，是为了寻求当下经验的根据，这导致回溯性综合总是与显象以及经验相关；2.可是为了能够解释当下经验，回溯性的综合就应当达到一个无条件者，它本身不再需要进一步回溯性地寻求根据；3.由于经验的综合只能是一个时间性的渐进过程，因此主体无论如何都不可能在经验中达到无条件者，这意味着 1 与 2 必然产生矛盾。很容易看出，经验对完备性解释的要求必然超出经验的可能性范围，也就是说经验整体本身不能再被经验。

不过，康德本人并不认为这一矛盾是内在于经验本身的事情，而是把它看作理性能力的规定。主体之所以会超越出经验的可能性范围，原因在于它除了具有对构成经验的知性能力，还有着理性推论的能力，后者或者将条件序列中不服从于任何条件的一个环节视为无条件者，或者将条件序列整体本身视为无条件者。③对照上文对二律背反产生原因的分析，会发现经验的渐进综合与经验的完备总体之间的矛盾仿佛是蕴含在经验本身之中的，但康德却将经验与主体的知性及理性能力关联，从而把经验内在的矛盾转换为主体的两种能力之间的张力。基于这一主体性的视角，二律背反便呈现为独断论与经验论两种立场的冲突，前者直接设定一个处于条件序列开端的无条件者，后者则认为无条件者是条件序列的整体性，其内部的综合进程是潜在无限的，也即永远未完成的。④康德看待二律背反的方式意味着

① I. Kant, *Kritik der reinen Vernunft*, Hamburg: Felix Meiner Verlag, 1998, B34.

② Ibid., B436.

③ Ibid., B445.

④ Ibid., B447.

二律背反从一开始就不是经验本身具有的矛盾，而是主体看待经验时的产物。这种看法对理解康德哲学，以及它与后康德哲学的差异来说，是决定性的。这一点首先体现在康德对二律背反所包含的怀疑方法的说明上。

康德指出，先验哲学对待二律背反的方式是一种怀疑方法，即旁观独断论与经验论的冲突，并指出这一冲突扎根于理性和知性的矛盾，是人类理性必然产生的幻象。这种怀疑方法旨在寻求确定性，它区别于破坏一切知识基础的怀疑论。①指出正论与反论的相互否定，并终止于争论本身的消解，这似乎是古典皮浪怀疑主义的观点。先验哲学运用这一方法将知性范畴的运用限制在内在的经验性领域，并将超验的本体领域留给实践理性，从而维持理性的统一性。换言之，皮浪怀疑主义对康德来说服务于整个先验哲学的计划，它最终受制于先验主体的自身确定性，即在反驳独断论的同时为理性本身划定界限。②怀疑起步于理性，并止步于理性，而理性的界限则是主体可能经验的范围。在此意义上，尽管这种怀疑方法区别于休谟式的怀疑论与笛卡尔式的外部世界怀疑论，康德对古典怀疑主义的理解也已经经过了近代怀疑主义的中介，是主体性视角下的怀疑主义。

对整个二律背反的结构进行分析，会发现它的关键在于经验的内在性与显象总体的超验性之间的张力。二律背反之所以是不可避免的，原因在于任何具体个别的经验都处于一个经验总体性的视域中。③如果主体只具有一个个当下独立的经验，那它根本就无法维持自我意识与对象意识的同一性，这是因为主体的同一性基于一个统一的经验过程。康德将广义上的宇宙论理念称之为世界④，它是围绕着一切经验被给予性的视域，但这一世界视域本身不能作为显象或经验再被给予，因为那样以来，世界就丧失其视域特征，经验的过程性也不再可能。因此，二律背反作为古典怀疑主义的均势攻击(equipollence-attack)，实际上标志着内在性与超验性之间的张力本身——康德甚至认为，二律背反中内在与超验之间的这一张力就是“先验的”理念。⑤吊诡的是，他坚持把二律背反视为理性本身的规定，进而把它规定为对经验仅仅只有范导性的意义，这造成主体在世界视域中的超越存在实

① I. Kant, *Kritik der reinen Vernunft*, B452.

② Ibid., B789.

③ Ibid., B787-788.

④ Ibid., B447.

⑤ Ibid., B594.

际上是理性的自身超越，世界视域仅仅是理性自身的投射。在这个意义上，通过怀疑方法对独断论的攻击一开始就附属于理性主体的不可怀疑性中，这也彻底显明了康德哲学对笛卡尔式自我确定性的推进。

如果说宇宙论总体是主体自身经验综合活动的相关项，是内在于经验中的超越，那么在先验理想中，康德设想了另一种类型的超越，这一超越不再是与被给予的显象或经验相关的无条件者，而是完全脱离经验、只能被思考的东西，康德用柏拉图晚期哲学中的造物主来类比这一理想。①正是在这里，皮浪式怀疑方法的界限与理性自身的确定性真正显露其意义。之前的二律背反学说中，一切经验性的渐进综合都预设了已经进入感性直观内的内容，但这些内容本身作为有别于主体自身形式的质料，相关于脱离一切条件的物自身，理想便是对物自身独立可能性的说明。

首先，现象的总体必然预设一个事物本身可能性的总体性，后者是全部实在性(omnitudo realitatis)的理念，任何基本的谓述活动都以它为前提条件——如果一个事物自身就是不可能、缺乏实在性的，那就谈不上对它进行规定，现象的总体也会缺乏其质料的解释根据。②接下来，康德进一步区分了全部实在性的理念与先验理想，后者是一个单一存在者的概念，在它那里只有属于存在的谓词，因此构成了一切一般对象的思维可能性的条件。③也就是说，一切对象的可能规定都要回溯到先验理想，并以它作为最终的根据。宇宙论二律背反中的每一组对立都预设各自的对象具有可规定性，无论是作为总体的无条件者，还是作为不受限制的部分的无条件者，都一定程度超越了经验，它们的可思性总已预设了先验理想。令人费解的是，全部实在性的理念与先验理想究竟是怎样的关系，它们二者与作为世界的宇宙论理念又有着怎样的关系？

根据上文对二律背反的分析，宇宙论无条件者的理念是显象的渐进综合的总体性，它本身不能在经验中再被给予，只能被思维。由于思维或规定涉及事物的实在性，所以与显象的质料相关的物自体也构成一个总体性的领域，它同时包含了可思概念与经验的可能性条件。宇宙论的二律背反因此不仅导向对经验可能性范围的限制，而且还迫使理性走向一个真正超越的整体性，这一整体性由于完全脱离了

① I. Kant, *Kritik der reinen Vernunft*, B596.

② Ibid., B609.

③ Ibid., B604.

经验,便不能再被近代怀疑主义攻击,反而构成了一切怀疑与规定的条件。[①]康德指出,全部实在性的理念是通过选言推论规定概念,每个概念如果要被规定,就预设了一个高于它并且**包含**它的属,每个属包含的种概念则处于相互否定的联系中。[②]但如果不从进行规定的角度,而是从事物的概念向着全部实在性的总和回溯,就不能再通过种属关系上升,因为每个属都再度预设了一个实在性总体的区域,后者保证了属的可规定性。由于在规定性的领域中,实在性总是伴随着否定或限制,因此全部实在性的总和如果要成为规定的根据,本身就必须是全部肯定规定的整体。在这个意义上,它与规定只能处于根据—后果的关系中,否定或限制发生在后果的领域。正是出于这一考虑,康德给出了看似自相矛盾的表述,他先提出所有概念都包含在属概念之内,紧接着又指出一切概念规定都作为后果派生自先验理想这一根据。[③]这意味着全部实在性的理念既是无所不包的总体,自身又是先验理想这一根据的后果。

现在将“先验分析论”与“先验辩证论”把握为一个整体,康德哲学就会呈现出一个柏拉图主义式的结构。感性直观与知性范畴在“先验分析论”中的分离,造成了宇宙论的二律背反,经验的总体性超出了可能经验范围,构成四种无条件者。理性则作为对物自体本身的思考与规定,指向一个实在性大全的理念,四组二律背反都是这同一个实在性大全自身与经验相关的表现。如果说在“先验分析论”中,感性与知性缺乏一个共同的根据,先验主体仿佛处于现象与本体之间的领域,又构成二者的确定性,那么在“先验辩证论”中,这一确定性则转移到了先验理想那里:先验理想既是实在性大全的根据,又处于经验总体与物自身的规定性总体之间,必须被理性预设。这样一来,在“先验分析论”中显得缺乏规定的先验统觉,便在先验理想那里被揭示为不可被规定的东西——主体性的自身确定性实际上指向一个外在于总体的根据,它永远不可能纳入理性的规定性范围,但总已伴随着理性。在这个意义上,无论哪一种怀疑论都只是揭示出先验理想的不可怀疑性,理性自身的确定

① 任何怀疑主义的攻击如果通过一个判断进行,那么这一判断本身已经预设了谓述结构,从而依赖于全部实在性的理念。在此意义上,宇宙论二律背反的正题与反题都只有在一个整体之中才有意义,这一整体作为怀疑主义或独断论的条件本身不能再被怀疑。谢林在《关于批判主义与独断主义的哲学通信》中就采取了类似的策略,无论是斯宾诺莎的独断论还是费希特的知识学,都在第一原理中转化为对立面,这一第一原理则作为被二者共同预设的超越者,不能再被怀疑。

② I. Kant, *Kritik der reinen Vernunft*, B605.

③ Ibid., B607.

性便奠基于此。

根据上面的论述，一个不可怀疑，又保障了思维与认识可能性的根据对理性来说似乎具有构成性的含义，但康德却反复提醒人们这仅仅是范导性的原则。在总结先验理想的部分，康德指出，如果没有这样一个实在性大全的理念，感官的一切对象的可能性质料就不会被给予，“就没有任何东西对**我们**来说是一个对象”①。换言之，实在性大全的理念只是具有感性直观形式与理性能力之存在者的相关项，一旦将它当成事物本身的规定，这一理念就被实体化为一个单一的存在者，也就是传统存在论证明中的上帝。②但如果人们回顾康德对全部实在性与先验理想的说明，会发现康德自己并没有将先验理想视为存在着的上帝。只有当康德把全部实在性这一总体设定为存在着的，先验理想才构成本体论证明。但他的实际论证思路却是，全部实在性本身作为一切存在着的谓词的总体，派生于一个根据，这一根据才是先验理想。换言之，人们不能断定先验理想“存在”或“不存在”，它本身不能被任何谓词所规定。当康德谈论理念的范导性时，理念总是与经验相关，因此范导性和构成性就像内在性和超越性一样，构成了一组不可分离的概念，并与具有感性形式的主体相关。先验理想则不再适用于内在性与超越性、范导性与构成性的区分，因而不同于理性主体的自身超越——先验理想是绝对的超越性。在这个意义上，康德的“先验辩证论”呈现出柏拉图式的上升道路，辩证法或皮浪怀疑主义以否定的方式揭示出超越存在的“一”，后者无主体（“我们”）并且高于理性。③

实际上，德国观念论哲学家无一例外发现了康德在辩证论中的洞见，并以各自

① I. Kant, *Kritik der reinen Vernunft*, B610.

② Ibid., B611.

③ 康德如此说明两种超越性：“狭义上如此称谓的形而上学由**先验哲学**和纯粹理性的**自然学**组成。前者仅仅在与一般对象相关的一切概念和原理的体系中考查**知性**和理性本身，并不假定曾被给予的客体（Ontologia［本体论］）；后者考察**自然**，即**被给予**的对象（无论它们是被给予感官的还是——如果人们愿意说的话——被给予另一种直观的）的总和，因而是**自然学**（尽管只是 rationalis［理性的］）。但是，理性在这种理性的自然考察中的应用要么是自然的要么是超自然的，或者准确地说要么是**内在的**要么是**超验的**。前者在其知识能够（具体地）在经验中运用的程度上关涉自然，后者则关涉经验之对象的那种**超越**一切经验的联结。因此，这种**超验的**自然学要么以一种**内部的**联结为对象，要么以一种**外部的**联结为对象，但二者都超越了可能的经验；前者是整个自然的自然学，也就是说，是**先验的世界知识**，后者是整个自然与一个自然之上的存在者的联系的自然学，也就是说，是**先验的上帝知识**。”（I. Kant, *Kritik der reinen Vernunft*, B873-874.）先验的世界知识作为超验自然学的对象，关涉内部联结，也就是整个宇宙论二律背反处理的内容，先验的上帝知识则是完全超越经验的、作为世界整体或自然之根据的先验理想。

的方式将其推进到极致，以至于有学者将先验理想视为延续到费尔巴哈到马克思的“存在一神学的人类学转向”之动机。①这一不无道理的说法却可能造成极大的歧义，因为康德虽然倾向于把先验理想视为受先验统觉制约的东西，但这正是德国观念论批评他的地方。怀疑主义的方法，则被德国观念论视为哲学自身必不可少的成分。费希特在1794年的《全部知识学的基础》中已经通过第三原理建立起独断论与观念论间的二律背反关系，并通过理论知识学与实践知识学澄清二者如何揭示出对方的片面性。然而无论是理论自我意识还是实践自我意识，都奠基在作为正题判断的第一原理中，后者超越于观念性与实在性的对立，并在1804年的知识学中被费希特称为绝对者。谢林则在《关于批判主义与独断主义的哲学通信》中进一步将独断论与观念论的对立扩展为自然哲学和知识学的对立，二者在转化为对立面的同时消失在绝对无差异这一元根据中。黑格尔尤其明显地发展了康德在辩证论中涉及的思想，他在1802年的短文《论怀疑主义与哲学的关系》中将柏拉图在《巴门尼德篇》中的辩证法等同于古典皮浪怀疑主义，并将其视作理性的否定部分，是通向对绝对者之肯定知识的导论。在最早构想为哲学体系导论的《精神现象学》中，怀疑主义的意义被提升到前所未有的高度，也被黑格尔称为“自我完满的怀疑主义”，它带领有限认知达到超越性的绝对知识。怀疑主义对理性达到超越者的肯定意义，成为德国观念论哲学家尤其是黑格尔的主题。接下来本文将通过黑格尔耶拿早期的思想，分析他在《怀疑主义与哲学的关系》中对怀疑主义的规定，说明怀疑主义与理性以及超越者有着怎样的内在关系。对此的说明将导向本文最后一部分，它处理黑格尔的绝对知识概念。绝对知识既包含了怀疑主义的否定性，又超越了怀疑主义，达到对绝对者的肯定知识。

二、黑格尔耶拿早期对怀疑主义的规定

在1802年的《怀疑主义与哲学的关系》一文中，黑格尔详尽阐释了怀疑主义的各种形式，并对比了古典怀疑主义与当时最新的怀疑论之间的联系与区别。这一作品是对当时著名的怀疑论者舒尔策(Gottlob Ernst Schulze)的著作《理论哲学

① László Tengelyi, *Welt und Unendlichkeit: Zum Problem phänomenologischer Metaphysik*, München/Freiburg: Verlag Karl Alber, 2015, S. 142.

批判》(*Kritik der theoretischen Philosophie*)的书评。舒尔策继承了休谟的怀疑主义,是当时的常识哲学家。黑格尔的这一著作并不只是单纯的书评,而是像他在同一时期(1801—1802 年)的其他作品(例如《费希特与谢林哲学体系的差别》《信仰与知识》)一样,通过对同时代思想家的批评阐明自己的思想,因此理解怀疑主义在黑格尔这一文本及其思想发展中的意义,必须联系这段时期德国哲学的问题域。

怀疑主义对黑格尔来说不仅是一个认识论或特定哲学理论的问题,而且关涉到哲学本身的可能性。这一点已经在康德那里得到表述,他在《纯粹理性批判》的"先验分析论"中试图解答先天综合判断何以(wie)可能的问题,以此来反对休谟的怀疑主义,此外,《纯粹理性批判》第二版的反驳唯心论与谬误推理部分也驳斥了笛卡尔与贝克莱式近代怀疑论。由于康德将先验演绎或人类的知识客观有效性证明与休谟的怀疑主义关联在一起,这立即造成一种至今尚为盛行的印象,似乎整个先验哲学的成败就在于能否反驳休谟的怀疑主义。但正如本文第一节已经指出的那样,康德在"先验辩证论"部分说明怀疑主义方法时再一次提及休谟,在此处休谟的立场却不再是对因果性以及普遍必然知识的单纯质疑,而是服务于哲学本身的怀疑方法,因此是二律背反中揭示独断论之成因的皮浪式怀疑主义。换言之,康德并没有直接从休谟的前提出发解决后者的问题,而是以休谟的怀疑主义为动机(motivation),将怀疑主义以及独断论本身整合到先验哲学体系的内部。因此怀疑主义在康德哲学中不仅涉及某种具体的理论范围,而且还有着元理论(Metatheorie)的意义,这一点在为费希特、谢林以及黑格尔洞察的同时,却被以舒尔策为代表的常识哲学家所忽视。常识学派把怀疑主义的重点放在了内在性意识与外在超验客体的关系上,却忽视康德在辩证论中已经表明了两种超越性,也即是世界整体之理念与作为世界整体之根据的先验理想,它们对构成先验分析论中的客观有效知识都是必不可少的,故而构成了一切怀疑主义最终的界限。在辩证论中的怀疑主义因此是方法论的怀疑主义,涉及先验哲学体系的建构,并构成有限意识在向着无条件者超越时达到自身确定性的条件。

在康德辩证论的基础上审视舒尔策的怀疑主义以及黑格尔对他的批评,会发现黑格尔没有把怀疑主义理解为针对某种特殊哲学立场的另一种立场,而是内在于独断论、先验哲学乃至哲学本身的组成部分。相反,舒尔策对怀疑主义的理解则完全限定在近代主体主义这一特定立场上,并基于这一立场解释了皮浪式怀疑主义。舒尔策将怀疑主义视为对独断论的反驳,后者被视为思辨哲学,其考察的对象是"一切有条件者的无条件原因"。①正如黑格尔指出的那样,舒尔策将思辨哲学的无条件者(das Unbedingte)贬低为外在于、进而对立于意识的物(Dinge),尽管康德早已在"先验辩证论"中说明了世界整体与先验理想都不是对立于意识的对象,更不可能是外在于意识的物。②舒尔策的理解无异于一开始就将思辨哲学贬低为前康德的独断论,根据这一独断论,意识的内在性领域中有着直接性的事实,它通过表象指涉一个超越于意识的外部事物。通过如此规定独断论,舒尔策的怀疑主义的积极方面便在于将一切知识限定在意识的内在性领域,并将知识的确定性还原到直接被给予的感性印象上。③显然,舒尔策对怀疑主义的说明实际上是近代意识哲学的延伸。意识内的感觉印象与意识外的客观事物构成了最基本的区分,怀疑主义在取消意识外事物的实存有效性后,将确定性完全转移到意识本身。这里未经怀疑的是,意识的内在性与意识外的实存是否是一个现成无疑的对立?如果设立这一区分本身就已经是独断的,那么舒尔策关于思辨哲学是独断论的指控将直接指向自己,因为他对意识设定一个超验实存物的批评,本身就派生自同一个意识哲学立场。

在黑格尔看来,舒尔策通过自己的近代主体主义立场扭曲了古典怀疑主义,并将后者诠释为对冠以思辨哲学之名的独断论的攻击,古典怀疑主义的精髓却完全没有被舒尔策所把握,以至于他错失了包含在一切真正哲学内的怀疑主义,以及超越独断论与近代怀疑主义的哲学本身。④这意味着通过把握怀疑主义的真正意义,能够产生一种超越独断论与近代怀疑论的哲学,与这种哲学相比,舒尔策攻击的独断论与他代表的近代怀疑论都是分享了同一前提的独断论。

舒尔策的前提是意识或主体的直接自明性,这体现为将感觉或意识事实视为不可怀疑的基点。然而正是这一前提,造成了内在的意识事实与外在客体之间的鸿沟。在这个意义上,黑格尔认为真正的古典怀疑主义同样质疑所谓的意识事实

---

① G. W. F. Hegel, GW4, S.201.

② 谢林在《自我作为哲学的本原,或论人类知识中的无条件者》一文中已经通过概念分析说明,无条件者不是处于主体—客体对立关系中的任何一方,因为与主体相对的客体或与客体相对的主体都已经在有条件的物的领域,无条件者本身完全超越于条件整体,既不是主体,也不是客体。见 F.W.J. Schelling, SWI, 1, S. 164-166。

③ G. W. F. Hegel, GW4, S. 201-202.

④ Ibid., S. 206.

与它们的确定性,并消解它们的有效性,也就是说,古典怀疑主义不仅质疑处于感性表象之外的事物,它甚至将感性表象本身也视为可疑的现象。①黑格尔紧接着把柏拉图的《巴门尼德篇》称为古典怀疑主义的经典文献,因为它包含了一切知性知识的领域,并且这一知性领域被当成有限性而瓦解。②黑格尔的这一看似荒诞的判断基于他自己的意图,即发展理性的思辨哲学,这一哲学以对绝对者的知识为内容。所以,他对古典怀疑主义与柏拉图的判断关涉到的不是历史事实,而是对怀疑主义之理性意义的构想。当黑格尔将怀疑主义视为真正哲学必须具有的否定方面时,涉及的恰恰是其耶拿早期哲学的重要区分,即对绝对者的否定性认知与绝对者本身的肯定性知识。这在1801年的《费希特与谢林哲学体系的差别》一文中已经通过知性的反思与理性的反思勾勒:1.知性意味着处于相互对立中的有限规定,任何一个这样的有限规定都无法合适地表述无限的绝对者,后者因此是对有限规定的单纯否定;2.通过对知性规定进行哲学反思,会发现它不仅被无限的绝对者否定,而且本身就是对自己的否定,因为当它作为一个有限规定提出绝对的主张时,就已经陷入了自相矛盾;3.通过反思揭示出一切知性规定的自我否定,就取消了这些知性规定的绝对性,并把它们作为相互关联的环节建立为一个整体,这一整体是绝对者在意识中的重构,黑格尔也将它称为绝对者的现象;4.绝对者的现象还不是绝对者自身,而是达到关于绝对者肯定知识的否定导论,即对一切阻碍思辨知识的有限规定的解构。③因此,黑格尔实际上把古典怀疑主义理解为对整个近代哲学知性思维方式的批判,这种知性思维把一个有限规定当成直接无条件的确定性,然后以此为依据否定其他对立的有限规定。但根据皮浪怀疑主义的均势攻击,一个直接的规定与另一个对立的直接规定有着同样的有效性,因此二者直接取消对方的认知主张,并导致判断的悬置。这应用到近代意识哲学,就意味着意识的内在性与客体的外在超验性相互取消,导致意识本身的立场被悬置。

如果将黑格尔对怀疑主义的看法与他此时对哲学本身的看法联系起来,会发现他的意图不仅仅是针对某种特定的哲学理论,而是涉及对哲学本身可能性的元

① G. W. F. Hegel, GW4, S.205.
② Ibid., S. 207.
③ Ibid., S. 13-19.

反思(Meta-reflexion)。怀疑主义在这个时期被等同为反思或者哲学的工具①,它针对任何一种有限认知的立场,并为达到绝对者之知识的思辨哲学提供可能性。在这个意义上,舒尔策的怀疑主义与独断论一样,是反哲学的有限立场。古典怀疑主义的均势攻击就是解构有限认知的反思,它在知性意识到自身的有限性时扬弃整个知性乃至反思自身,从而达到对绝对者的否定认知,即绝对者不是任何一个有限规定,而是超越一切有限规定的无规定者。这一超越的绝对者本身不能再纳入怀疑主义的均势攻击,因为它是对有限性的彻底悬置,黑格尔甚至将其称为"理性自己的深渊(Abgrund)"与"知性的黑夜"。②如果对照《纯粹理性批判》的"先验辩证论"部分,会发现黑格尔在两点上推进了康德哲学,并构成对后者的批判:1.康德在"先验辩证论"中表现为二律背反的均势攻击,被黑格尔发展为解构一切有限规定的方法,它构成达到绝对的超越者的导论;2.通过怀疑主义或二律背反达到的绝对者不再受制于先验统觉的规定,因此不再是一个范导性原则,而是思辨知识的构成性前提。相反,作为近代主体主义之独断预设的先验统觉则被怀疑方法所解构,它仅仅具有派生自绝对者的有效性。很明显,黑格尔此时已经将康德对知性与理性的用法颠倒过来,理性既是一切被扬弃的有限规定的总体,又指向一个作为哲学之前提的绝对者,后者如何成为理性的知识对此时的黑格尔来说仍然晦暗不明。如果怀疑主义仅仅是哲学本身的否定方面,与哲学的肯定方面没有内在联系,那么黑格尔对有限知性的批判就造成了最激进的虚无主义后果,一切能被人类理性通达的知识都沉入一个无法被理解的深渊。

在1807年的《精神现象学》中,黑格尔如此描述现象学作为科学体系导论的意义:"这条道路可以被看作是一条**怀疑**之路,或更确切地说,一条绝望之路。"③这条道路是显现着的知识的呈现(Darstellungen des erscheinenden Wissens),怀疑主义在其中以正在显现的意识的整个范围为对象。由于任何一个作为科学之显现的意识形态,都在现象学家或"我们"的展示中暴露其非真理性,所以没有任何一个意识形态能够符合知识的标准,这条展示的道路因此是意识的绝望之路。仅仅从这一方面看,《精神现象学》与黑格尔在耶拿早期对哲学的否定性方面的规定相比似乎

① G. W. F. Hegel, GW4, S. 16.

② Ibid., S. 23.

③ G. W. F. Hegel, GW9, S. 56.

没有区别，都是对有限意识之虚假性的解构，但这条道路却有一个肯定的结果，即关于绝对者的绝对知识(das absolute Wissen)，它与对有限意识形态的解构是一体两面的关系："通过这种必然性，这条走向科学的道路本身就已经是**科学**，就其内容而言，它是**意识的经验科学**。"①如果一切有限意识都被怀疑主义所消解，绝对知识又如何可能成为这条道路自身？黑格尔对这一问题的解答展示了他此时思路与耶拿早期的区别。本文接下来将分析《精神现象学》的导言与"感性确定性"章节，说明现象学是如何通过内在于意识本身的怀疑论揭示其虚假性，从这一意识形态的虚无中又如何产生下一个意识形态。以此为基础，本文将在最后一节中说明，绝对知识如何既是怀疑主义的自身实现，又是对整个意识形态序列的建构。在此意义上，对有限意识的否定性解构与关于绝对者的知识不再像耶拿早期那样处于彼此分离的关系，怀疑主义对理性而言具有了一种新的意义。

三、怀疑主义作为显现着的知识之呈现

在《精神现象学》导言中，黑格尔详尽讨论了对知识之显现的呈现与怀疑主义之间的关系。首先人们需要理解，什么是显现着的知识，它与自然意识以及"我们"的呈现活动之间有着怎样的内在关系。在全书完成后写就的序言中黑格尔如此说道："这部精神**现象学**所呈现出来的，就是**一般意义上的科学**或**知识**的这个转变过程。最初的知识，亦即一个**直接的精神**，是一种缺乏精神的东西，是一种**感性意识**。"②这与导言中的描述相一致："但是当科学崭露头角时，它本身也是一个现象……现在，因为我们的呈现活动仅仅以这种正在显现着的知识为对象，所以它看上去并不是那个自由的、在一个独特的形态中自己推动着自己的科学，毋宁说从当前的立场出发，它可以被看作是自然意识走向真正的知识的一条道路，换言之，这是灵魂走过的一条道路：灵魂经历了一系列形态分化，就好像经历一些通过它的本性而为自己设定下来的旅站，当它通过一种完整的自身经验认识到它自在所是的那个东西，也就升华为精神。"③这两段文字表明，直接出现的科学或知识只能够是现象，通过我们对它的呈现，这一显现着的知识被揭示为自然意识或感性意识达到

① G. W. F. Hegel, GW9, S. 61.

② 黑格尔：《精神现象学》，第 18 页。

③ 同上，第 49—50 页。

绝对知识的道路。这意味着知识并不处于感性意识或自然意识的彼岸,它自身就是后者的各种形态,而且是后者转变自身的整个过程。

显现着的知识与自然意识的含义既有相同之处,又有区别。相同点在于,二者都是处于转变过程中的科学,因此还不是完满的科学。二者的区别则在于,显现着的知识是“我们的呈现活动”的对象,因此是被专题化的自然意识。仅仅处于自身活动之中、未被我们观察的自然意识缺乏对自身虚假性的自觉,它在与对象关联的同时沉浸在对象之中,无法考察自身和对象的关系本身。在这个意义上,自然意识甚至无法将自身理解为(als)知识的显现。这不意味着作为现象学家的我们完全有别于显现着的知识与自然意识,我们自身最初也是自然意识,但我们通过呈现自然意识的运动,把它揭示为知识的显现,在这一过程中,我们也将自身从自然意识提升为知识。

区别显现着的知识与自然意识的关键在于二者看待怀疑主义的方式。对自然意识来说,每种意识形态经历怀疑后的结果都是纯然的虚无。为了理解这一点,可以对照黑格尔之前对皮浪怀疑主义的规定。根据皮浪怀疑主义,自然意识提出的每种知识主张都会在一个对立的知识主张那里失效,两种知识主张作为科学或绝对者的直接显现都是独断的,意识形态本身连同二者一起在均势攻击中被悬置,因此自然意识会出于内在的怀疑主义而陷入虚无的结果——这也是黑格尔耶拿早期提出的哲学的否定方面。但是通过我们的呈现,自然意识获得了自觉,它作为显现着的**知识**,把握了自己的形成过程,从而发现被自己视为虚无的结果本身具有内容,因此不是取消一切规定的否定,而是有规定的否定(bestimmte Negation),这超越了黑格尔在耶拿早期对怀疑主义与哲学的看法。①

黑格尔认为,对显现着的知识的转变过程的展示,就是对意识进行检验的过程。自然意识在这一过程中被怀疑主义攻击,并经受彻底的绝望。但是怀疑主义并不是我们施加于自然意识之上的操作,而是内在于意识结构本身的要素。意识是一个关系性的结构,它在自身内可以区分出一个关系与一个脱离关系的东西,前者是意识与对象的关联活动,这是“为了意识的存在”或知识(Wissen),后者则是被当成外在于关系的一个自在者,它是独立于知识的存在或真相(das Wahre),被黑格尔称为检验的尺度。②如果尺度1决定我们的知识主张是否是真相,那么我们还

① 黑格尔:《精神现象学》,第52页。

② 同上,第53页。

需要另一个尺度 2 来评判尺度 1 是否能够作为尺度有效，否则尺度 1 就只是我们独断的预设。可一旦我们通过尺度 2 评判尺度 1，就再一次需要尺度 3 来评判尺度 2，进而陷入寻找尺度的无穷后退。①这一悖论实际上属于皮浪怀疑主义：如果我们直接接受一个自明的尺度，那么这一尺度尽管避免了无穷后退，却会作为一个直接的预设而缺失规定，以至于人们可以提出另一个对立的主张来反对我们接受的尺度，二者通过均势攻击取消对方的有效性。

上面的论述已经显示，如果知识的尺度与意识的关联活动完全无关，那么这一尺度本身会陷入怀疑主义的悖论被取消。黑格尔指出，在意识与对象的关联结构中，如果对象为了意识的存在这一方面就是知识，对象自在的方面就是尺度。②然而外在于知识的尺度本身已经与知识相关联，因此是意识的关系结构的一个方面："意识似乎没有办法去追究，当对象**与意识不相关**时，**自在地**是什么样子，因此意识看起来不可能用对象来检验它的知识。但是，正因为意识一般来说是对于某个对象的知识，所以这里存在着一个区别，也就是说，**对意识而言**，**自在者**是一个环节，而知识或对象之**为着**意识的存在又是另一个环节。……但实际上意识发现，当知识发生变化时，对象本身也发生了变化，因为现有的知识在根本上是一种与对象相关联的知识。……这样一来，对意识而言，之前的那个**自在体**并非自在地存在着，换言之，自在者仅仅是**作为意识的对象**而自在地存在着。"③也就是说，自然意识最初设立的尺度，只是意识的一个抽象环节，但意识把它假设成脱离了主体—对象关系的第三项。当自然意识经历了比较尺度与知识的检验过程后，会发现最初的自在者不是脱离意识关联的第三者，而是知识与自在者的关联整体性。由于知识与自在者这两方面都在意识的关联结构内，因此检验活动实际上是意识的自身检验。现象学家的工作是静观检验过程，并向自然意识本身展示这一过程，从而让自然意识成为显现着的知识。

通过对"感性确定性"一章进行分析，可以清楚地看到检验意识的程序如何实施，以及它与怀疑主义的内在关系。感性确定性是知识的直接显现，这种未经任何

---

① 见 Dietmar H. Heidemann, *Der Begriff des Skeptizismus*, Berlin and New York: Walter de Gruyter, 2007, S. 201-203。从黑格尔判断理论的角度对皮浪怀疑主义的说明，见 Ioannis Trisokkas, *Pyrrhonian Scepticism and Hegel's Theory of Judgement*, Leiden and Boston: Brill, 2012, S. 11-37。

② 黑格尔：《精神现象学》，第 54 页。

③ 同上，第 55 页。

中介的知识以事物的直接存在为真理。因此感性确定性作为意识的第一个形态，可以区分为三个方面：1.知识或关联活动，是直接的我；2.对象是直接的这一个；3.真理是纯粹的直接性。在这里作为检验尺度的直接性，就是导论中规定的独立于意识关联活动的自在者。黑格尔将自在者称为本质，中介性的方面称为非本质，任何意识形态在自身内都具有这两方面。在感性确定性中，意识首先将自身的关联活动视为非本质的方面，将对象的直接存在视为本质方面。一旦考察被当成本质的“这一个”，会发现无论从时间还是空间方面看，“这一个”都只能以否定的方式被规定，它不是“夜晚”“中午”“下午”或“昨天”，也不是“这里”“那里”“上面”或“下面”。换言之，“这一个”作为本质显现为杂多性的诸时空点位，但它自身却不是其中的任何一者。在任何一个时空点位那里，“这一个”都仅仅与自身相关联，这意味着它自身不是任何有规定的存在，一切规定对它而言都只是非本质的东西。但由于非本质的规定都是“这一个”的显现，所以“这一个”又直接**是**一切有规定的东西，尽管它作为有规定者**存在**的方式恰恰是对规定的**直接否定**，或规定的**非存在**：“我们所说的**普遍者**就是这样一种单纯的、通过否定而存在着的东西，它既不是(weder)‘这一个’也不是(noch)‘那一个’，而是‘**并非这一个**’，就此而言，它既可以是(auch)‘这一个’也可以是(wie)‘那一个’。”①

黑格尔在这里对普遍者的规定已经显示出意识形态发展的基本结构。本质作为检验的自在尺度，实际上就是绝对者。意识把绝对者视为独立于关联活动而存在的本质方面，它是对一切规定的否定，但任何规定都通过自身的直接消逝而作为绝对者的显现存在。在这个意义上，绝对者既是自身关联的直接性，内在又有着中介性的结构，因此包含了所有规定性。根据上述解释，一些诠释者认为感性确定性和概念图式有关的看法便是站不住脚的，黑格尔并不是想说明，我们为了刻画个别事物必须借助普遍概念，因为此处的普遍性根本不是通常意义上的概念，而是形而上学意义上的绝对者。②个别规定与普遍本质因此不是例示关系，毋宁说前者以否定的方式存在并奠基于后者，后者作为自身关联的直接性显现为规定的中

---

① 黑格尔：《精神现象学》，第 63 页。

② 对黑格尔做出非形而上学解读的评论者认为感性确定性是概念图式，这种解读方式造成了他们对黑格尔哲学整体的把握。这类解读可见：Robert Pippin, *Hegel's Idealism: the Satisfactions of Self-counsciousness*, New York: Cambridge University Press, 1989, pp. 116-124; Klaus Brinkmann, *Idealism Without Limits: Hegel and the Problem of Objectivity*, Heidelberg: Springer, 2011, pp. 100-116。

介运动。①黑格尔在此处对本质与非本质关系的把握，实际上完成了在《费希特与谢林哲学的差别》中就潜在包含着的思路。黑格尔在那里认为，有限规定仅仅只有与绝对者相关联才能获得持存，但与绝对者的关联同时是对有限规定的取消。②这就是上面的引文所表述的，普遍者单纯地否定了一切规定性，但它同时又包含了这些规定，规定性以非存在的方式，作为否定性的环节存在于普遍者之内。

在“感性确定性”的末尾，黑格尔通过指明(aufzeigen)说明了被当成尺度或本质的直接性，如何是一个包含了中介运动与特殊规定的普遍性。③根据上文的梳理，很容易发现这里处理的是同一个结构：一个被当成直接性的普遍概念，一旦显现，就已经转变为一旦存在就被否定的规定环节。因此普遍规定不是它自己的显现，它取消了一切有限规定，只是单纯的自身关联；由于普遍规定本身就是扬弃这些特殊环节的过程，这个过程连带否定性的规定都内在于普遍概念自身，所以普遍概念不再是一开始被当成尺度的非关系的直接性，而是包含了中介过程的自身关系。

黑格尔在“感性确定性”的章末指出了怀疑主义与检验过程的关系，他的说法看似在批判怀疑主义，实际上像《怀疑主义与哲学的关系》一文那样，针对的是近代哲学对怀疑主义的错误理解，即将直接的感性事物视为确定的真理。④正如他在耶拿早期的看法，皮浪怀疑主义同样针对感性经验。不过此时怀疑主义的运用范围已经远远超出了感性经验，而是一切直接被给予的东西。因此怀疑主义将贯穿知识显现的每个阶段，任何一个自然意识的持以为真(Fürwahrhalten)，都会在检验过程中走向自身的对立面。对自然意识而言，这就是绝望的道路，因为它无论在哪一

---

① 本文的看法与布拉迪·鲍曼类似，见 B. Bowman, “Spinozist Pantheism and the Truth of ‘Sense Certainty’: What the Eleusinian Mysteries Tell us about Hegel’s Phenomenology”, in *Journal of the History of Philosophy*, 50(1), 2012, pp. 85-110; B. Bowman, *Sinnliche Gewißheit, Zur systematischen Vorgeschichte eines Problems des deutschen Idealismus*, Berlin: Akademie Verlag, 2003, S. 23-28。迪娜·埃蒙兹认为将绝对者从一开始就与意识形态关联，会导致预设一个整体性的立场，并让知觉章节变得难以理解，而且排除了康德哲学的立场，见 Dina Emundts, *Erfahren und Erkennen*, Frankfurt am Main: Vittorio Klostermann, 2012, S. 170.本文认为，任何一个意识形态在通过尺度进行检验时，最开始都把尺度理解为一个自在有效的立场，这对应于康德关于绝对概念的一种规定(KrV, B381)，也符合黑格尔将尺度规定为本质的做法。对此的进一步辩护见本文最后一节。

② G. W. F. Hegel, GW4, S.13.

③ 黑格尔:《精神现象学》，第 67 页。

④ 同上，第 68 页。

种意识形态中都无法达到本质,反而见证了自身的非本质。作为现象学家的我们则通过呈现意识形态的转换过程,让自然意识获得自身中介运动的经验,从而转变为显现着的知识。例如,对感性确定性来说,它仅仅经验到自身的虚无性,任何直接的被给予者都被否定,包括意识与对象的关系整体。但通过我们对感性确定性整个过程的追溯,会发现最后的结果是一个包含了全部差异性环节的直接性,因此是一个新的意识形态,也就是知觉。对自然意识的怀疑主义攻击导向的便不是一个抽象无规定的绝对者,尽管它最开始作为检验的尺度,仅仅是一个抽象的直接性,并且必然显现为非本质的规定。但通过整个检验过程,非本质的现象却被揭示为本质自身的显现,并被包含在本质内。这一有了内在规定与中介过程的绝对者,在下一个意识形态那里会成为新的尺度,并被自然意识再度当成一个直接的无规定者,产生新的中介运动。所以我们对显现着的知识的呈现,就是自然意识被带向逐渐丰富的绝对者本身的过程。

到此为止仍然存在的一个疑虑是,怀疑主义如何在攻击一切有限意识的同时避免单纯否定的结果。尽管每个意识形态都会通过我们的呈现,揭示出一个新的内容,但怀疑主义针对的是所有意识形态,或绝对者的整个显现范围。所以绝对者不仅是处于怀疑之彼岸、作为一切有限规定之消除的无规定性,而且必须是一切规定的整体,自身包含了知识显现的整个进程。这涉及怀疑主义与绝对知识的内在关系,以及怀疑主义在《精神现象学》中的地位问题。

四、绝对知识作为怀疑主义的自身扬弃

《精神现象学》的序言在“绝对知识”章节之后写成,因此两个部分相互依赖地建立起黑格尔对现象学的整体性理解。在两个部分中,黑格尔都谈到了概念的实现运动,以及绝对者和知识的关系。[①]自然意识被呈现为显现着的知识,同时也是有限意识对绝对者本身的认识过程,这一过程是有限意识与绝对者交互渗透的运动:当有限意识扬弃自身的片面性,把分裂把握为内在于绝对者的现象时,绝对者也外化成整个知识的显现过程,并在过程的终点把自身把握为现象与本质的同一。

---

① 关于绝对知识与柏拉图哲学之间关系的研究,可见罗久:《黑格尔论知识作为回忆》,《人文杂志》,2020 年第 5 期,第 61—76 页。

黑格尔正是在这个意义上认为:"因为事情本身并不是在它的目的里面,而是在它的**具体展开过程**中才得以穷尽,同样,**结果**本身也不是一个**现实的整体**,而是只有与它的转变过程合并起来才是一个现实的整体。"①这意味着绝对知识作为对绝对者的现实知识,不仅是一个单纯的结果,而且包含了之前的全部进程。只有这样,绝对知识才能将发展到极致的怀疑主义整合在自身内,避免自己成为一个独断的设定。

理解绝对知识为何不再像之前的意识形态那样经历怀疑主义的绝望,涉及以下两点:1.绝对知识与作为尺度的绝对者有着怎样的区别;2.绝对知识与呈现自然意识发展过程的"我们"有着怎样的关系。

1. 第一点涉及自然意识与绝对知识理解绝对者方式的区别。自然意识将绝对者视为外在于知识的尺度,但每次检验都会揭示出尺度与知识的自身颠覆。例如感性确定性认为没有中介的意谓是知识,直接的存在是尺度,但检验的结果却是尺度转变为有中介的普遍者,知识是知觉。根据本文上一节的梳理,从感性确定性到普遍者的发展,是最初的直接尺度被揭示为许多"这一个"的根据,它不仅直接否定了"这一个"的存在,而且以此方式将后者扬弃在自身内。因此最初的自在者既是一个过程,又是将这个过程包含在自身内的结果,把这两方面结合起来呈现给自然意识,后者就获得了一个新的尺度与知识主张。然而自然意识的缺陷在于缺乏过程性,因此任何一个逐渐具体的尺度都被它再次当成一个现成直接的绝对者。自然意识与绝对者因此始终处于相互外在的关系,它作为绝对者的现象始终与作为本质的绝对者分离。由于绝对者作为自然意识的尺度总是直接的,它必然在检验过程中转向自身的反面,但在我们看来,这却是绝对者不断将自己的显现或外化复归于自身的过程。只有在绝对知识那里,自然意识与"我们"的视角才会重合,此时自然意识不再把它与绝对者之间的差别把握为两者外在的对立关系,而是内在于绝对者自身的一个要素。这一点构成了与他耶拿早期的重要差别,分裂不再是落在主体有限反思这里的应当被消除的要素,而是已经发生在绝对者内部,因此绝对者也不是无差异的深渊或黑夜:"同样,我也不是作为一个第三者而把各种差别抛回到绝对者的深渊当中,宣称这些差别在那个深渊里面具有一致性,毋宁说,知识恰恰在于这种表面上的无所作为,它仅仅去观察那个有差别的东西如何在自身内

① 黑格尔:《精神现象学》,第 2 页。

运动,如何返回到它的统一体内。”①

人们或许会认为,黑格尔在这里的陈述与现象学之前的所有阶段产生了断裂,似乎我们通过绝对知识把握了无所不包的总体性,任何差异和有限性都被哲学家的自负所消除,这是近两百年来学界屡见不鲜的批评。不过绝对知识并不是对一切有限者的总体化,它恰恰包含了构成性的无知(Nichtwissen),这也是避免绝对知识再度进入怀疑主义进程的关键所在。绝对知识(das absolute Wissen)与绝对者(das Absolute)在黑格尔的用法中有着类似于真理(die Wahrheit)与真相(das Wahre)之间的区别,当绝对被用作定语时,它修饰的是过程性统一的知识,绝对者则是作为自在的真相的实体或整体。②自然意识只能把绝对者或真相当成一个现成的直接性,这导致知识始终相关于一个外在于现象的抽象本质。对怀疑主义来说,这种直接性必定会产生一个对立的主张,因此绝对者会不断被纳入怀疑主义攻击的范围内,进入知识的显现之中。在绝对知识那里,绝对者不仅是一个直接性,而且通过回溯之前每个显现为自然意识的环节,它还将自身把握为(als)直接的自身关系。③这一自身关系在之前的每个阶段都仅仅被我们观察到,现在则成为绝对者的自身把握。因此它既是一个单纯直接的概念,又贯穿了所有意识形态,每种知识的显现方式都被把握为同一知识的显现。怀疑主义无法再次应用于绝对知识,因为它只能针对被现成化为某个环节的绝对者以及相应的知识主张。一旦绝对知识将自身把握为过程性的自身关系,它就成为怀疑主义总已运作于其中、因而被怀疑主义所预设的东西。对自然意识来说,毁灭性的怀疑主义同时也是让自然意识提升为绝对知识的动力。在这个意义上,绝对知识的绝对性作为绝对者的自我认知,同时也是对自然意识之有限性的自觉,因此是无知之知。④

2. 如果说绝对知识是绝对者的自我把握,进而是一个过程性的自身关联的直接性,那么观察自然意识的我们,就在绝对知识中从一个外在的主体转变为绝对知

---

① 黑格尔:《精神现象学》,第 500 页。

② 对真理与真相的分别,见先刚:黑格尔《〈精神现象学〉中的“真相”和“真理”概念》,《云南大学学报》(社会科学版),2016 年第 6 期。

③ 黑格尔:《精神现象学》,第 15 页。

④ 福尔达在近几年的一篇论文中修正了自己早期将《精神现象学》仅仅视为否定的导论这一看法,并指出了绝对知识中的构成性无知,见 Hans Friedrich Fulda, “Vom ‘sich vollbringenden Skeptizismus’ zur ‘eigentlichen Metaphysik’”, in *Skeptizismus und Metaphysik*, Herausgegeben von Markus Gabriel, Berlin: Akademie Verlag, 2012, S. 319-323。

识表达自身的媒介。在序言中，黑格尔如此批评认知绝对者的方式："主体被设想为一个坚实的点，谓词通过一个运动附着在它上面，以之作为支撑，而运动则是隶属于那个认识到主体的人，而不是隶属于主体这个点。"[①]我们只是静观自然意识本身的展开，并通过观察它认识到自己的状态。因此黑格尔这里批评的正是"我们"与"自然意识"，二者通过表象或外在反思的方式看待绝对者，仿佛后者是命题中固定不变的主词，和从表象那里选取的谓词任意地联结在一起。在观察自然意识自身检验的过程中，我们已经不断揭示出尺度与知识的自身颠倒，但那作为"我们的把握"，仍然外在于事情本身，"我们"或"自然意识"仍不是在绝对者之中，作为绝对者自身的现象存在。达到绝对知识时，"我们"的表象思维已经被概念性把握取代，并自身经受了彻底的怀疑主义，成为纯粹接受绝对知识自身展开过程的记录员，这构成了《逻辑学》方法与《精神现象学》呈现方式之间的根本区别。[②]也只有此时，我们才会理解"通向科学的道路已经是科学本身"，因为绝对知识呈现在每个意识形态中，并构成了它们部分有效性的根据。

到此为止，绝对知识与怀疑主义的内在关系已经被展示。怀疑主义不再像黑格尔耶拿时期所规定的那样，作为解构知性主张的方式仅仅属于哲学否定的方面，它现在还包含了绝对知识肯定的方面。因此对此时的黑格尔来说，怀疑主义不仅具有肯定意义，甚至就是理性知识自身的必要方面。这意味着绝对知识也不仅只是肯定、简单的自身关系，而且内在具有所有否定性的环节，它通过自我显现为现象的方式返回到自身，成为实现了的概念。黑格尔的这一思路既可以看成对近代主体性的批评，也可以看成对康德哲学中主体面向的激进化，对这一点的说明构成本文最后一部分内容。

五、结语：怀疑的理性与超越者的内在性

对照本文第一节关于康德二律背反与先验理想的内容，很容易看出黑格尔从耶拿早期到《精神现象学》为止的哲学发展都在与此争辩。《纯粹理性批判》的建筑结构中有两个超越的不可规定者，分别是"先验分析论"中的先验统觉与"先验辩证

① 黑格尔：《精神现象学》，第15页。

② 同上，第30页。

论”中的先验理想，前者在构成经验的同时通过二律背反向着实在性的总体超越，并在作为总体之根据的先验理想那里达到自身的界限。黑格尔则将有限反思的知性主体、理性与绝对者三个概念构成其哲学体系的核心。对黑格尔来说，作为世界整体之根据的先验理想或上帝不再是一个范导性的超越者，而是必然与理性处于构成性的关系中。

在耶拿早期的《费希特与谢林哲学体系的差别》和《怀疑主义与哲学的关系》中，黑格尔已经提出“把分裂置于绝对者中作为绝对者的现象，把有限者置入无限者中作为生命”①的要求，并将这视为哲学的任务。分裂不仅是有限反思的产物，而且是理性否定的方面，这与黑格尔此时对古典怀疑主义以及《巴门尼德篇》的看法相一致。理性通过反思知性规定的对立，将后者扬弃并建立在知识的总体性之中，但绝对者仍然超越了知识的概念性把握，需要肯定性的直观进行认识。黑格尔的看法造成绝对者与理性之间的断裂，如果知识是对绝对者的直接直观，那么理性作为纯粹的概念性反思就仅仅是有限性的虚无。尽管黑格尔认为直观与反思应该一同构成统一的知识，但这如何可能仍然是一个悬而未决的问题。在这个时期，黑格尔的形而上学仍残留着康德哲学的剩余，并具有晚期柏拉图主义的否定神学特征。

在《精神现象学》中，黑格尔对怀疑主义的规定彻底改变了他关于理性知识与绝对者之间关系的看法，进而产生了完全不同于康德的哲学构想。怀疑主义不再仅仅针对有限的知性反思，而且应用在整个显现着的知识的领域中，因此作为意识检验之尺度的绝对者不再仅仅是怀疑主义无法触及的预设。自在的绝对者同样在怀疑中自我颠覆，因此自然意识经受了彻底的绝望，它不但无法诉诸直接被给予的明见性来保障其知识主张，甚至发现自己持以为真的尺度同样是虚假的。自然意识遭受的怀疑主义如果仅仅以虚无为结果，就无法避免黑格尔在耶拿早期陷入的哲学困境，即有限反思与绝对者之间的分裂。但通过将自然意识呈现为显现着的知识，作为旁观者的我们能够揭示出新的意识形态，因为自然意识不仅仅是有限的假象，而且还是绝对者自身的显现。《精神现象学》中的绝对者因此不仅是一个预设或基本原理，而且还是一个自身转化的过程，这一过程的结果就是绝对知识。

绝对知识不是我们对绝对者的把握，而是绝对者本身自反性的自身关系，因此

① G. W. F. Hegel, GW4, S. 16.

是在一切有限意识形态中保持不变的绝对性(Absolutheit)。由于绝对知识作为怀疑主义进程的结果,将怀疑主义解构性的方面包含在自身内,因此它本身不会再经受怀疑主义的攻击。此时,黑格尔哲学的重心已经从绝对者这一前提转移到了自身中介的知识上。因此对黑格尔来说,康德的先验理想不仅是一个超越的根据,而且已经内在于理性的自身规定过程中。绝对知识作为简单的概念,一方面显现为意识关联与绝对者的差异,另一方面又已经统一了绝对者与意识两个方面。黑格尔在《精神现象学》中对古典哲学的评价反映了他此时的原创性思路,以及这一原初思路与耶拿早期思想的区别。柏拉图的《巴门尼德篇》不再仅仅是每个真正的哲学必须包含的否定方面,而是"神性生命的一个真实揭示和肯定陈述"①。相应地,怀疑主义也不仅仅是解构性的导论,而是科学自身内在的构成部分。真正的理性同时是"自身完成的怀疑主义",绝对者既内在于理性,又通过理性知识的自身关联保持自己的超越性。②在这个意义上,虽然黑格尔最为彻底地批评了以康德为代表的近代主体主义,但对理性知识之绝对中介性的侧重,也构成了他的现代性面向——超越者只有通过显现在知识中才能实现其真正的超越性,它实际上已经位于知识的内在性之中。

作者单位:复旦大学哲学学院

Self-accomplished Skepticism and the Absolute Knowledge

Tu Xiaorui

Abstract: Skepticism is a core motive in the development of German classical philosophy, and German classical philosophers not only dealt with the skepticism represented by Hume and Descartes in modern times, but also regarded the equipollence-attack of classical skepticism as an inevitable challenge to reason. The antinomy in Kant's transcendental dialectics is the type of classical skepticism that

① G. W. F. Hegel, GW4, S. 45.

② 关于黑格尔对超越者的规定,见 Jens Halfwassen, *Hegel und der spätantike Neuplatonismus*, Hamburg: Felix Meiner Verlag, 2005, S. 82-98。

was mediated by the modern subjectivity. It constitutes a horizon which leads reason get to transcendental ideals. In the early Jenaer Philosophie, Hegel compared antinomy with classical skepticism, and regarded it as annegative aspect of reason, which constitutes an introduction to science itself. In *Phenomenology of Spirit*, Hegel further understood classical skepticism as "self-completed skepticism", which is an indispensable way to reach absolute knowledge and a constitutive element of absolute knowledge itself. Only by understanding the role of skepticism in the process of examination of consciousness, can one understands the relationship between Hegel's absolute knowledge and finite cognition, then one can understands his view that transcendent absolute is regarded as intrinsic to knowing process.

Keywords: Skepticisms, Absolute Knowledge, Reason, Transcendence

论康德的实践公设

王　统

中文摘要：康德在"纯粹实践理性的辩证论"中对实践公设的论证是其哲学体系的重要组成部分。实践公设是在形而上学的视野中被提出的，所以康德提出实践公设的理路是作为纯粹概念推演的理性辩证法而非实践归谬法。实践公设提出之后需进一步论证其客观性才能真正被确立，实践公设的客观性源于无条件道德法则的客观性，道德法则的客观性是通过演绎而达成的。实践公设的客观性之确立意味着以自由统摄灵魂和上帝的道德本体之确立，它在康德哲学体系中的地位由此得以凸显。这部分内容既是康德形而上学的完成，又是其宗教学说的开端，居于由形而上学转入宗教学说的枢纽位置。

关键词：康德　形而上学　实践公设　道德法则

康德"纯粹实践理性的辩证论"开始于至善概念，落脚于作为道德信念的实践公设，从文本上看本卷内容对应《纯粹理性批判》的"先验辩证论"，从研究对象上看两者都针对灵魂、世界（自由）和上帝，然而从内容上看"纯粹实践理性的辩证论"要比"先验辩证论"简略得多。总体上，学界对康德实践公设的研究尚不够充分，对具体内容的探讨，或者出现在通释《实践理性批判》的著作中，它们往往对康德的文本述而不论，或者出现在讨论康德宗教哲学的著作中，此类研究由于受制于"宗教哲学"这一特定的解释框架，也未能对其义理作充分开展。本文对康德实践公设的研究，在形而上学的视野中，通过与前辈学者的对话，致力于解决如下三个彼此关联的问题：康德提出实践公设的理路是什么，实践公设作为道德信念如何具有客观性，实践公设乃至实践辩证论在康德整个哲学体系中居于何种地位。

一、实践公设的提出

实践公设的提出起于康德对实践理性之二律背反的解决，在学界对康德提出实践公设之理路的研究中，一种主要观点来自艾伦·伍德(Allen Wood)。在《康德的道德宗教》中，伍德将二律背反中的反题进一步划分为两组二律背反，分别是：人能还是不能实现道德完善，德行意向能还是不能导致幸福。每一组的解决引出一个实践公设，而引出实践公设的理路是实践归谬法。[①]实践归谬法的文本依据主要在康德的《哲理神学讲座》："我们的道德信念是一种实践公设，任何否认它的人都会导致实践悖谬。一个逻辑悖谬是判断中的矛盾。然而也存在一种实践悖谬，它显现为如果我否认它的话就会变成一个恶棍。"[②]如果我们否认灵魂不朽，道德完善就是不可能的，如果我们否认上帝存有，德行意向就不可能导致幸福，如此一来至善就是不可能的，道德法则就成了无效命题，而道德法则之为无效命题这一点是根本不可能的，所以我们必须承认灵魂不朽和上帝存有。

伍德将实践理性之二律背反的反题进一步划分为二的观点是一个颇具启发性的洞见。但二律背反在康德这里不是分析的对立，而是辩证的对立，其真正解决不是直接肯定一者而否弃另一者，而是正题和反题在合题中的一致，所以康德由实践理性之二律背反引出实践公设的理路不是隶属于知性思维方式的实践归谬法，而是理性的辩证法。另外，正如卡罗尔·维勒(Carol W. Voeller)所言，伍德的实践归谬法是对康德思想的过度解释，且暗含对康德基本原则的颠覆，康德认为实践公设和至善以道德法则为根据，但伍德的归谬法已把实践公设当作道德法则的有效性条件[③]。

实践公设的提出起于对实践理性之二律背反的解决，实践理性之二律背反针对至善之内德行与幸福间的关系，因而首先需要考察的是康德的至善概念。纯粹理性在其思辨运用和实践运用中都有其辩证论，这是理性就被给予的有条件者要求无条件者的本性使然。无条件者作为自在之物处于可能经验的范围之外，知性概念与感性直观结合才能形成知识，以知性规定无条件者混同了现象和自在之物，

---

① 参见 Allen Wood, *Kant's Moral Religion*, Cornell University Press, 1970, chapter 4。

② 转引自 Allen Wood, *Kant's Moral Religion*, p. 29。

③ 参见 Carol W. Voeller, *The Metaphysics of the Moral Law: Kant's Deduction of Freedom*, New York: Garland Publishing, 2001, pp. 21-22。

而现象和自在之物是对象存在的两个不同层次，这一错置必然显现为理性的自相矛盾。纯粹理性之辩证论的研究对象是无条件者，实践领域的无条件者是至善，至善是“纯粹实践理性之对象的无条件总体”①。因为道德法则是纯粹意志的唯一规定根据，而至善是纯粹意志的诸对象之总体，所以道德法则是促成至善的充分根据而非相反。康德在《纯粹理性批判》中指出，无条件者有两层含义，分别是条件序列中无条件的绝对开端和条件序列的整体，诸有条件者结合为一个稳固整体有赖于绝对开端作为根据，因而无条件者的这两层含义相即不离。同样地，至善之“至”也有最高的和完满的两重含义。最高善是纯粹德行或行动的道德性，而完满的善则包括幸福在内，人同时是理知世界和可感世界的存在者，作为可感世界成员的人必然追求感性的幸福，至善同时要求德行和与德行按精确比例配合的幸福，是这两个构成要素的合一。德行意向出于道德法则，道德法则本身是理知世界的秩序，幸福是可感世界中人的全部目的与自然的和谐，受自然法则支配，至善意味着道德法则和自然法则、理知世界与可感世界通过人这一实践主体的合一。康德认为至善作为最高的派生的善意味着一个最好的世界，也就是说至善是一个在实践意义上作为一切现象之总体的世界概念。

无条件者有灵魂、世界和上帝三种，每一种都有其特殊的辩证论，而只有关于一个世界概念的辩证论才是“二律背反”。德行与幸福分别服从两个世界的异质法则，所以二者之间不可能具有斯多亚学派或伊壁鸠鲁学派所设想的那种由一者直接推出另一者的分析关系，而是综合的因果性关系，由此引出二律背反的两个论题：正题是“对幸福的欲求必须是德行准则的动因”②，反题是“德行准则必须是对幸福的起作用的原因”③。

埃里克·沃特金斯(Eric Watkins)主张关联到《纯粹理性批判》中思辨理性的二律背反，在与思辨理性二律背反的类比中解释实践理性的二律背反。④这一思路

---

① Immanuel Kant, *Kants Gesammelte Schriften*（以下简称 KGS，且只标卷次和页码）, Bd.5, Herausgegeben von der Königlichen Preußlischen der Akademie der Wissenschaften, Berlin, S.108. 中译本见康德：《实践理性批判》，邓晓芒译，杨祖陶校，北京：人民出版社，2016 年，第 135 页。

② KGS, Bd.5, S.113. 中译本第 142 页。

③ 同上。

④ Eric Watkins, "The Antinomy of Practical Reason: reason, the unconditioned and the highest good", in *Kant's Critique of Practical Reason*, eds. A. Reath and J. Timmermann, Cambridge: Cambridge University Press, 2010, pp. 145-167.

大体可从，但思辨理性的二律背反与实践理性的二律背反之间并非简单类比的关系，而是理论之间的演进关系。康德在《纯粹理性批判》的“在一切宇宙论理念上对理性的范导性原则的经验性运用”一节，已经开始尝试在实践领域内达成自然因果性和自由因果性的一致。在《实践理性批判》的“对实践理性之二律背反的批判的消除”一节，康德正是从思辨理性的第三组二律背反切入的。康德对思辨理性的第三组二律背反表述如下：“正题：依自然法则的因果性不是唯一的、世界的现象全部能够从之导出的因果性。还有必要接受一种通过自由的因果性来解释这些现象。反题：没有自由，在世界中的一切都依自然法则而发生。”①第三组二律背反涉及自然的和自由的两种因果性，康德依据现象和物自身或可感世界与理知世界的划分，把自然因果性归于前者，把自由因果性归于后者，两种因果性各自保留。这是在思辨理性范围内康德对第三组二律背反的解决，把正反两方分开而立并非最终解决，而且这也不符合理性追求最高程度综合统一性的本性，这组背反的最终解决必然是自然因果性和自由因果性以某种方式合一。

前面指出幸福属于可感世界而服从自然法则，德行出于理知世界而服从道德法则，自然法则是自然因果性的规律，道德法则是自由因果性的规律，实践理性之二律背反中的两个命题试图将自然因果性和自由因果性在综合的因果关系中合而为一，正题和反题分别给出了一种两者合一的方式。康德认为：正题绝对错误，因为如果幸福是意向的动因，那么规定意志的就是感性偏好或愉快和不快的情感，此时的意向无道德性可言，一切无非自然因果性的作用；反题可以是正确的，但是有条件，因为单纯就人这种有限的理性存在者而言，德行总是不完善的，由德行而获得幸福也没有保障。使反题得以成立的必要条件是灵魂不朽和上帝存有，此二者本是《纯粹理性批判》先验辩证论中无法确立为客观知识的两个命题，它们在实践理性范围内作为实践公设而获得客观实在性②。这就意味着思辨理性与实践理性由于实践意图的一种结合，在这一结合中实践理性具有优先性。下面依据伍德将反题一分为二的观点，考察康德由实践理性的二律背反推出实践公设的理路。

第一，人这种有限的理性存在者是否可以达成道德完善，如果可以，又是如何

① KGS, Bd.3, S. 308.中译本见康德：《纯粹理性批判》，第 374 页，A444/B472。

② 本文在康德哲学内部将客观实在性、实在可能性和客观性三个本质相关的概念当作同义词处理。

达成的。康德认为，对于意志与法则完全一致的道德完善性，单纯可感世界中有限的理性存在者只能达成有限的进展；对于理知世界中不存在任何时间条件的神圣存在者而言，道德完善性当下即是，有着超越时间限制的无限性；人这种存在者的特殊之处在于，它同时是可感世界和理知世界的存在者，道德完善性对它而言必然是合前二者言之的无限进展。无限进展是一种作为整体的无条件者，与道德法则完全适合的完善性可视作绝对开端，而无条件者即整体即绝对开端，无限进展作为一个整体即是绝对的道德完善性本身。对这一点康德自己的说法是："没有时间条件的无限者，把这个对我们而言无限的序列看作与道德法则相适合的整体。"①更进一步，"这一无限进展只有在无限持存和同一个理性存在者的一种人格性（人们称之为灵魂不朽）的前提下才是可能的"②，一个人格朝向道德完善的无限进展预设灵魂不朽，或者说这一无限进展就是不朽灵魂的活动本身。康德认为追求至善表达出了哲学在古代希腊作为爱智之学的原初意义，在柏拉图《会饮》中狄奥提玛教导苏格拉底说，爱欲就是永远地追求完美的东西，追求的方式是在完美的东西面前生产、生育，无论身体和灵魂方面都如此，"因为生产让有朽的东西永远都在生成，（让有朽的东西）不朽。不朽，就是在渴望优秀的东西的同时所渴望的（东西）"③，有朽的存在者在对完美之物的永恒追求中成其不朽，此处的辩证法与康德推出灵魂不朽的论证在基本思路上一致。

第二，德行意向是否可以成为幸福的原因，如果可以，前者如何成为后者的原因。揭示此处的辩证论证需要关联到思辨理性的第四组二律背反，支持做出这一关联的依据是作为世界或全部自然之原因的"绝对必然的存在者"这一概念，此概念同时出现在第一批判"先验的第四个冲突"和第二批判"作为纯粹实践理性之公设的上帝存有"两节当中。第四组二律背反是这样被表述的："正题：这个世界要求，或者作为它的一部分或者作为它的原因的绝对必然的存在者存在"④；反题："在世界之中抑或在世界之外任何地方都没有作为它的原因的绝对必然的存在者实存"⑤。在《纯粹理性批判》中，康德仍然诉诸先验观念论，将绝对必然的存在者

---

① KGS, Bd.5, S.123.中译本第 154 页。

② KGS, Bd.5, S.122.中译本第 153 页。

③ 柏拉图：《会饮》，杨俊杰译注，北京：商务印书馆，2018 年，第 54 页，略有改动。

④ KGS, Bd.3, S.314.中译本第 380 页，A455/B480.

⑤ KGS, Bd.3, S.315.中译本第 380 页，A455/B480.

归于理知世界，而单在可感世界中，只有受自然法则支配的偶然存在，如此一来保证了作为世界原因的必然存在者之存有可以设想。但是，真正解决第四组二律背反还需要解答的问题是：本身在可感世界之外的绝对必然的存在者是什么，它又是以何种方式作为世界之原因的？这一问题正是在“纯粹实践理性的辩证论”中以实践的方式被解决的。如前所述，幸福在可感世界中受自然法则支配，单纯从可感世界的观点看，它的发生在感性存在者有限的一生中是偶然的；德行意向出于道德法则，道德法则是一种来源上完全独立于自然的自由法则，所以在道德法则中并没有德行与幸福必然联结的直接根据。但是，至善作为道德法则必然要求的对象必须是实在可能的，所以必定有一个对整个自然界而言与自然原因不同的原因，它包含德行与幸福精确一致的根据。而要做到这一点，这一原因必定是同时具有知性和意志的、符合道德意向的自然创造者，这一绝对必然的存在者只能是全知、全善和全能的上帝。上帝创造了一个最好的世界，它实在可能，有待人去实现。因为这个尚未达到但指向至善的世界已然是现实的(wirklich)，所以本身在可感世界之外又作为可感世界至上原因也是现实的，也即上帝存有(Dasein)。理知世界中绝对必然的存在者作为全知、全善和全能上帝而是全部自然的原因，第四组二律背反由此得以解决。

二、实践公设的客观性

在康德的实践辩证论中，意志自由、灵魂不朽和上帝存有是出于至善这一必然的实践意图而提出的三个实践公设。实践辩证论这一部分论证的主要是灵魂不朽和上帝存有这两个实践公设，意志自由的论证在分析论中其实已经完成。概括而论，自由与道德法则互为根据，交替地相互归结，二者的关系是直接的。至善以道德法则为充分条件，其实在可能性又需要灵魂不朽和上帝存有两个必要条件，道德法则与上帝存有和灵魂不朽之间的关系以至善概念为中介，因而是间接的。实践公设的提出不等于其确立，若要使实践公设真正确立，需进一步论证其客观性。康德认为，客观知识的形成需要有对象通过感性直观被给予我们，而灵魂、世界和上帝本身在可能经验的范围之外，实践公设是道德信念而非知识，道德信念虽然不是知识但是具有客观性。问题在于，康德本人在《纯粹理性批判》中明确地指出，信念本身是只在主观上充分的执其为真——此处似乎有一个矛盾：作为道德信念的实践公设到底是主观的还是客观的，如果是客观的，它又如何具有客观性？

施台芬·齐默尔曼(Stephen Zimmermann)在《论康德的“道德论证”：纯粹实践理性的公设包含何种客观性》一文中依据康德的《判断力批判》对上述问题给出了一种解释。他认为，康德在《判断力批判》中做出的上帝存有的自然神学证明和灵魂不朽的证明诉诸类比论证，但类比论证所得出的只是“我能够通过类比的方式来思考诸至上存在者的性质”①，与至上存在者进行类比的只能是经验知识及其对象。与道德法则必然关联的上帝、自由和灵魂不朽作为道德信念在与经验对象及自然法则的类比中被思考为具有客观性。齐默尔曼的核心观点是我们通过与经验知识的类比把实践公设思考为客观的，但思考为客观的并不就是客观的，所以他依据《判断力批判》对问题的解决并不成功。

实践公设是道德信念，道德信念是信念的一种，因而明确其客观性首先需要关注康德对“意见、知识和信念”的划分。意见、知识和信念是主体执其为真(fürwahrhalten)的三个层次。fürwahrhalten 的一种英译是 holding judgments②，也即持有判断，判断是知性的活动，执其为真是知性之事。Sein 有“是”“真”和“存在”三重含义，“真”在“是”与“存在”之间，通过判断表达主体与对象的一致。判断的有效性分主观的和客观的两种，客观的有效性是它与对象一致的真，主观的有效性则是主体的执其为真。在执其为真的三个层次中，意见在主观和客观上都是不充分的，信念在主观上是充分的而在客观上是不充分的，只有知识才在主观上和客观上都是充分的。维勒认为：“客观的是被法则规定的……主观的，在康德的术语中，严格来讲不是客观之物的补充而只是合理性主体作为主体的规定。”③客观上的充分意味着某一判断以确定的方式关联到对象，其主观上的效果是对所有主体具有普遍有效性，普遍有效的判断是法则；主观上的充分只诉诸单纯主体的要素而并不确定地关联到对象，其主观效果是仅对个别主体具有有效性。信念依据在与对象的关系中能或不能采取行动首先被划分为实践的和理论的。理论信念是学理上的信念，实践信念分为实用的和道德的两种。信念总是指向某种目的，学理上的信念和

① Stephen Zimmermann, "Kant on 'Moral Argument': What Does the Objectivity of a Postulate of Pure Practical Reason Consist in?" in *The Highest Good in Kant's Philosophy*, ed. Thomas Höwing, Walter de Gruyter, p. 149.

② Allen Wood, *Kant's Moral Religion*, p. 14.

③ Carol W. Voeller, *The Metaphysics of the Moral Law: Kant's Deduction of Freedom*, p. 43.

实用的信念指向偶然的目的，道德的信念指向必然的目的（至善）。客观上充分的道德信念并非自相矛盾的说法。上面对意见、知识和信念的划分是康德在理论范围内做出的，而道德信念在理论范围之外。康德在《纯粹理性批判》第二版序言中说，“我必须要扬弃（aufheben）知识，以便为信念腾出位置”①，依上下文可知此处信念指的是道德信念，扬弃理论知识而得道德信念，可见二者处于不同的反思层次上，客观的道德信念意味着与理论知识不同层次的主体与对象的关联方式。

康德指出，实践公设“通过一条毫无疑问的实践法则，作为该法则要求当作客体的那种东西的可能性的必要条件，获得客观实在性”②，也就是说实践公设因为与道德法则的关系而被给予了对象，获得客观实在性，因为实现至善这一绝对必要的实践意图而被执其为真，问题在于之所以如此的根据何在？正如康德所提示的，解决这一问题的切入点是道德法则，而关键在于由道德法则揭示主体和对象世界之间道德的先验关系。

迪特·亨利希（Dieter Henrich）在《康德与黑格尔之间：德国观念论讲演录》中指出，康德哲学是一种先验理论，展示的是主体与对象世界之间的交互关系，主体与对象世界之间的先验关系分为理论的和道德的两层。③理论的先验关系是在范畴的先验演绎中被揭示的，范畴及其综合原理是经验知识得以可能的先天条件，经验知识得以可能的条件同时也是经验对象得以可能的条件，范畴及其综合原理也只有作为经验知识及其对象的先天条件自身才实在可能，由此建立起认识主体与对象之间彼此互动的先验关系。亨利希说：“自我意识的统一性诠释了经验的统一性”，“经验的统一性诠释了自然的统一性”，“如果没有自然的统一性的相应概念，而这自然的统一性的根源又来自经验主体的统一性，那么就不会有自我意识的统一性”。④认识主体与其对象之间的关系是一个往复而非单向度的直接同一，作为认识对象的现象是对象为我们的存在⑤（为他存在）而非其自在存在，自在的对象本身在理论的先验关系之外。亨利希把道德的先验关系概括为如下三个层次：“我们需要知性来达到全体性；我们需要全体性来达到自由；而我们需要自由来达到全

---

① KGS, Bd.3, S.19.中译本序言第 22 页，BXXX.

② KGS, Bd.5, S. 135.中译本第 168 页。

③ 迪特·亨利希：《康德与黑格尔之间：德国观念论讲演录》，彭文本译，台北：商周出版社，2006 年，第 28—29 页。

④ 同上。

⑤ 参见贝尔纳·布尔乔亚：《德国古典哲学》，邓刚译，高宣扬校，北京：人民出版社，2013 年，第 74 页。

体体系的意义。"[1]道德的先验关系是通过对道德法则的先验演绎建立的，对应的文本是《道德形而上学奠基》第三章和《实践理性批判》分析论第一章，下面就依康德的两处文本展开亨利希过于简略的概括。

直接而言，对道德法则进行先验演绎要解决的问题是道德法则如何可能，目的是确立它的实在可能性。佩顿(H. J. Paton)在《定言命令》一书中指出，在解决道德法则如何可能的问题之前，首先需要解决的问题是道德法则是否可能。[2]道德法则是先天综合判断，要论证道德法则是可能的，关键在于找到使它得以可能的第三者。自由是道德法则的存在根据，那个第三者正是由自由概念指示出来的，自由作为先验理念是由理性推向绝对的因果性知性范畴。康德认为，我们依自由把自己思考为先天的原因和依具体行动设想我们自己时，采取的是不同的立场。根据康德的先验观念论，认识主体对于对象具有视为现象和视为自在之物两种立场，现象的整体构成感性世界(Sinnenwelt)，自在之物的整体构成知性世界(Verstandeswelt)。感性世界以知性世界为根据，但此时知性世界作为对感性世界的否定，是一个没有正面规定的消极概念。对于人这种特殊存在者，就他拥有感性的接受性而言，他必须把自己归入感性世界；就他在其中作为自发性的东西而言，他又必须把自己归入智性世界(intellektuellen Welt)。智性世界与知性世界的含义有所不同，它是就人的自发性而言的概念，虽然此时与知性世界一样无所规定。人的认识能力的自发性有知性和理性两个层次，前者只在可能经验的范围之内为感性世界立法，是一种有条件的自发性；后者作为无条件或纯粹的自发性则可以超出可能经验的范围之外，其立法对象必然是知性世界。感性世界就其被感性直观以及被知性立法而言称为可感世界，知性世界就其被理性立法而言称为理知世界(intelligiblen Welt)。康德进一步指出："理性存在者作为理智把自己归入知性世界，并且，单纯作为属于它的一个起作用的原因，它把它的因果性称之为一个意志。但是从另一方面它却也意识到自己作为感性世界的一部分，在其中它的行动，单纯作为那种因果性的现象而被发现。"[3]如果仅作为理知世界的成员，人只服从纯粹意

---

① 迪特·亨利希：《康德与黑格尔之间：德国观念论讲演录》，第 78 页。

② 参见 H. J. Paton, *the Categorical Imperative*, Hutchinson's University Library, 1946, p. 202.

③ KGS, Bd.4, S.453.中译本见康德：《道德形而上学奠基》，杨云飞译，邓晓芒校，北京：人民出版社，2013 年，第 100 页。

志的自律原则，仅作为可感世界的成员，其发用为现象的行动准则服从建立于感性偏好之上的他律原则。但人同时是这两个世界的成员，知性世界又包含感性世界的根据，所以人应该而且能够选取可成为普遍法则的准则行动。在这种情况下，法则是独立于人的自然偏好而直接立法的命令，准则以法则为唯一的立法形式，如此一来作为定言命令的道德法则就是可能的，同时作为可感世界和理知世界成员的人是作为先天综合判断的道德法则得以可能的第三者。①

对道德法则进行先验演绎的直接目的是确立其实在可能性，实在可能性意味着能够发挥作用而关联到对象世界。对这一点的进一步的考察需引入康德的“理性事实”学说。康德认为无条件的道德法则是纯粹理性的唯一事实。依据刘易斯·贝克(Lewis Beck)的观点，要意识到纯粹理性的这一事实，就要使道德法则产生事实上的效力②，而这必然涉及道德行动的发生。康德指出，只当道德法则结合进准则，发生的行动才是道德的，而道德法则只有成为动机这一感受性的情感要素才能结合进准则。无条件道德法则本身是由理知世界向可感世界的立法，在由理知世界朝向可感世界的立场上，道德法则始终是对诸感性偏好的贬抑，它对每一个人的直接作用是终止其自重和击毁其自大，并使之谦卑。这同一件事情在由可感世界朝向理知世界的立场上，则是肯定性的对法则的敬重。敬重是主观上作为动机的道德法则。人对道德法则这一理性事实的先天意识显现为对法则的敬重情感，它是人唯一一种具有普遍必然性的情感。当我们反求诸己，没有谁不会因为那些无可奈何的失误而愧疚，因为重大抉择上坚守信义的善举而激动，这正是我们敬重法则的道德意识，对人这种有限的理性存在者而言，它确乎是一个事实。就道德行动的发生而言，道德法则直接引发敬重情感，作为动机促使任意(Willkür)选取可普遍化的准则以付诸行动，如此发生的行动就是道德行动。据此我们认为道德法则的确能够产生作用，也就是具有实在可能性。

总结以上两段对道德法则之演绎的完整步骤，可以得出道德的先验关系的三个层次：由主体的知性与理性两种认识能力区分出两层对象世界的立场；同时在两层对象世界中，自身能动的特殊存在者(人)作为第三者使道德法则得以可能，道德法则即自由；作为理知世界秩序的道德法则或自由又能够在可感世界实在地产生

---

① 参见 Jens Timmermann, “Reversal or Retreat? Kant’s Deduction of Freedom and Morality”, in *Kant’s Critique of Practical Reason*, p. 77。

② 参见贝克：《〈实践理性批判〉通释》，黄涛译，上海：华东师范大学出版社，2011 年，第 207 页。

作用，由此两层世界由两种立场而得以落实。进一步讲，道德法则通过至善概念与理知世界中上帝、自由和灵魂三种本体必然关联在一起，上帝存有、意志自由和灵魂不朽的实践公设内在于道德的先验关系而建立起与对象世界的确定关联，也就是拥有了对象，由此获得客观性。从发生的观点看，人出于道德法则的自由行动是以理知世界为蓝本对可感世界的重塑，这其实是至善这一最好世界的实现过程，也是一个可归责的不朽灵魂朝向完善的无限进展，同时是上帝的逐渐降临。经验知识之理论的客观性意味着认识对象必然地以经验的方式被给予认识主体，实践公设之道德的客观性意味着，理知世界中自在的本体通过人这一特殊存在者的道德行动必然地在可感世界中给出自身，这是对象自在自为的存在。经验知识（理论）与道德信念（实践）之间的关系，相应于对象的为他存在和自在自为的存在之间的关系。

三、实践公设的地位

康德在“纯粹实践理性的辩证论”中对实践公设的论证固然简略，但是当意志自由、灵魂不朽和上帝存有三个命题的客观性确立，它们在康德哲学体系中的重要地位也就凸显出来：一方面实践公设的确立意味着康德形而上学的完成，另一方面它又是康德宗教学说的开端，这一部分内容居于由康德形而上学转入其宗教学说的枢纽位置。下面做出具体的解释。

要明确实践公设的确立何以是康德形而上学的完成，首先需要理清康德形而上学体系的基本架构。在《纯粹理性批判》先验方法论第三章“纯粹理性的建筑术”中，康德是从三个越来越收窄的层次上规定形而上学概念的。首先，形而上学是出自纯粹理性的全部哲学知识的体系，而体系是杂多知识在一个理念之下的统一，这是最宽泛意义上的形而上学。对康德而言，这个起统一性作用的理念是作为其哲学体系之“拱顶石”的自由概念。其次，纯粹理性有思辨的和实践的两种运用，于是形而上学被划分为自然形而上学和道德形而上学，这是对康德而言形而上学的第二层含义。自然形而上学包括使理论知识得以可能的一切先天原则，道德形而上学包括使道德行动得以可能的一切先天原则。最后，就基本研究对象而言，形而上学被划分为两部分，一是在与一般对象（一般存在者）的关联中考察纯粹知性的存在论，二是考察被给予对象之总和（存在者整体）的自然之学。因为存在者整体在康德时代被划分为灵魂、世界和上帝三者，所以第二部分被进一步划分为理性心理学、理性宇宙论和理性神学。这两部分内容也分别被称为一般形而上学和特殊形而上学。事实上康德形而上学的三个层次不是各自孤立的：就形而上学的基本研究对象而言，形而上学被划分为考察一般存在者的存在论和考察存在者整体的特殊形而上学；就操作方式而言，康德是通过"纯粹理性批判"切入其研究对象的，所以形而上学在康德这里呈现为纯粹理性的概念体系；就研究对象和操作方式两方面结合而言，形而上学本身致力于建立思想与存在的某种同一性关系，该同一性关系被康德阐释为主体与对象世界的先验关系，分别由理性的思辨运用和实践运用达成，所以形而上学被划分为作为理论知识之先天条件的自然形而上学和道德行动之先天条件的道德形而上学。

康德在《纯粹理性批判》中真正建立的是存在论，也就是知性范畴学说，范畴的先验演绎确立了认识主体与认识对象之间理论的先验关系。而在先验辩证论中，康德依次否定了以认识主体与对象本身直接同一为教条建立理性心理学、理性宇宙论和理性神学的可能性，由思辨理性对灵魂、世界和上帝的把握只能确保三者的单纯逻辑可能性，并对经验知识作范导性运用。康德指出，"理性在先验运用中的思辨最后导致的终极意图，涉及三个对象：意志自由，灵魂不朽和上帝存有"①，对三者的证明分别是理性宇宙论、理性心理学和理性神学的基础。理性的运用有思辨的和实践的两种，"据此如果这三个基本命题对于我们的知识是根本不必要的，而仍然又通过我们的理性迫切地向我们引荐：那么它们的重要性大概原本必须只涉及实践"②。于是康德由思辨理性转向实践理性，实践的就是通过自由而可能的，当康德把思路转向理性的实践运用，自由就作为整个论证的前提被接受下来，康德的形而上学于是由自然形而上学转入道德形而上学。道德形而上学承接《纯粹理性批判》的先验辩证论，研究对象是划分为灵魂、世界和上帝的存在者整体或本体，它在康德这里同样是通过理性批判，严格来讲是通过"实践理性批判"来达成的。在《实践理性批判》的分析论中康德以道德法则为认识根据，以实践的方式论证自由的可能性、现实性和必然性，作为实践公设之一的意志自由由此确立。接下

① KGS, Bd.3, S.518.中译本第 607 页，A798/B826.

② KGS, Bd.3, S.519.中译本第 608 页，A799-780/B827-828.

来的任务是确立灵魂不朽和上帝存有两个命题，而这一任务正是在“纯粹实践理性的辩证论”中完成的，具体论证思路有如上述，自由或道德法则必然要求至善，要实现至善必须预设灵魂不朽和上帝存有两个必要条件。灵魂、自由和上帝三种本体“在纯粹实践理性的辩证论”中全部确立，确立的方式是以自由统摄灵魂和上帝，一分为三的本体由此合成一个道德本体，本体既立，特殊形而上学就作为道德形而上学在实践领域内真正建立起来，康德的形而上学体系至此完成。牟宗三在《心体与性体》中区分了“道德底形上学”和“道德的形上学”两个概念，前者对应上述形而上学第二层次中的道德形而上学，也即道德行动的先天原则，后者则是由道德的进路确立本体的形而上学，对应上述形而上学第三层次中的特殊形而上学，他认为康德只有“道德底形上学”而无“道德的形上学”①。根据上文的论述可知牟宗三的这一具体观点并不恰当，康德的道德形而上学既是作为道德行动之先天原则的“道德底形上学”，又是由道德进路确立本体的“道德的形上学”。

在《纯然理性界限内的宗教》一书的第一版序言中康德指出，道德以实践自由为根据，凭借纯粹实践理性，道德本身是自足的。道德法则先天地寓于纯粹实践理性的本性中，它作为意志的最终规定根据是纯然的立法形式，但意志必然有其目的，以道德法则为根据的意志的终极目的是至善，至善的实现有赖于灵魂不朽和上帝存有两个必要条件。在康德这里，道德法则(自由)确实优先于灵魂不朽和上帝存有，但道德法则与灵魂不朽和上帝存有这两个命题之间的关系不是单向的而是相互的，也就是说上帝存有和灵魂不朽对道德法则也具有重要的反作用。如果没有上帝存有和灵魂不朽，至善就是不可能实现的，“因而如果至善依实践规则是不可能的，那么要求促进它的道德法则，必定也是幻想的并且建立在空洞想象中的目的之上，自身是虚假的”②。在“纯粹实践理性的分析论”中康德论证自由和道德法则，探讨的虽是实践领域的问题，但这无论如何都是在纯粹概念范围内立论，只有引入灵魂不朽和上帝存有两个条件，道德完善性和与道德完善精确配合的幸福才有希望达成，道德法则才真正切实可行。前文指出至善意味着一个最好的世界，人以至善为目的力行道德法则就是在实践理性指导下为自己在可感世界创造一个最好的世界，并且将自身作为成员置入其中。在这个最好的世界中，上帝是权威的道

---

① 参见牟宗三:《心体与性体》(上)，台北:联经出版有限公司，2003 年，第 143—145 页。

② KGS, Bd.5, S.114.中译本第 143 页。

德立法者,人的一切义务因此成为对上帝的义务或者说上帝的诫命,在康德这里宗教就是对上帝之义务的总和。①当我们秉持灵魂不朽和上帝存有的信念,以至善为目的力行自由的道德法则,这就超出形而上学界限,由道德进入宗教了。道德必然导致宗教,实践公设则是康德宗教学说的开端。

作者单位:复旦大学哲学学院

On Kant's Practical Postulates

Wang Tong

Abstract: The argument on practical postulates in Dialectic of Pure Practical Reason is important for Kant's philosophy system. The practical postulates are put forward by the way of rational dialectic in the view of metaphysics, not by the way of practical reductio ad absurdum; in order to establish the practical postulates, we need to turn to the objectivity of them, the objectivity of practical postulates originates from the objectivity of the unconditional moral law, the latter is established by deduction; the establishment of the practical postulates means the establishment of moral noumenon, in the moral noumenon, the god and the soul is governed by the freedom, then we can see the position of practical postulates in Kant's philosophy system, they're located between Kant's metaphysics and his theory of religion, and are the end of the former and the beginning of the latter.

Keywords: Kant, Metaphysics, Practical Postulates, Moral Law

① 参见 KGS, Bd.6, S.487。中译本见康德:《道德底形上学》,李明辉译注,台北:联经出版有限公司,2015 年,第 389 页。

译　文

让黑格尔再次回家*

皮尔明·斯特克勒-魏特霍夫　著

周　凯　译

杜塞尔多夫学院(Düsseldorfer Akademie)出版《黑格尔全集》的结项作品

一

2015年9月23日,曼弗雷德·弗兰克(Manfred Frank)于《法兰克福汇报》上发表了一篇题为《黑格尔不再住这了》的文章。紧随其来的是一项安抚人心的保证,即德国观念论在我们的国家中仍有自己的住所。但几乎没有人知道的是,我国总体的科学文化、世俗伦理和政治反思都站在对康德以来的批判进行批判的肩膀上,而以下事实表明了这一点,即,正是这位曼弗雷德·弗兰克在1998年3月23日的《法兰克福汇报》上,在一种被认为是与浪漫主义各思想家所进行的比对之中,把黑格尔视作是"与我们同在的上帝所喝退的活魔鬼(Gottseibeiuns)"。而现在,弗兰克却总是写到那种值得深思的黑格尔的了不起

* 最初发表于 *Philosophische Rundschau* 63(2016)1, S. 1-14.本文翻译自:Primen Stekeler-Weithofer: *Hegel Wieder Heimisch Machen*, in *Hegels Gesammelte Werke*, Katalog Anlässlich des 31. Internationalen Hegel-Kongresses 17-20. MAI 2016 in Bochum. Felix Meiner Verlag GmbH, Hamburg 2016:13-26.皮尔明·斯特克勒-魏特霍夫(Pirmin Stekeler-Weithofer),德国哲学家,莱比锡大学的理论哲学教授,现任国际路德维希·维特根斯坦学会的副主席。这篇文章是为2016年波鸿举办的世界黑格尔大会发表的,本次大会意味着《黑格尔全集》的结项,因此具有重要意义。其次,这篇文章代表德国黑格尔研究学界回应了曼弗雷德·弗兰克于2015年关于黑格尔研究现况所撰写的文章,并总结了德国(尤其是"二战"后)的黑格尔研究概况。文中添加的实心方头括号及数字(如【13】)表示原文中页码,方括号及文字(如[黑格尔的])表示为确保译文通顺而增添的补译。人名翻译均根据《世界人名翻译大辞典》2007年第4版,由新华通讯社译名室编写,由中国对外翻译出版公司出版。我的同学任芮妮负责了本文一校工作,老师余玥进行本文二校工作。——译者注

之处，就好像他提前预料到了什么似的。事实正是如此。如今看来，海因茨·海姆塞特(Heinz Heimsoeth)在1975年去世之前所起草的序言在更大程度上适用于当今，这份序言(目录第29页①)是为当时刚刚计划出版的《黑格尔全集》②(以下简称GW)所撰写的："对黑格尔的兴趣，实质性、系统性的兴趣以及对思想发展史和哲学问题史的兴趣，如今已遍布全世界。[黑格尔的]大名和作品处于我们时代的争论之中，政治上的、世界观上的和科学上的。"(GW 1, S. IX)③但是，如果人们知道，黑格尔的《逻辑学》④历经150年才全本翻译为英文⑤，那么人们就会产生怀疑，即在何种程度上，黑格尔的意味仅仅只是刚开始被把握到了而已。直到今天，他的数学哲学，他对牛顿关于无穷小的力的概念、时空观以及作为加速力起点的惯性运动线等观点所做的批判【13】，实际上在全世界范围内都还没能得到讨论。甚至目前(在亚马逊上)出售的电子书直接就漏掉了最重要的150页，因为这部分内容——正如人们显然认为的——无论如何都是不可理解的。毕竟，连约翰·麦克道威尔和罗伯特·B.布兰顿这类国际著名作家，都或明或暗地只将他们的主要著作⑥看作黑格尔哲学的导论，更准确地说，看作黑格尔《精神现象学》⑦的导论。

---

① 指论文所在书刊的第29页。——译者注

② G. W. F. Hegel, *Gesammelte Werke*, in Verbindung mit der Deutschen Forschungsgemeinschaft herausgegeben von der Nordrhein-Westfälischen Akademie der Wissenschaften und der Künste, Hamburg(Meiner).

③ GW 1 = G. W. F. Hegel, *Frühe Schriften* I, herausgegeben von Friedhelm Nicolen und Gisela Schüler, Hamburg(Meiner) 1989.

④ GW 21 = G. W. F. Hegel, *Wissenschaft der Logik*, Erster Teil. Die Objektive Logik, Erster Band, Die Lehre von Sein(1832), 1985; GW 11 = Wissenschaft der Logik, Erster Band. Die Objektive Logik. (1812/1813), 1985; GW 12 = Zweiter Band. Die subjektive Logik. (1816), 1981, alle herausgegeben von Friedrich Hegemann und Walter Jaeschke, Hamburg(Meiner).

⑤ *Hegel's Science of Logik*, trans. A. V. Miller(with a foreword by F. N. Findlay), London (Allen & Unwin), 1969. *Georg Wilhelm Friedrich Hegel*: *The Science of Logik*, transl. George Di Giovanni, Cambridge(Univ. Pr.) 2015.

⑥ Cf. R. B. Brandom, *Making It Explicit*. Harvard(Univ. Pr.) 1994; ders. *Tales from the Mighty Dead*, Harvard(Univ. Pr.) 2002; J. McDowell, *Mind and World*. Harvard(Univ. Pr.) 1994.

⑦ GW 9 = G. W. F. Hegel, *Phänomenologie des Geistes*, herausgegeben von Wolfgang Bonsiepen und Reinhard Heede, Hamburg(Meiner) 1980.

二

北莱茵-威斯特法伦州科学院与艺术学院的学术项目，即出版《黑格尔全集》，将于今年结项。海姆塞特在序言(GW 1, S. X)中写道："该版本将包含黑格尔本人出版的以及由他亲手传下来的所有文稿，同时包括现有的各种版本。此外，还包括黑格尔的所有讲座，作为全集的重要组成部分；它们是根据大量尚存的书面记录(Nachschrift)汇编而成的。"这样一来，国际上所有黑格尔相关的重要出版物，至少都得求助于它，即尽可能只根据这一关键版本来引用黑格尔的作品。我们的计划还包括将整个版本翻译为其他语言，例如日语。因此人们可能会说，这个新版本的完成就意味着该学术项目的结束。但不幸的是，它依然存在许多严重的不足之处，尤其是在讲座笔记方面。如果要理解这意味着什么，以及理解为什么它似乎不能放在我国研究资助的光荣榜上，那么就完全有必要继续做点什么。

三

从某种意义上说，与标准的"学术版"相比，"阅读版"(Lese-Ausgaben)适用于完全不同的需求和条件，人们能够从如下事例中清晰地看到这一点，即由 G.E.M. 安斯康姆(G. E. M. Anscombe)、G. H. 冯・赖特(G. H. von Wright)和拉什・里斯(Rush Rhees)编辑出版的路德维希・维特根斯坦的《著作集》①，或同样由苏尔坎普出版社(Suhrkamp)【14】发行、由伊娃・莫尔登豪尔(Eva Moldenhauer)和卡尔・马库斯・米歇尔(Karl Markus Michel)编辑出版的《黑格尔全集》②。在维特根斯坦的案例中，他的《哲学研究》——如它被编者所出版的那样——究竟是否存在，这个争论永远不会停止。至于人们如何利用遗稿来创作一本全新的、未曾写出的书籍，伊丽莎白・福斯特-尼采(Elisabeth Förster-Nietzehe)则提供了一份最著名的"教学案例"(Lehrstück)，她以《权力意志》为标题，几乎**编创**(erfinden)了她哥哥

---

① Ludwig Wittgenstein, *Werkausgabe*, 8 Bde., herausgegeben von G. E. M. Anscombe, G. H. von Wright und Rush Rhees, Frankfurt/M. (Suhrkamp) 1984.

② G. W. F. Hegel, *Werke in 20 Bänden*, auf der Grundlage der *Werke* von 1832-1845 neu edierte Ausgabe. Redaktion Eva Moldenhauer und Karl Markus Michel, Frankfurt/M. (Suhrkamp) 1970.

的一部作品。她将一份1887年3月17日的纯提纲概要作为总框架，并和彼得·加斯特一起利用四部遗稿选本以填充这个框架。①在黑格尔的案例中，语文学情况在整体上就没有那么多戏剧性了，即便《青年黑格尔的神学文集》（它是由威廉·狄尔泰的学生赫尔曼·诺尔[Herman Nohl]所编就的一本具有公众影响力的书刊②）在2014年才以"全集第一部分"③为名，作为全集第二卷最终得以出版，才有了进入其真正形态的通道。同样的情形也适用于《供讲演使用的哲学科学全书纲要》（1830年第三版，GW 20）。《黑格尔全集》因其带有"口头补充"（这些口头补充已经由K.L.米歇勒特[K.L.Michelet]和其他编辑通过讲座笔记进行了合并修剪）而给人以错误的印象，似乎这就是黑格尔的"哲学体系"。尽管如此，易于阅读的文本成了一种标准，例如威廉·魏舍德尔（Wilhelm Weischedel）版的《康德著作集》④，其中包括他对《纯粹理性批判》两个版本的比对。

一位读者为寻求精确的哲学理解而付出努力，这个小例子或许能够解释，为什么一本用语精准的批判版本常常是必要的。在现有的阅读版中，单词"ungerächt"被"ungerecht"所代替，就完全扭曲了原有的含义，这种替换无论如何都必须得到还原。黑格尔在"客观逻辑"中恰恰说到——顺便一提，客观逻辑的主题是研究客体的建构，以及对对象及其变化范围的总体把握——即使到目前为止，几乎没有一位逻辑学家意识到"要研究康德的哲学，因为【15】它对逻辑的重要且**更加确定**的方面研究得很详细；反之，后来的哲学表述，却没有重视这些，部分地反而时时表现出粗率的——但并非没有受到报复的（注意！原文是 ungerächte）——蔑视"（GW 21, S. 46）。这种错误的见解就使我们能够彻底理解为什么康德在先验分析中的逻辑

---

① Friedrich Nietzsche, *Der Wille zur Macht. Versuch einer Umwertung aller Werte*, ausgewählt und geordnet von Peter Gast unter Mitwirkung von Elisabeth Förster-Nietzsche, mit einem Nachwort von Alfred Bäumler, 12. Aufl. Stuttgart(Kröner)1980. Vgl. dazu auch Fritz Stern, »The Trouble with Publishers«, Rezension von William Schaberg, *The Nietzsche Canon: A Publikation History and Biography*, Chicago(Univ. Pr.) 1996, London Review of Books 19.9.1996, S. 8-10 mit der *Kritischen Studienausgabe*, herausgegeben von Giorgo Colli und Mazzino Montinari, Berlin(de Gruyter) 1967-1978 und 1988.

② Herman Nohl, *Hegels theologische Jugendschriften*, Tübingen(Mohr Siebeck) 1907.

③ GW 2 = G. W. F. Hegel, Frühe Schriften II, herausgegeben von Walter Jaeschke, Hamburg (Meiner) 2014.

④ Vgl. Immanuel Kant, *Werke in 10 Bänden*, hg. v. Wilhelm Weischedal(= Kant-Studienausgabe in 6 Bänden), Frankfurt/M.(Suhrkamp) und Darmstadt(Wiss. Buchg.) 1968 mit der *Akademietextaufgabe* der von der Preußischen Akademie der Wissenschaften 1902 begonnenen Ausgabe von Kants gesammelten, Berlin(de Gruyter) 1968.

推演遭到忽视了。黑格尔的原文中的表述则完全相反——并因此甚至打击了几乎当今的整个分析哲学,它是当代流俗哲学(Popularphilosophie)的真正继任者,黑格尔的批判以此为对象,因为他要报复那些轻视康德的人。

四

假如没有不计其数的、一知半解的偏见需要被破除,那目前就没有必要重提黑格尔的特殊重要性。最后,在有识之士看来,这种情况就好似忽视了音乐界的理查德・瓦格纳,文学界的但丁・阿利吉耶里或绘画界的埃尔・格列柯。这是因为,就算为了去浅谈这些人的深远影响,也需要付出大量的努力去衡量这些伟人所开辟的世界。人们把次要问题当作主要问题来处理,可以体现在如下事例中:瓦格纳的反犹太主义,但丁反抗"皇帝党"派(Ghibellini)的行动或多门尼科・狄奥托科普洛(Domenikos Theotokópoulos)①的"神秘主义"。黑格尔的事例中包含着一个深刻的问题,我想简单地举几个例子来说明一下,这些例子是有意从哲学入门文献中挑选出来的,众所周知,这些文献的影响力与其科学准确性成反比。

例如,恩斯特・R.桑德福斯(Ernst R. Sandvoss)在题为《哲学:自我理解、自我认识、自我批判》②的哲学导论中写道,施莱尔马赫——也许是最伟大神学家——拒斥了黑格尔所谓的"民族中心主义的思维方式"(S.30)。桑德福斯还收集了其他"理由",以解释为什么他不必再与黑格尔打交道,以及为什么黑格尔所谓的"诸体系的体系"(S.26)诉求早在莱布尼兹以来就已经被拒斥了。然而,桑德福斯并不是唯一一个不理解如下这一点的人,即黑格尔的哲学是按照他的逻辑方法论构建起来的科学体系,而不仅仅只是"他自己的"(sein)体系。据说,像赫巴特(Herbart,1776—1841)这样的哲学家们,坚持"不同于黑格尔",而"与以经验论为导向的英国哲学"(S.30)保持联系,并引用了"伯恩哈德・布尔查诺(Bernhard Bolzano, 1781—1848.注意! 正确写法是 Bernard Bolzano)",而黑格尔的方法则被认为是"胡说八道"(引文出处同上)。在此,重要的是,作为 20 世纪形式【16】分析哲学(formalanalytischen Philosophie)的奠基人之一,布尔查诺根本不理解康德和黑格尔哲学中对

---

① 埃尔・格列柯的原名。——译者注

② Ernst R. Sandvoss, *Philosophie. Selbstverständnis*, *Selbsterkenntnis*, *Selbstkritik*, Darmstadt (Wiss. Buchg.) 1991.

象构造的逻辑意义。正如桑德福斯所认为的那样，亚瑟·叔本华(1788—1860)从来不是(也绝不会是)"柏林时期黑格尔的对跎者"(Hegels Antipode zu Berlin)，尽管黑格尔占据了他的特许任教资格，但年轻的叔本华并没有一蹶不振。这位年轻家庭教师对黑格尔的侮辱是可解释的，但最终也不过是可笑的。

拉斐尔·费伯(Rafael Ferber)在《哲学基本概念：一部导论》①中正确地提出，黑格尔哲学从始至终都关涉真理概念的正确理解，[但费伯]却将其简化为令人难以理解的言语。[黑格尔的]原文是："对于天真纯朴的人，真理永远是一个伟大的名词，可以激动他的心灵。"②黑格尔这里并非只是说，"真"(wahr)这个词是一种道德上诗意的且理想性的概念。每个人都呼吁真理。但正因为这个词如此崇高，它就很容易变成一个纯粹的口号词，所以仅凭天真纯朴的思维方式，我们远远无法理解黑格尔所呼吁的绝对真理究竟意味着什么。这显然是上述那句话所没有表达的内容。

正如威尔·杜兰特(Will Durant)在《哲学的故事》中所说的那样，当人们关注并查阅英文畅销书时，情况就会变得更加严峻。他关于黑格尔的核心论述——完全是一战的后果——极具讽刺意味："黑格尔将他的工作描述为'教哲学说德语的一项尝试'。他成功了。"③但是，杜兰特显然不理解康德和黑格尔逻辑学问题的**基础**(basic)，即那些在彼此迥异的道说范围和对象范围中(以"先验的"或"相对先天的"方式)所提出的对真理的诸多关键**定义**(Definition)的追问。不幸且令人惊讶的是，伯特兰·罗素也是如此，他的诺贝尔获奖作品《西方哲学史》清楚地表明了这一点。罗素从朴素的确信出发，认为黑格尔的所有观点都是错误的④，然后就像杜兰特一样，在不了解文本的情况下谣传哲学史，其引用完全脱离上下文的语境，最后讽刺地写道："逻辑越是糟糕，由它得出的结论越是可笑。"⑤我们这里若是再去较详尽地阐述卡尔·R.波普尔在《开放社会及其敌人》中关于黑格尔的错误观点并合

---

① Rafael Ferber, *Philosophische Grundbegriffe. Eine Einführung*, München(Beck) 1999.

② G. W. F. Hegel, Gesch. d. Phil. Einleitung, A., 1. a) Die Geschichte der Philosophie als Vorrat von Meinungen, letzter Absatz.

③ Will Durant, *The Story of Philosophy*, New York(Garden City Publ./Simon & Schuster) 1926/1933: »A Note on Hegel«, S. 317-325, hier S. 321.

④ Bertrand Russel, *A History of Western Philosophy*, London (Allen & Unwin); dt. Philosophie des Abendlandes, Zürich/Wien(Europa Verlag) 1950, S. 740.

⑤ Russell, a.a.O.S. 754.

理地反驳它，那就会离题太远了。①【17】

更令人担忧的是，甚至连黑格尔哲学的导论——不只彼得·辛格(Peter Singer)的作品②，也包括我国出版的作品——其水准并没有两样。例如，乌多·蒂茨(Udo Tietz)在匆忙中写就的《黑格尔，写给匆忙的人》③中认为，借着黑格尔，“思维得到了本体论化”(S. 86)，无论这究竟是什么意思，清楚的是，“如今，他的辩证法充其量只能是一种‘文学技巧’，即一种‘语词与语词交相对抗的技艺’”(S. 162)。但是，蒂茨从来没有思考过逻辑学和辩证法是什么，因此他显然不清楚，“这种哲学如何使自身作为绝对哲学而得到理解”(S. 162)。谁要是知道对绝对意义上的真理进行分析有多么困难，他就必须早早起床，并且，他需要更持久的毅力。

赫伯特·施奈德巴赫(Herbert Schnädelbach)在《黑格尔导论》④中也提出，黑格尔的“哲学计划失败了”，并在结尾写道：“黑格尔的哲学体系不过是一个理性的梦，哲学必须从中醒来，才会成熟。”(S. 166)真正有张力的问题是，接受了常规教育的我们是否足够成熟，以完全理解黑格尔对最终只是主观主义的康德批判主义(Kritizismus)的意义批判性(sinnkritisch)转向，而后者仍然是唯理论式的经验主义。为此，首先必须消除语言形式和思维方式之间的“时差”，即以如下方式区分外在形式和内在含义：我们至少应笼统地了解黑格尔的哲学是关于什么的，然后再按照他的要求，对于什么是永恒真实的、重要的以及所谓“不会白白过时的”东西做出**诚实的**(gediegen)判断。有趣的是，黑格尔所谓的“诚实的”一词是成人思维的表达。那些不希望做出不诚实判断的人，毫无疑问就面临着棘手的问题。这涉及形而上学的关键概念“理念”“概念”和“绝对”，还有“自在”和“自为”。仅根据当今的常规语言用法和自己的私人直觉来理解1800年前后的语言，自然会导致彻底的误解。例如，当时有关“思辨思维”的言论与鲁莽的预测和主张，甚至与经济上的风险押注都绝对无关。⑤人们只注意到康德之后常规逻辑和元逻辑的新形式，它们不再

---

① Karl R. Popper, *The Open Society and its Enemies*(1945); dt. *Die offene Gesellschaft und ihre Feinde*(übers. v. Paul Feyerabend) Bern(Francke) 1957(2. Bde. utb/Mohr Siebeck 1992).

② Peter Singer, *Hegel: A Very Short Introduction*, Oxford(Univ. Pr.) 1983.

③ Udo Tietz, *Hegel für Eilige*, Berlin(Aufbau Taschenbuch) 2004.

④ Herbert Schädeldach, *Hegel zur Einführung*, Hamburg(Junius) 1999, S. 156.

⑤ 19世纪德语世界中的人们正是在思辨的意义上来理解“思辨的”(spekulativ)一词。但这个词随着时代的发展逐渐贬义化，人们在日常使用中强调其投机、冒险或空想等含义，从而导致如今的很多人在看到这个词时，便会自发地将其与“鲁莽的预测和主张”“经济上的风险押注”联系起来。——译者注

简单地遵循传统的经院逻辑(Collegeium Logicum),这种传统公式是这样推论的:因为B蕴涵A,且C蕴涵B,所以C蕴涵A。

现在情况虽有所好转,但仍然远不能令人满意的是,正如在赖纳·谢弗(Rainer Schäfer)撰写的导论中,他提到了尚未被研究透彻的【18】"关于存在、本质和概念的存在—神—逻辑学结构"①,或者如汉斯·弗里德里希·富尔达(Hans Friedrich Fulda),他称黑格尔是"现代最重要、最有进展的哲学家"②,但就连像阿尔塞妮卡·古留加(Arsenik Gulyga)③这类学者,他们都完全不明白,在黑格尔著作中,尤其在逻辑学和自然哲学领域中,真正重要的是什么,而什么可能又是迷误性的。

如人们所见,黑格尔的重要性之所以引起争议,首先部分是因为人们根本不阅读他的作品,部分又是源于种种原因而无法阅读到。虽然黑格尔是历史上被引用次数最多的著作家之一,但对他名言和整体理念所做的阐释的偏差,甚至比柏拉图或《圣经》的还要多,更不用说康德或笛卡尔这两位近代哲学中最重要的奠基人了。在黑格尔具有误导性的"逻辑学"标题下是否蕴涵着一种神秘的所谓"存在—神—逻辑学"?黑格尔是"意识哲学家"(Bewusstseinsphilosoph)吗(这种词在此能是什么意思啊!),正如步卡尔·马克思后尘的尤尔根·哈贝马斯所认为的那样?或者说,黑格尔对康德的批判恰恰在于,后者给一种对神和不死的灵魂的超验信仰留下了过多的位置,而且这就是因为康德对"实证"宗教的迷信,分有了一种对存在者层次上的上帝的错误表象?黑格尔自己取代康德的做法,难道没有分有一种亚里士多德在《论灵魂》中的洞见,即我们关于灵魂的讨论并不涉及任何具有某种**属性**的实存**对象**?因为这里的**主题**是:通过**语法**(grammatisch)来表述对象,所以人类灵魂指的是某种存在形式(Seinsform),从而涉及形式的(eidetisch)概念和**人格**(personal)生命的理念,而动物灵魂和植物灵魂分别是指动物生命和亚动物(subanimalisch)的生命。正是由于尚未回答如何正确阅读黑格尔作品这个基础问题,因此就需要一部可靠的、规范的、批判性的版本,即学术版(Akademieausgabe)。

---

① Rainer Schäfer, *Hegel. Einführung und Texte*, München(Fink, utb) 2011, S.90.

② Hans Friedrich Fulda, *Georg Wilhelm Friedrich Hegel*, München(Beck), 2003, S. 13.

③ Arsenij Gulyga, *Georg Wilhelm Friedrich Hegel*, Frankfurt/M. (Röderberg) 1974.

五

如上所述,尽管已经充斥着大量的二手文献,但黑格尔哲学和科学理论的基本重要性几乎仍然没有得到重视——否则就不可能出现上述对黑格尔哲学的草率判断。重要的是如下事实,即人们把他的思想当作某种类型的信仰体系来加以阐述,就像费希特或谢林或曾拥有的一个体系一样。相反,这涉及对“真理”和“知识”这两个语词的复杂语义进行复杂的逻辑分析,此外,还包括《精神现象学》中的“自我”“意识”“理智”和“精神”以及整部《逻辑学》的逻辑分析方法。【19】对这些问题缺乏理解,表明了我们整个时代的匮乏。我们的时代不再理解科学知识,因为它不再将哲学和逻辑学视为知识科学(Wissenwisseenschaft),从而也不再视其为人文学科中的核心领域。通过以假定的数学化方式对自然进行建模这层“护目镜”(Scheuklappe),精神和自然就已经被放置到**人文学科**(humanities)和**自然科学**(scienes)这样彼此彻底对立的关系之中去了,但并没有被认识到的是,自然科学只能对内在世界中的很少一部分事件提供因果解释。将“人文学科”一词拙劣地翻译为“人文知识”(humanitäres Wissen),明显地体现出该词虚伪的谦虚态度,正如人们可以从约翰·马克斯韦尔·库切的小说《伊丽莎白·科斯特洛》(Elizabeth Costello)中看到的一样。

直到如今,人们仍然不知道黑格尔是谁,这也因此堪称文化史上的一大丑闻。但恰恰是因为人们认为自己已经太过了解格奥尔格·威廉·弗里德里希·黑格尔(1770 年生于斯图加特,1831 年卒于柏林)是谁:他于 1805 年在耶拿大学任哲学教授,于 1808 年在纽伦堡新教文理中学担任中学校长,从 1816 年起在海德堡大学担任哲学系教授,从 1818 年起在柏林大学接任了费希特的教授职位。他为诸如教育和科学等重要机构的发展所做出的贡献几乎无人知晓。此处涉及学校课程的规划和组织方案,以及(与巴伐利亚的弗里德里希·伊曼纽尔·尼特哈默尔[Friedrich Immanuel Niethammer]①合作进行的)对文理中学的现代化建设,而这所文理中学被当作大学学术事业的预备学校,因此也被当作较之更高等的教育体系和科学体系的预备学校,所以恰恰也是数学和新兴自然科学学科之体系的预备学校。②这样

① 教育委员会委员长。——译者注

② Vgl. dazu die Briefe von und an Hegel, 4 Bde., ed. v. Johannes Hoffmeister/Friedhelm Nicolin, Hamburg(Meiner) 1953.

一来，这件事的实际影响力就不仅限于德国，其重要性远远超出了对这些影响力众说纷纭的争功之辞，也远远超出了在黑格尔死后认为黑格尔“体系思想”已经终结的那些言论。而恰恰是基于上述言论，特别不为人知的是，借助于黑格尔所给出的体系，究竟能有什么被树立起来。

六

如今人们对黑格尔哲学的兴趣越来越浓厚，其深层原因在于，人们认识到，与鲁道夫·卡尔纳普或阿尔弗雷德·艾耶尔的逻辑经验主义相比，黑格尔对休谟追随者的朴素经验主义的批判仍具重要意义。前者关于知识和认知的认识论图像运用了根本不存在的感觉材料（例如在罗素的逻辑原子论中，感觉材料被误以为是世界关系中的基本对象），以及一种逻辑的“所予神话”（威尔弗里德·塞拉斯）。与其同时代的思辨的心智理论【20】和意识理论方面的追随者一样，休谟曾主张一个最成问题的方案，即忽略动物和人类存在方式之间的所有差异，并将**人类灵魂**（menschlichen Geist）描述为**动物心灵**（animal mind）。在道德哲学中，经验主义始于主观偏好和直觉。尽管塞拉斯和 W. V. O. 蒯因一样，试图逃避对直接性感觉材料的（显然的）**经验主义式**迷信，从而将黑格尔视为“**直接性的大敌**”（great foe of immediacy）和朴素原子论的反对者，但他仍与蒯因一起在物理主义的残余（Restphysikalismus）中成为黑格尔的批判**对象**。这破除了计量科学（scientia mensura）的唯科学主义神话，据其所言，自然科学应该或者能够确证什么在事实上是真实的，什么在事实上是存在的或非存在的，以此作为“衡量所有事物存在与否的标准”（塞拉斯），并揭示它们的本来面目。[然而，]基本的见解是，出于逻辑原因，整个自然科学的知识范围是极其有限的。我们必须学会理解，当一位物理学家理想主义地说道，原则上，世界上的所有事物都可以通过理想中的物理学得到解释时，他是在说什么。对此，就需要对理念和理想中的乌托邦，它们的功绩和错误的实际作用持有一种逻辑洞见。由于科学对象的逻辑构造和相应的真理概念，即使人们切实地看待科学并且实际地掌握它，**科学**（Science）在先验领域中仍然受到严格的规律限制。因此，以**自然**本身作为自然科学的整体对象而对**整个世界**所做的任何考察，就其一般形式而言，就像我把自己的世界当作整个世界一样，具有片面性和封闭性（provinziell）。

黑格尔是斯宾诺莎式的康德。对于黑格尔来说,重要的总在于扬弃一种理性形而上学和政治神学见解——在对火刑、焚书的激烈批判中,而休谟只是引入了这一批判而已,因为他没有理解形而上学以及元逻辑学思考的意义。黑格尔指出,所有那些不再追问关于整个世界的问题的人都相信,除非胡说八道,否则不可能提出关于它的有意义的问题,那么他们实际上在以一种狭隘片面的方式进行思考。这是通过隐秘地(implizit)相信一种形而上学的世界观而产生的,但所有对此做出的明确(explizit)反思都被拒斥为无意义的。因此,真正的批判哲学不仅是(如在康德那里)借由与对象相关的先验逻辑和先验的道德义务给我们装备上动物性的感觉、知觉和运动原因的一种方式,还是在实施中,对作为世界知识之可能性条件的概念,以及作为行动人格存在之合作实践论的理念的整体理解。这远远超出了对单个主体的直接性经验认知,甚至只有在这种认知源发性的人类形式中,才有可能造就此种认知。【21】

七

但是,没有一部哲学作品会像黑格尔的作品那样需要扎实的阅读功底。与此相应的不足是造成普遍不解和误解的主要原因,正如前述示例。在此很重要的一点是,黑格尔在英文文献中的形象(例如从罗素到约翰·杜威)显然在很大程度上基于二手资料——主要是由于根本没有可用的译本。人们批判约翰·麦克塔格特、乔治·布拉德利和英国黑格尔主义或理念论。理念论与黑格尔有很大关系,正如普罗提诺的新柏拉图主义与柏拉图的哲学息息相关。但即使是在德语中,也必须考虑特殊的语言形式和文本形式,这将证明一部可靠的学术版的特殊意义。然而不幸的是,该版本恐怕无法跻身于学术作品的行列之中了。但还是让我们更留意考察事情本身、语言问题和文献形式吧!

《哲学全书》或《法哲学原理》并不像论文、专著、沉思集或科研报告这类传统意义上的体系化著作。特别是在康德时代,真正的大学课堂都借助提纲和读本而开展,现在则被《哲学全书》或《法哲学原理》这样的文本代替了。费希特是自由发表言论的第一人,这并不意味着他(黑格尔也一样)会用流利的语言表达自己的思想,但的确,他所提出的一切都是他自己的想法。时至今日,学术论辩中的这个革新方面仍然是被低估的。与此同时,费希特在某种意义上所发明的哲学原理新形式也被低估,例如其神谕般的格言"我 = 我"和"我 = 非我"。浪漫主义者的"费希特化"最初是由诺瓦利斯(Novalis)和施莱格尔(Schlegel)推进的,尤其在 G.C.利希滕贝格(G.C.Lichtenberg)的影响下,这个进程在残言断句中使得思维方式走向极端。由此,一种反体系化的警句式反思开始流传,叔本华、尼采、维特根斯坦、阿多诺或斯坦利·卡维尔(Stanley Cavell)都加入其中。在风格和方法论上与之形成鲜明对比的是,像鲁道夫·卡尔纳普的《世界的逻辑构造》或 W.V.O.蒯因的《语词与对象》这类体系化作品。在曾经由塞涅卡到马可·奥勒留,再到蒙田的整个斯多亚传统的文献中,我们可以看到它们与席勒和歌德的警句谚语、卡尔·克劳斯(Karl Kraus)的格言的相似之处。

黑格尔的哲学思辨方式与写作方式的确是**哲学式格言**的典型代表,不仅在《哲学全书》中是如此。可以说,他的**行文语句**(Merksatz)介于以下两方面之间:一方为带有格言的浪漫主义式"总体哲学"(如诺瓦利斯、荷尔德林),另一方为谢林【22】迅速写就的论文。他有意浓缩和精简语句,并不旨在曲调的和谐或肤浅的煽动力,即使这样的文字像赫拉克利特传统中的神谕式格言那样"凝练"而增添了某种韵味——正因此,黑格尔的文字经常被引用。黑格尔的短文段与之后维特根斯坦《逻辑哲学论》中的编号提纲一样讲究、一样技术性强。与包豪斯文风相反(根据阿道夫·路斯(Adolf Loos)的座右铭"装饰即罪恶"),《哲学全书》中按主题排列的语句实际上"仅仅"是为听课人准备的讲义,"法哲学"尤其如此,我们应该将它的内容当作"以概要的形式"对自然法的批判来读。

情况绝非是说,如杜兰特或罗素这样的黑格尔批评者似不曾注意到以上这点。他们甚至明确批判,除了《精神现象学》和《逻辑学》之外,黑格尔本人的作品只能以这种形式和讲座笔记的形式出现。但正是因此才表现出他们对科学史并不了解,即使是 19 世纪中叶英国大学及其教学方法的改革,也属于这种传统。正如今天仍被阅读的安东尼·特罗洛普(Anthony Trollope)的讽刺小说《巴彻斯特养老院》和《巴赛特寺院》(并于 1980 年被翻拍成电影)所显明的那样,正是像柏林大学和莱比锡大学这样的高校在文本方面很明显地成为了脱离传统学院制而发展的典范。后者曾经主要由神职人员(主教和"牧师")掌控,这也解释了达尔文在后来的英国学界世俗化过程中的独特地位。早在尼采之前,对黑格尔而言,作为具体人格的上帝就已经死了。并且,早在达尔文之前,黑格尔就解释道:上帝是无。因此,任何宗教上或神学上对"创世"的态度都转变为——这在逻辑基础上具有关键的和概念上的必要性,而不只是关于“物种进化”的一种自然思辨“信念”——一种内在于世界之中的、关于一切特定事物、生物和种类之生成和消逝世界的态度。此外,康德已经阐明了古典的上帝本体论证明、物理神学证明和目的论证明中最基本的逻辑错误。但是,正如曼弗雷德·弗兰克恰如其分地写道的那样,黑格尔对康德论点的强化在其必要性和思辨力量方面至今仍未得到完全理解。

在任何情况下,都必须考虑到黑格尔全集的特殊处境,它在一定程度上展现出与其他作者之作品的相似之处,这些作者承认口头教学具有与出版文本同样的重要意义。在这种情况下,遗稿和随记(Mitschrift)——如在类似的维特根斯坦案例中,它们是由德里希·魏斯曼(Friedrich Waismann)记录的——发挥了特殊作用。但要记住,【23】随记毕竟只能反映听者的理解。尽管我们对收录的各个随记进行了文字比对,但是在阅读黑格尔的讲演稿时仍应格外谨慎。[因为]绝不可能确保听者总是能够正确地理解黑格尔所讲的内容。当在区分报告性陈述和宣称式陈述(**提及 vs 运用**)时①,或者在区分字面的、比喻的、隐喻的甚至讽刺的方言式表达时,这种情况就更加值得注意。没有被随记下来的内容,这个时候就会产生弦外之音,这正是为什么对一种在语文学上精确的书面记录进行再版之如此重要的原因:因为只有这样,读者才能自己判断该如何阅读文本。在某种程度上,它们为我们提供了黑格尔讲演录音的替代形式,尽管存在时间间隔,但凭借一定的想象力,我们可以参与到黑格尔的讲演现场。

但是,随记在某种程度上只能作为单个听者所理解的黑格尔讲演内容的文稿,或者可能是听者匆忙之中所记下的内容,下面的例子就表明了这一点:卡罗尔·利贝尔特(Karol Libelt)在从1828年开始的逻辑学讲座书面记录的开头(GW 23,2,S.439;另见《哲学全书》苏尔坎普版,著作集第八卷,第19节,附释1)写道,问题在于**真理是什么**?并继续写道:“这是一个意义重大的语词。当彼拉多询问什么是真理时,基督说,真理有两个方面(他在这里把真理理解为纯粹同一意义上的抽象事物):一方面是对象,另一方面是思维活动,真理就是我们的概念与对象相符合。”显然,耶稣从未说过任何类似的话。

根据我们的规划梗概,假如缺失相关讲座(“全集第二部分”的重点)的资料,那

---

① 原文是 mention vs. use,前者是指提及并陈述他人的观点,后者是指运用并宣称自己的观点。——译者注

么《黑格尔全集》将是不完整的。因此,假如因为仅在原则上正确的决策而限制了整个学术项目的时间,使得这一计划——以科学的、标杆性的全集体量来提供《黑格尔全集》——在即将完成目标之前就被叫停,那将是十分不幸的。甚至到最后,这个最新版本的版权都将有可能不再归于北莱茵-威斯特法伦州科学院。【24】

八

[随记等的]转录工作还要继续完成,因此假如现在不把计划执行完,就是不负责任的,正如人们在没有完成最后三卷《哲学历史词典》①的情况下就把它出版了。那一切就没有意义了。何况我们都知道,这种类型的大计划总是会由于偶发状况超出那种在各方面都估计得过于乐观的计划预期。因此,人们需要对这种情况做出灵活的反应。在任何情况下,假如仅仅因为过于僵化地执行原则上合理的运转规则,而导致德意志联邦共和国在自身文化遗产保护领域中不能完成重大项目,那将是一个丑闻。对于一个项目的必要性管控和监督而言,合理的运转规则固然重要,但规则也要局限在人们能够对其做出适当调整的范围之内。我们的情况是:当之无愧的编辑沃尔夫冈·邦西彭(Wolfgang Bonsiepen)教授于 2015 年春突然逝世,使得该项目的进度严重倒退。此后,经验丰富的瓦尔特·耶施克(Walter Jaeschke)教授接管了整个项目的运行,他也领导着波鸿大学黑格尔档案馆中一个运作良好的工作组。毫无疑问,在他的领导下,该项目能够在最短的时间内顺利完成。

在过去的几年中,第二部分已经发表。《逻辑学讲演录》包括了 GW 23, 1:于 1801/1802, 1817, 1823—1826(2013)这些年间在大学授课的书面记录;以及 GW 23, 2:于 1828, 1829 和 1831(2015)这些年间在大学授课的书面记录。由安妮特·塞尔(Annette Sell)编辑。《自然哲学讲演录》包括了 GW 24, 1:于 1819/1820, 1821/1822 和 1823/1824(2012)这些年间在大学授课的书面记录,由沃尔夫冈·邦西彭修改并编辑;以及 GW 24, 2:于 1825/1826 和 1828 年在大学授课的书面记录,由尼克拉斯·赫宾(Niklas Hebing)编辑(2014)。《法哲学讲演录》包括了 GW 26,

① *Historisches Wörterbuch der Philosophie*, unter Verantwortung der Akademie der Wissenschaften und der Literatur Mainz hg. v. Joachim Ritter, Karlfried Gründer und Gottfried Gabriel, Basel (Schwabe), 13 Bde., 1971-2007.

1:于1817/1818，1818/1819和1819/1820这些年间在大学授课的书面记录,由迪尔克·费尔根豪尔(Dirk Felgenhauer)编辑(2013); GW 26，2:于1821/1822和1822/1823这些年间在大学授课的书面记录,由克劳斯·格罗奇(Klaus Grotsche)编辑(2015);以及GW 26，3:于1824/1825和1831这些年间在大学授课的书面记录,由克劳斯·格罗奇编辑(2015)。到目前为止,《世界历史哲学讲演录》只出版了GW 27，1:于1822/1823年冬季学期的书面记录,由贝尔纳黛特·科伦贝格-普洛特尼科夫(Bernadette Collenberg-Plotnikov)编辑(2015);《艺术哲学讲演录》只出版了GW 28，1:于1820/1821和1823这些年间【25】在大学授课的书面记录,由尼克拉斯·赫宾编辑(2015)。艺术哲学、世界历史和哲学史的重要部分仍然缺失,但预计今年将完成5卷左右。

假如出现了看不到学术联合会要圆满完成《黑格尔全集》学术版的情况,那么,由另一个机构来承担结项资助的任务,不仅是受欢迎的,而且是绝对必要的。此外应当再次牢记,从理论上讲,这关系到康德之后在广大范围内最为重要的德国哲学家,以及除了卡尔·马克思以外19世纪文化史和社会史上最重要的思想家,尽管从事实上来说——甚至恰恰因为存在着这样的事实,即其著作是存在争议的,或者说根本还尚未展开的。举例而言,在美国,人们一般认为,专攻黑格尔作品的博士学位实在太难;在英国(与世界上的其他国家不同),人们几乎不再阅读黑格尔的作品了。

德国科学研究基金会曾经资助过《黑格尔全集》的出版这一项目。现在要做的不仅是确保该版本的完成,还要建立一个按顺序出版的开放访问版本(Open-access-Version)。因为现在正是让这个国家的科学、哲学以及知识分子记住他们的真正遗产的时候。这些遗产不仅需要被永久地保存下去,而且首要的是,必须记住这些完全回家的遗产。以至最后,我们所有人都将知道我国文化中的**世界遗产**是什么。【26】

译者单位:四川大学哲学系

历史文献

纯思理检别注释(二)

康　德　著
张东荪　译注
王志宏　整理

【编辑说明】

1. 张东荪先生译文手稿,就整理者所见可分为两个前后相继的稿本(可命名为第一稿和修订稿)。修订稿仅存“导论”部分,第一稿存有从“导论”到“先验的图型法”的内容。[①]修订稿主体部分的笔迹与第一稿不同。而修订稿中的修订部分的笔迹与第一稿类似。根据修订稿行文中的线索,可有把握地判定,修订稿的主要行文非张东荪先生手迹,而是他人根据第一稿誊写抄定。修订稿上附加的校订补充文字则是张东荪先生的手迹。由于修订稿是在第一稿工作基础上的进行的,原则上已经包含了第一稿中所有已被张东荪先生认可的内容,并且还附加了张东荪先生最后的修改意见,故本次整理以修订稿为优先;在修订稿有阙文而第一稿又可以补充的部分,参照第一稿进行补充并注明;在无修订稿的部分,直接使用第一稿作为整理的工作文本。整理者不对两稿之间术语和观点的差别加以任何处理。

2. 根据第一稿封面,译者信息为“蓝公武初译,张东荪改译並注释”。修改稿上删去了蓝公武先生的信息,直接标识为“张东荪译并注”。

3. 在整理工作中,以下几种情况一律自行改正,不出校记:①西文拼写的正字法问题(一律从今);②标点符号衍失或标点符号格式前后不统一;③张东荪先生译文与按语之间必要的分段;④手稿中的繁体字尽量改为规范的简化字,异体字则视情况处理;⑤手稿中的标点符号一律改为当下通行标准。

---

① 在《纯思理检别注释(一)》(载于《德国观念论》[第一辑,商务印书馆,2019 年])的编辑说明中,关于此部分的说明有误,特此更正。

4. 以下几种情况一律不改:①张东荪先生译文内部的分段;②张东荪先生所使用的时代习语(如“端赖”等);③现代汉语尚所容许的异体字(如“並”“衹”“馀”等);④句号、逗号、顿号之用法尽量从张东荪先生手稿,整理者尽量不自行增减标点符号;⑤手稿中大量存在过长导致无法通读的短语与句子,整理者将之保持其原样,不做任何处理。

5. 以下几种情况改正并以脚注形式出校记:①阙文;②涉及内容的明显讹误;③整理者无法辨识或不能确定的字句。本文中脚注皆为整理者所添加。

6. 字体为楷体的“按语”“荪按”“译者注”等部分一律为张东荪先生添加,字体与空行为本刊编辑为阅读效果修正,不涉及内容方面的更动。

康特纯粹思理检别　第二册

先验的感觉论

先验观上的原素论

第一部　先验观上的感觉论

（一）

不问知识与所对相关之任何情状与任何经过，其直接与所对相关者，由此一切辨解乃得有材料者，所谓直见。但直见之起止在所对人来于吾人前。且其止在于吾人之心受外来激动时为能成立，此则至少人类为然也。吾人接受影相之能力而依外物所激动之状态者，名之曰感受。对相由感受而授与吾人，惟由此乃起直见；再由辨解而被判断，且由此遂起为概念。但一切思维，不论直接抑或间接，必须最后与直见相关，即必须与感受相关，以除此途径以外，对相无由入来于吾人前也。

当吾人被外物所激动之际，对象所施于吾人影相能力上之影响，则名之曰感觉。由感觉以与对象相关之直见，名曰经验的直见。经验的直见之尚未判定的对象则名之曰现象。

苏按：所谓尚未判定的(unbestimmte)即“尚未分明”之意。盖对象之当前必待辨解而始能判认其为何物也。在未认定其为何物以前之对象，则名之曰尚未判定的对象。此种对象，在康氏名之曰现象。原文为 Erscheinung。惟康氏于此以外，又有一字为 phenomenon，余则译为[观样]。康氏于下文云：现象当其由畴范之凝一而被辨认为事物时，则名之曰观样。似观样与现象颇有分别矣。然康氏全书並①不严守此区别。书中所用“现象”一语有时实与所谓观样殆无不同。彼本人用语不慎，端赖读者善作分别观耳。须知现象系与本样为正对。事物之本样不可知；现象即事物之被吾人所知时所现之形样也。所谓被知即指其入于吾人知识中，而入于知识中者又无不入于空时之超验的格式中也。读者阅下文自能审之。

在现象中其与感受相应者称之为其材料；其所以编定现象之纷杂使其得依一定顺序而相排列者则称之为其格式。

惟依格式乃能将感觉编列于一顺序之下，故此所以编制感觉者其自身决不能

① “並”，现通“并”，不改。以下皆同。

仍为感觉。是以就一切现象言，其材料皆为来当于吾人前者，自属于事后；但其格式则必已宿于吾人心中，即属于事先也。因此必须离却感觉而专论究其格式。

吾于一切影相而不含有属于感觉者，名曰纯粹的（取先验观的意义）。一切感觉的直见之纯粹的式度，即一切纷然之直见在一定关系下被见者，必为事先宿于吾人心中。此感受之纯粹的式度亦可名之曰纯粹的直见。倘若在一个物体之影相上，将辨解所认出者，如体，力，与可分性等等，以及感觉所表现者，如坚，色，与不透性等等抽除尽净，必尚馀留有二者，曰：广袤与形样，在此种经验的直见以外也。此二者为属于纯粹的直见；纯粹的直见即使无官感或感觉上任何现实对象，亦必事先宿于心中，仅为关于感受之式度而已。

苏按：此段中所谓纯粹的影相亦正与纯粹的直见同义。纯粹直见又即下文所谓事先的直见。盖彼以为既有所见必可将其影留于心中。今有非经验的直见，自当亦有非经验的影相。但须知所谓非经验的直见乃指空时二种式度而言。空与时固不能离事物而单独成为影相也。故纯粹的影相一语易引起误会。读者勿以文害意为幸。然于此亦有一要点：即康氏既视空时为影相，则足明此二者非复为概念矣。籍此亦可把捉康氏学说之要旨也。（虽下文亦有空间概念与时间概念等语，乃由于康氏用语不谨严之故，非其主张有矛盾处也。）

论列一切事先的感受之原则之学科，吾名之曰先验观上的感觉论。必须有此种学，列为先验观上的原素论之第一部分，则可与第二部分论列纯粹思维之原则者相区分。

译者按：关于“感觉论”（Aesthetik）①一语，康氏有原注。其文无关宏旨，兹从略焉。要之，不外乎取希腊人分知识为 αισθητά και νοητά 之意而已。盖取古义，非若后世之训为“美学”也。

---

① 张东荪先生引用德文，多半将元音变音（Umlaut）和 Eszett（ß）直接转写。整理者对此不做变动，保持手稿上的原始形式。

是以在先验观上的感觉论,吾人必须首先单独提出感受,使其与一切由辨解用概念而判知者相抽离,于是所馀留者衹[1]为经验的直见而已。其次,吾人又须在此种直见中将一切属于感觉者中抽去,于是所馀留者又衹为纯粹的直见与现象之纯粹的程式而已。——此则为感受在事先所呈于吾人前者。在此种研究之进程中,吾人定发见关乎感觉的直见有两种纯粹的程式,足用为事先的知识之原则,即曰空间与时间是已。吾将于下节进而论焉。

荪按:此节有须注意者数点。第一,康氏仍承英国洛克一流之绪馀,以为感觉所见仅为纷杂,而无条理。以浅近之例喻之,如有一绘画于吾人前,感觉所见者衹红红绿绿而已。至于辨明其何者为花,何者为叶,何者为枝,则有待于辨解,非感觉所能为功也。此红红绿绿者,在康氏名之曰"纷杂"(mannigfaltige)。(旧译为"杂多"殊为不辞。)即言仅为感觉上之刺激,而未辨别以成认识者也。此为康氏在立说以先所遽然设定者(taken for granted)。实则所谓纷杂,殆与原料同义。康氏全书讨论感觉之处极少,关于感觉之性质为何,可谓一字未提。近人始提出问题曰:感觉为属物乎,属心乎,抑中性乎?康氏虽未答此问题,然就其主张物之本样不可知而观,似渠当谓感觉为中性也。第二,康氏根据上述之理,将吾人知识分为材料与格式。材料即为感觉;广义言之,亦即为经验。至于格式,即所以编制此类材料者;详言之,即所有材料必须依一定之关系或次序为之编排连列。此编制感觉者,其本身必为一种空式,不能复再为感觉。原文为Form,旧译"形式"或"方式",皆不甚妥。盖康氏之意重在依式编制,其式虽未有不可自成形象,然仍非独立之物也。故改译为"格式",取其有依程序以编制之意耳。第三,康氏谓一切知识必须最后与直见相关,即等于《序论》中所谓一切知识皆始自经验。此乃一要点,读者慎勿以彼注重于事先的知识,遂以为将使知识与经验无关也。

① 张东荪先生用字为"衹",按目前汉语正字法应为"衹",为"只"之异体字。为存原文模样,全文径改为"衹",而不用"只"。

第一节　空间[1]

（二）

空间概念之形上学的阐释

吾人由于外部感(此乃心之一种功能)所自示于吾人者为对象乃在吾人以外，且绝无例外皆为在空间上者。对象之形样，大小，及互相间关系皆惟在空间上定之(已定或能定)。至于内部感，即由此吾人之心得以自审其状态者，虽不示吾人以心为一对象，然确为一种一定的式度(即时间)，由此乃能直见吾人之内心状态。且一切凡属于内心者亦必皆在此种时间的系列上表现之。时间不能由外而被见，正犹空间不能由内而被觉也。然则空间与时间为何乎？二者果为实有其物乎？抑仅为事物间之关系或位分，虽不为吾人所觉，而仍属于事物之本身者乎？抑或空时二者衹为直见之式度，属于吾人之主观方面的结构，舍此乃别无所有乎？欲明此类问题，请先阐明空间之概念。至所谓阐释，即谓使此概念所含者得有一清楚明晰之象(虽不必十分详尽)；其所谓形上学的阐释者即所以明此概念为事先而成者也。

荪按：所谓外部感(aeussere Sinn)，系指吾人开眼外视，伸手外触等等而言，即为对物之感，亦即外张之感也。物必在吾人以外，此常识也；康氏乃颠倒其说，谓由外部感乃使所觉之物得在于外。内部感(innere Sinn)为对己之感，亦即内延之感，即自觉内心状态之起伏是已。对物之感必见事物之位置，形样，与大小，故绝对不离空间。对己之感必见心情之起伏，先后，与改变，故绝对不离时间。实则康氏此说亦正与洛克所谓 sensation 与 reflection 相同也。末段所列三问题乃代表三派：第一似牛顿，以彼主张有离事物而自存之绝对空间与绝对时间故也；第二似为莱伯尼志[2]，以彼谓空间与时间系从事物之性质与关系上抽出者也。第三派则为康氏自己。其说详见下文。

---

① 张东荪先生此处有题注："凡式度皆改格式"。(下划线为原文所有。)为保证原文照录，且考虑之前各段文字中"式度"一词和"格式"一词多处互见，故整理者不做改动。请读者在阅读时自行加以替换。

② 即 Leibniz。

(一)空间非由外部经验而出之经验的概念。盖由感觉而推知事物在我以外(详言之,即推知有物,其占之地位与我所占之地位有异),以及我所以能见物不仅有异且其地位不同,有连列与排比者,厥在于先有空间之影相。故空间之影相决不能从经验上由外部现象之关系以得之也。反之,此外部经验反依此空间之影相而始能成立。

(二)空间为一种必然的事先的影相,而潜伏于一切对外的直见之后。盖吾人虽能想到有绝无一物之境,而决不能想像空间之不存在。故必须视空间为所以使现象能得成立之要件,而不可谓为属于现象之际界。乃为一种事先的影相,必然潜伏于一切外部现象后者也。

(三)空间非关于一切事物间关系之总括的概念,换言之,即推证的概念;而乃系一种纯粹的直见。盖因,第一,吾人所表现于自己前者止能为一个空间;至于有时言及各种空间,实仅为此唯一的空间之各部分而已。第二,此各部分的空间决不能在此包括一切之唯一的空间以前,以若此唯一的空间乃集合此诸部分的空间以成者;实则反之,此诸部分的空间唯视为其在于此唯一的空间中乃能思得之也。故空间本为一个,至于其内所以有各种空间者(换言之,即各种空间之概念),纯赖将界限之义导入其中耳。是以可知在所有空间概念之后必伏有一事先的(非经验的)直见。依据此理,凡几何学上句辞,例如三角中两边之和大于其第三边,即不能由线与角之概念推出,乃祇由直见而得,此直见诚为事先的,且有不可不的必然性。

译者按:此(三)在第一版原为(四);其前另有(三)如下:

【(三)所有几何学上句辞之不可不的必然性以及其能于事先构成乃全基于空间之不可缺也。设若空间之影相为事后所得之概念,由外部经验上产生者,则数学上之最高原则将尽化为知觉矣。且将亦必具有知觉所有之偶然性。果尔则两点间祇许由一线亦不成为必然,而仅为经验之所示也。凡由经验而出者祇能有比较的普遍性,质言之,即由归纳而得者。于是使人仅能谓迄今观察所限,尚未见空间之有多于三进向(译者按:即深,广,长)者耳。】

(四)空间之现于吾人前乃为一无限之量。凡概念而其中包含有各种不同的可能的影相,多至于无限者,则必须认其为一影相(关于其中各影相之共同性),以此无穷的影相乃皆藏于此一影相中故也。须知决无如斯之概念可以成立,即包含无量数之影相于其中者。

今以此故,虽空间可被思维,然其中各部分共存至于无限,则决可见空间之原本影相必非一概念,而乃系一事先的直见也。

译者按:此(四)在第一版为(五),但文句略有不同,荪並译之如下:

【(五)空间之现于吾人前乃为一种无限之量。空间之普通概念,如以一尺或一寸等表现之者,对于量度不能有任何决定。倘若直见之进也,其中本无所谓无限者,则空间关系之概念决不能产生空间之无限性之原则。】

荪按:此节为形上学的阐释,下节则名之曰先验观的阐释,实则康氏用此二语初非如字面所示者。以形上学的阐释亦为一种自先验的观点以研究空间之概念者也。特形上学的阐释为关乎空间本身之性质;下节所谓先验观的阐释则为关乎空间概念用于其他概念(事先的)上之助力。故一为研究空间之性质;一为研究空间之应用。而皆为从先验的观点以观察之者。並无先验观与形上学之区别,今名之曰形上学似不甚切题,读者宜善以意会之,可也。本节虽列四点,然可总为二义。一曰空间非一概念。以普通之概念皆由总括(generalization)而抽成。其所据以施总括者乃系个件(particulars);决不能为无限之量。盖若为无限,则总括必无由成,一也;反之,若由总括而抽成者,其材料必为经验,以在事先决无从总括之,二也。以此二者乃证明空间非概念。空间既非概念,当即为一影相。吾人之途径止有二,曰思与见。概念可思而不可见;影相可见而不可思,此二者之别也。二曰空间虽有各方各部之种种不同,然必皆伏于一总空间之内。盖抽除一物体必仍留此物所占之一空间;抽除所占之此空间必仍留有一总空间,换言之,即此空间必须与无限的,唯一的空间合而为一。以此之故,乃可逆推之,谓必先预想有总空间,然后乃有此物所占之空间;必先预想有此物所占之空间,然后乃有此物。于是便证明空间之为影相决非经验的影相,而应为事先的也。

第一义为视空间为一直见;第二义为视空间为伏层(underlying substratum)。二义相合乃定空间为属于事先。此康氏之说也。然自近代心理学观之,则微有可议。盖具体的广袤与抽象的空间实为两物。就具体的广袤而言,近代心理学咸谓感觉本赋有三种性质:曰张度(extensity);曰深度(intensity);曰延度(protensity)。由张度而进以构成空间;由深度而进以表现差异;由延度而进以联为时间。故具体的广袤即为感觉之张度,诚可为一种影相,特不能离感觉而自当吾人前耳。至于抽象的空间,既系由感觉之广袤性而抽成,当系一种拼造(construction),自非影相可知也。然吾人且勿执此以难康氏。康氏之主旨乃别有在。盖即使空间为一种拼造,而此种拼造亦非专由经验将客观上者集合而成,乃实为由主观者将其内部结构同时投射于外也。是则谓空间为主观的与非经验的,亦有至理,未可厚非。故纵使否认康氏以空间为影相之说,而于彼谓空间之主观性与事先性仍不摇也。

(三)
空间概念之先验观的阐释

吾所谓先验观的阐释者即解说一概念乃视为一原则,由此则其他事先知识之所以能成立,乃得以明者也。为贯彻斯旨,则第一,必须力致此类(即其他事先的)知识实为由此种概念而来;第二,此类(即其他事先的)知识惟由于对此种概念作如此说明时方为可能。

几何学即为由综合与事先以规定空间性质之学也。试问使此类知识有可能性,则吾人所有之空间影相应为何种影相耶?此种空间影相,其根必为直见。盖由不具体的概念决不能得有超出概念以外之句辞,如现于几何学上者。(参见序言第五节。)且此直见必为事先的,即必须在任何对象之知觉以先即宿于吾人中,故其亦必为纯粹的,而非经验的直见。因几何学上句辞皆为必然的,即皆附有觉其为必然之义,例如谓空间止有三向度。此种句辞决不能为经验的判断,且亦不能为由经验的判断所引出者。(参见序言第二节。)

于是何以在吾人心中能有一外部的直见,而在未有对象以先,对象之概念反能在其中于事先被决定之耶?有显然可言者,曰:除非此种直见本有其座位早宿于主观者中,祇为一班的对外感之格式,殆无他途矣;详言之,即其必为主观方面所有之式度,由于此,一旦对象来激,便得起为直接的影相也(换言之,即为对于对象之直见)。

吾人此种说明乃为唯一的说明,所以致几何学之可能性于合理可解者;即视几何学为事先的综合知识之物。此外他种说明未能窥破斯秘者,虽亦与此有多少相似,然正可执此为标准而严相分别也。

由上述所得之结论

(甲)空间並非表示物之本样之性质,亦非表示物之本样于其彼此互相间之关系。质言之,空间不为属于事物本身之位分,此种位分乃系虽将直见上之主观的式度抽除尽净,而仍留存者。盖以决无位分不拘其为绝对的抑或相对的,能在其所属之事物以先被吾人所直见,换言之,即决无位分能于事先见之也。

(乙)空间祇系由外部感而得之一切现象之式度而已。即祇为吾人感受之主观方面的要件;惟在此要件下,外部的直见乃对于吾人能以成立。盖以主观所具有之感受能力,即能以接受对象来激者,必先于对于对象之直见而已有之;因此便可明何以一切现象之式度皆为在一切现实知觉以先而已有者。因此又可知何以其必为事先即宿于吾人心中者,即谓其必系纯粹的直见,一切现象反在其中为之规定,且能含有先于一切经验而规定对象间关系之原则。

荪按:此两点似甚显明,无待申解;惟有一二名词宜一为说明。

第一,为物之本样,原语乃 Ding an sich,旧译"物之自身"或"物如",余则以为皆易导人误解。故改为"本样"以与"观样"相对待。言物不被吾人观见时之本来形样也。物若被观,自现为观样。(此观为心目合用,非单由于目也,读者宜切记之。)倘不被观,又安知其样为何?故康氏力主物之本样不可知。实则此语最合名理。盖见之即知之,不见则不知。是决无能在知之关系以外者也。既外乎此种关系矣,(即能知与所知相关,以成所谓知,盖知即为一种关系也。)又安能着一字耶?然而仍谓其为有者何故乎?盖不能无所对。有所对而知其为何,此"何"乃知内事也。至于所对则不能不预想其为未入于知之关系以前已先有之。是则物之本样之说不过一假设而已。但此假设实必不可少。盖若谓无之,则等于谓无所对(即对相),无客观,无物矣。既不能不有物,在知以外,则物之本样之问题当然产生。此理至为浅近。而学者往往不察,竟有谓物之本样一概念可以根本删除者,甚且有谓康氏晚年亦屏弃此说。实则此一概念若不假定,则康氏全书所有之努力将尽为虚费。故英人潘登(H. J. Paton)极有炯眼,渠谓此义若毁,其书殆将重著。可谓知言也矣。第二,为位分,原文乃

Bestimmung,本自有“限定”之义。实则此语与所谓关系有相通处。物与物相连谓之曰关系;此与彼相分谓之曰位分。一言其连,一言其断;但必合而为一始乃可明。物在空间上之所以为如此也。康氏用此字实亦兼含连断两义。即言物之形制也。

是以吾人惟自人类立场乃能言空间,能言有广袤者。设若抽除此种主观的式度,即惟由此吾人于一旦对象来当前时乃能起外部的直见者,空间之影相便为无意义矣。所以使空间能附属于事物者止在于事物之能现于吾人前,质言之,即能为感受之对象。此种接受性,吾名之曰感受者,其永恒的式度即为对象所以能视为对于吾人为在外的关系之必然的要件。若吾人将对象抽除,则所馀留者即此式度,乃为一纯粹的直见,遂名之为空间。盖以吾人不能将感受之殊特情形视为事物所以能成立之要件,而止可视为现象(事物之现象)所以能成立之要件,故吾人能断言空间包括一切被视为在吾人以外之事物,而非不问其为何种主观所见,抑或被见与否之事物本身。以吾人对于其他能思的生物,其直见是否亦如人类同受束缚于此种对直见之制限及其普遍的准当性,实无由断定也。吾人若以此判断所由成之此种制限,加之于判断中之主语之概念上,则此判断便绝对准当矣。即如云一切物皆並列于空间上,此一句辞惟限于此诸物为吾人感受的直见之对象时为准当。设若吾于此概念上复加以制限,如云一切物视为外部的现象乃並列于空间上,则此句辞之准当普遍且无限矣。吾人此种阐释遂得建立空间之经验界上的实在性,换言之,即其客观上的准当性,此乃就任何物现于吾人前便为在吾人以外者而言。同时吾人此种阐释复证明空间之先验观上的非实在性,此乃就物不与吾人之感受相关时,单指其本样,由推理以臆度之而言。是以吾人得确认空间在经验上有实在性,即在一切对外见物之经验上确认,必见物为在吾人外也;但同时吾人又得自超经验的观点言之,空间有观相性,即倘若将所以使物为在外者之要件之空间为之拔除,而视空间为宿于物之本身者,则无复有空间矣。

荪按:此段所言甚关重要。所谓空间之在经验上的实在性,似即指其普遍而言。所谓准当性亦即必然之谓也。盖吾人见物决不能在空间以外。吾人见物既必在空间以内,则空间为不可少。吾尝以不十分切合之比喻明之。在康氏之意,似视空间如戴眼镜者之眼镜。镜既不离眼;凡有见必经过此镜。故所见之物无不在镜中。设镜具红色，则一切遂皆红矣。自皆红而言，是普遍也；自无物可由镜外以见，是必然也。吾今以红色喻广袤，即谓物之能有广袤由空间使然，而非在物之自身也。故若谓除去眼镜，而外物仍具红色，则必无是处。以红色在眼镜，不在于外物之本身故耳。今专就外物之本身而言，当可谓无有空间。康氏原文为 empirische Realität 与 transzendentale Idealität（余译为经验界上的实在性与先验观上的观相性）；后者若译为"观念性"或"理想性"则必起误解。以彼固明言空间为影相，为直见，而非概念，则其不能为观念与理想也显然矣。因此，译为"观相性"，明知与原字不十分符合，亦出于无法耳。实则亦可译为"非实在性"以与实在性相对，惜其更为义译，去原字益远也。

是则除空间而外，决无主观的影相关于在外者而可谓为普遍事先的。

【一切外部现象之此种主观的式度决不能与其他相比较。酒之味不属于酒之客观的性质，即令吾人视酒为一现象亦为不然。乃祇属于饮之者（主观）之感官之特殊构造。色亦非在对物之直见中属于物一方面之性质。祇不过为视觉在光于某种情况下被刺激时所起之一种缘现。顾空间则不然：因其为外界物象之必然要件，乃在任何现象上或直见上为不可少。至于味与色则非不可缺的要件。（即唯由此始能使对象达于吾人感官者。）此二者见于现象上祇在于由官感之特殊构造而偶然附加于其上也。因此味与色皆非事先的影相，而乃宿于感觉中。就中如味，尤为根据感觉而起之情感（如苦与快愉）。且吾人亦决无能于事先具有味色之影相者。至于空间，因其仅为直见之纯粹的式度，不包含任何感觉在内，自无经验混与其中，则空间之一切种类与界限，在形象及其关系之概念产生时，必能于事先现于吾人前也。以唯由空间始能致事物为在吾人以外故耳。】（译者按：此段为第一版原文，而于第二版删去。）

盖以决无其他主观影相而能于事先引申出综合句辞，如空间在直见上之所为者也。（参见序言第三节。）故严格言之，此种其他影相並无所谓观相性，其虽与空间之影相在此一点上有相类似处，即亦为属于吾人感受之主观方面的结构，例如视，听，触之现为色，声，热等，但此等祇为感觉而非直见，故其不能给吾人以任何事物之知识，更不能丝毫供给事先的知识也。（译者按：此段则为第二版所加入者。）

以上所言乃意在仅防止有人以为此处所主张之空间之观相性能以色味等之不充足的例证而说明之。因色味等不能即视为外物之性质，而祇为起于主观者内之变化,此变化且随人而异。在此种例证中,其本仅为现象者乃被吾人之经验的辨解而误认为外物本样,例如蔷薇花,其色即对于人人而有不同也。反之,自先验观以论在空间上之现象则必可使人了悟凡在空间上所见者皆非物之本样,以空间非属于物之本身之一种式样,即为物本身所固有者;且物之本样为吾人所不能知;至所谓在外的事物衹不过吾人感受之影相而已,空间乃其式度耳。其与感受真相对应者,即物之本身,並不由此种影相以知之,亦不能由此以知之,且在经验界中亦未曾发生此项问题也。

苏按:此段所言在于分别空间之感(sense of space)与感觉(sensation),有异。以感觉上初无所谓"汎[1]色"(color in general)"汎味"(taste in general),有之衹某种红与某种甜耳。色而不含有具体之红绿,则色便为一概念而非直见矣。故色味,以感觉言,无不为事后的,换言之,即经验的。决不能在事先即想像之也。空间不然,物体抽除,必仍留空间;若抽除空间,必不可能。此即康氏所以视空间为事先的理由也。但自近代心理学言之,感觉大抵亦附有张度,斯为具体的广袤。空间系由具体的广袤所拼造而成。拼造以后再投射于外。空间与感觉之张度遂为二物矣。是空间之所以异于感觉者,且亦在于其性质有所不同。以一为具体所感,一则乃拼成之构造也。一为自外而来,一则自内投出也。此虽近世心理学之所诠,然就其投射于外一端而言,与康氏未尝不侔。康氏所注重者即在空间能离具体事物之一点耳。

第二节　时　　间

(四)

时间概念之形上学的阐释

(一) 时间非由任何经验所产生之一个经验的概念。盖若不预设有时间之影相在事先即伏着于吾人知觉中,则吾人知觉中决不致有所谓並列与连续。以唯在此预设之时间影相上,吾人方能得见一群之事物或同时存在(同时的),或异时顺列(连续的)。

---

① "汎",现通"泛",不改。以下皆同。

(二) 时间为伏于一切直见背后之一个必然的影相。虽吾人诚能视时间中为无现象在内,然就现象而言,则决不能将时间抽去。故时间为事先即入来于吾人前者。唯由于此乃使现象之现实性能以成立。即使现象全灭,而时间(因其为使现象能成立之普遍的要件)亦决不能废除。

(三) 关乎时间之关系与时间之公准,其必然的原则之所以能成立,亦正端赖于时间之此事先的必然性。时间袛有一进向,所有各种时间並非並列,而系继起,正犹所有各种空间並非继起而系並列。此种原则不能由经验中产出,以经验所示者无严格的普遍性与不可不的必然性故也。故吾人仅能谓普通经验所示者袛为如是而已,而非必须如是也。是以此种原则之所以为准当者,正由于唯依此乃能使经验成立,且亦为关乎经验而有所示于吾人,非由经验而有所示于吾人也。

(四) 时间非推证的概念(即所谓总括的概念),而乃系感受的直见之一种纯粹的式度。不同的时间仅为唯一的时间之各部分。仅能由唯一的对象所起现之影相即为直见。故如云不同的时间不能为並列的,此一句辞即不能由总括的概念而产出。此句辞乃系综合的,不能仅由概念以产出。以其必为直接含于时间之直见与影相中也。

(五) 时间之无限性,即不啻谓任何有限的时间皆止能在此伏于背后之唯一的时间上而为其中之界限方可成立。故时间之影相,必须原始即为无限的。但每一对象必为有限的,以其中之部分与数量袛能由界限以见之也;至对于整个时间之影相,则决不能由此种概念以得之,盖以此种概念中所含者止为部分的时间之影相,且此种概念反必基于直接的所见也。

(五)
时间概念之先验观上的阐释

吾在此处可仍提及第三项,以此项本为先验观上的阐释,而为简便计,特置之于形上学的阐释中也。今所欲增加者即变化之概念以及动之概念(即位置之变化)唯在时间之影相上与由于时间之影相方能成立。且若此影相而非事先的直见(关于对内)则无一概念(不问何种概念)能使人得了解变化之所以能成,质言之,即决不能使人了解何以相反之两谓语得凝合于一对象上,例如同一事物在同一处所之存在与不存在。唯在时间上此相反之两谓语能凝合于同一事物上,即此彼相继是已。故吾人唯籍时间之概念乃得说明普通动学上所有关乎物体运动之事先的综合知识(此知识极为有用)所以能成立也。

苏按：关于时间之说明亦与关乎空间者大旨相同。空间之必为并列，其性使然也；时间之必为继起，亦其性所使然。以空间为张展，时间为顺延故耳。然二者实相成。顺延者必籍张展而始列为一线；张展者必籍顺延而始备有多方。是空间与时间互为籍助；二者绝不相分离也。无空间即不能见时间之延历；无时间亦必无由明空间之伸张。故空时二者实相待而成。康氏虽分别言之，然亦未尝不本含此义。彼谓空间时间二者皆为必然与普遍，正犹谓在不可少空间之时则时间亦自为不可少，于不可缺时间之际而空间亦必在也。特彼于下文又特别注重时间，往往单提时间而不及空间。读者慎勿以为此二者可以分开，致康氏遂有此言。实则彼于单提时间时已早潜含空间在内。注释康氏书之英法学者多主斯说，非余一人之言也。

(六)
由上述而得之结论

(甲) 时间非自存在者，亦非属于外物之一种客观的际界，倘若抽除直见之一切主观的式度，则决无时间存留。设其为独立自存者，则必将为现实者但又非现实的事物。设其为属于事物本身上之一种序次，则必不能先于事物而为事物所以成立之要件；亦决不能于事先见之，由综合句辞以思之也。故反之，若以时间止视为主观的式度，唯由此乃能唤起直见者，则于事先直见之，由综合以思之，便为可能矣。惟以此故，此种关乎内部的直见之式度乃能先于事物而当于吾人前，致为事先的也。

(乙) 时间止为内部感之式度，详言之，即关乎对于吾人自身或心内的状态之直见之式度也。时间不能为外部现象之际界；故与形样位置无关，而止涉及吾人内部的状态上各影相间之关系。且因此种内部的直见不产生形样，吾人唯有以比附乃能弥补此缺憾。吾人唯有以一前进无穷之线而表现时间之连续，在此线中许多时间乃顺成仅有一向度之系列。吾人即从此线之性质以推知时间之一切性质，但有一例外曰：线之各部分系同时存在，而时间之各部分则皆相继续是已。自此点言之，时间之一切关系既能究许以外部的直见表现之，则时间之影相当为一直见，盖亦显然矣。

（丙）时间乃系不论何种现象皆必具有之事先的式度与要件。空间，固为一切外部的直见之纯粹式度，然却有限制，以其止能为外部现象之事先的要件也。但因一切现象，不问其有外部的事物为其对象与否，其自身必本属于吾人心内之一种状态；且因此内部状态必在内部的直见之式度（即时间）下方能成立，故时间乃为任何现象皆所必具之事先的要件。正犹吾人得断言一切外部的现象皆必在空间上，且必于事先由合乎空间之关系者以决定之，吾人亦敢同样断言，由内部感之原则，一切现象不问何种，换言之，即感官之一切对象，必为在时间上，立于时间关系中。

若吾人抽除对内以见自己之自省的态度，此种直见之态度亦能由此而将一切外部的直见列入于吾人之影相能力中，而将对象视为即如其本样，则时间遂乌有矣。仅就现象而言，时间始有客观的准当性，即仅关乎事物之为吾人感官所对者。倘若抽除吾人直见之感受性，即抽去此种为人类所特具之影相能力而普汎涉及事物，则其便不复为客观的矣。是以时间乃纯系吾人人类直见之主观的要件。（吾人之直见必由于感受，乃止在外物来刺激时。）倘离却此主观，则时间自归乌有也。但关于一切现象，即涉及一切事物而能入于吾人经验中者，则时间必为客观的。故吾人倘于汎言对象时已从此概念中抽除直见上之所见的各种状态，即唯由此诸状态方能使对象为现于时间上者，则吾人决不能谓一切事物皆在时间中。反之，若以时间之要件加于对象之普汎的概念上，而谓一切事物皆为现象，换言之，即皆为感受的直见上之所对，则便可谓其皆在时间中矣。此一句辞乃得有真正的客观的准当性与事先的普遍性。

是以吾人所主张者为时间之经验的实在性，质言之，即唯关乎凡能入来于吾人前之对象，则时间乃有客观的准当性。又以吾人之直见必为由于感受，则凡不与时间之要件相契合之对象决不能在经验上来当吾人之前。在另一方面，吾人则否认对于时间谓有绝对的实在性之说，详言之，即吾人不承认时间为绝对属于事物本身者，或为事物之性质，或为其要件而不涉及吾人感受的直见之式度，以此种性质或要件皆属于事物自身而不能由感受以现于吾人前也。吾人否认此说遂足以表明时间之先验观上的非实在性。吾用此一语，意在谓如吾人抽去感受的直见上之主观的式度，则即无时间，故时间不能视为一种潜存者或附属者而归于与吾人直见无关之事物自身上。时间之此种非实在性，亦犹空间之非实在性，不能以感觉之非实在性相比附（即时空二者之非实在性不可与感觉之非实在性相混，而视为同一种类）。盖因吾人固认定感觉所附与于对象者其自身有客观的实在性。至于时间，则並无此种客观的实在性,除非将其仅视为经验的,即止将事物自身视为现象而已。关于此点,读者可参阅前节末尾所论者。

苏按:康氏所谓抽除主观乃系假设之辞。夫式度既属于主观方面,由主观以投射于客观上,则主观一去,其所投射者自必归于乌有矣。乃为名理上推论之必然结果。非谓实际上真有抽除主观之一境也。康式用"客观的"(objective)一语亦易引起误会。须知此语非指事物之自身而言,乃止谓在对象上普遍为然耳。余原拟改译为"实在性",以此二语本属同义;继而以为不如姑存其原本。所望读者勿以文害义为可也。

【(七)】[①]

辩 护

我尝闻明达之士同声反对此说(即认时间有经验的实在性而不认时间有绝对的及先验的实在性者),因而推想凡不习闻此种思索方法之读者必亦特反对之议。其反对之理由似如下。变化为实在的,此则由吾人对于自己之影相有变化,足以证明之,纵使对外物之影相及其变化悉被否认焉。顾变化唯在时间中方能成立,故时间亦必为实在的。答复此种反对並非难事。吾人固承认其全部论证。时间诚为实在的,即其系关于内部的直见之实在的式度是也。关于对自己的经验,时间自具有主观方面的实在性,质言之,即吾确见有时间之影相及我自己在时间中之位分之影相。是以时间因此乃视为实在的,但並非视为对象,乃止视为将我自己表现为一对象之途径而已。设无此种感受上的要件(即我所以见有自己者,或我被他生物所见者),则我自己的位分在我的所有影相中而有变化者将供给吾人以一种不含有时间与变化之知识矣。故在吾说,应以经验的实在性赋与于时间,以为一切经验所必具之要件,而仅否认其有绝对的实在性耳。则时间乃止为吾人内部的直见之式度而已。【*原注:吾谓吾人之影相一一相续,此乃止谓吾人觉此诸影相皆在时间之顺列中,即合乎内部感之程式也。故时间不为自存者,亦非属于外物本身之客观的位分。*】[②]设若吾人经内部的直见上将此种特别的式度抽除,则时间即归于乌有矣。

---

① 此处脱落该节编号,参见 B53。

② 此注位于 A37 = B54。

以时间不在于事物之本身，而止在于主观者之见事物之际。

然而，此种反对所以同声一致，且此反对者並不反对空间之观相性，其理由似如下。此辈学者並不期望对于空间之绝对的实在性能有严格必然的证明，因彼等已为意象论所拘束，盖意象论固谓外在的对象之实在性不容有严正的证明也。然在另一方面，吾人内部感之对象之实在性（即我自己与我的心内状态之为实有其物）则由吾人之自觉以直接证明之矣。（此乃依彼辈所主张者。）故外在的对象容或仅为幻象，而内部感之对象，则据彼等见解，以为必为不可否认之实在。惟彼等所未见及者则斯二者（即对外部感与内部感之对象）实处于同等地位，盖斯二者就其为影相而言，其实在性皆不容有所置疑；且斯二者又皆属于现象，盖现象可从两方面观察之：一方面系视现象为独立自存者，即不计及吾人对此之所见，实则此种独立自存者常为有问题者；另一方面则顾及对于对象有所见之际之式度。此种式度不能术之于事物自身，唯见之对象现于主观上时之主观方面；但却确属于成为现象之此对象。（即必然具此式度。）

是以时间与空间乃吾人所有事先的综合知识所从之二根源也。（纯粹数学即为此种知识之显明例证，其中尤以关乎空间与其关系为然。）时间与空间，合而言之，乃一切感受性的直见之纯粹式度，由此能使事先的综合判断成立。但此种事先的知识之根源，仅为吾人感受性之要件，正以此而定其本身界限，曰此二者之现于事物止在事物之被视为观样，即不表示事物之本身原样。惟在此界域内，时空有其必定性；倘使越出此界域以外，则二者不复有客观的适用矣。虽然，时空二者之此种观相性却不致经验知识之可靠性受其影响，盖此种式度不论其为事物自身所必具者，抑为属于吾人对于事物所见者，而要其同为确乎不易，固相等也。反之，有人谓空间时间有绝对实在性，不问其为潜存固有，抑或为附丽从属，则必致与经验之原则本身相抵牾。以彼等若採取前说，即视空时为固有潜存之实体（此为由数学以研究自然者所常取之观点），则彼等必承认有二种虚构物（即空间与时间），其自身虽非实在而仅在于包含一切实在物，且为永久，无限与独立自存。设若采取后说（即由形而上学以研究自然者所常取之观点），以空间时间视为现象间之关系，或並列或继列，由经验中抽出，以表其为浑然独立者，则彼等又不得不否认数学上事先的原则对于经验的实物有必定性，例如事物必在空间上，即至少必否认其不可不的必然性。以此种必然性不能术之于事后者故也。则依此说，必将谓空间与时间之事先性仅为吾人想像之所造，其根仍必在于经验中，即将在经验中之关系抽出后由想像力加以制造,取其在此种关系中所普遍者,殊不知此普遍者若离却自然所加于其上之限制即不复能存在也。取前一说至少有使现象界域内数学判断不受拘束之利益。然当彼等欲使辨解越出此范围以外,则彼等必反为其说(即视空时永久无限与独立存在者)所困矣。取后一说亦有一优点,即于事物不视其为现象而仅就其与辨解有关系之时若有所判断,则空时二者之影相不致为其妨碍。然彼等既不以此而诉诸真正客观上必然的事先直见,则彼等决不能说明事先的数学知识之可能性,同时亦不能使经验的判断必然与事先的数学知识相合。惟取吾人之主张视此二者为吾人感受性上之原始的式度,则此两种困难皆得免除矣。

最后,先验观的感觉论止论究空时二者,不能再含有其他。盖除此二者外其余凡属于感受性方面皆必预想有经验,例如“动”(在运动上空时即相结合)。运动必预想有物正在动中。但就空间而言,论其本身,实为不动。故动必为止见于空间上由经验而始知之者,即必为经验的所与。依同一理由,先验观的感觉论亦不能以“变”之一概念列入于“事先的”一类中。以时间本身不变,变止起于在时间中者。可见变之一概念必预设有吾人觉有物存在与其继续的诸象,质言之,即必预设有经验也。

(八)
先验观的感觉论之概要

(一) 为避免一切误会起见,必须说明(□[①]术极明晰)关于一切感受性的知识之根本情形吾人所持之意见。

吾所欲言者乃吾人一切直见皆仅为现象之影象;事物而为吾人所见者並非其本样亦正如吾人之所见;其互相间之关系亦非如吾人所见之排比;且设若将主观或感官所有之主观性抽除,则事物在空时上之全部情形与关系,甚至于空时本身,皆必将归于消灭。盖皆为现象,故不能自身独立存在,而唯存于吾人所见之中。事物本身之为何状,若离却吾人感受性之所接受者,则完全不为吾人所知。吾人所知者乃止为吾人知之之情态耳。——此种情态为吾人所特有,虽人类确有之,而未必其他生物皆不可少也。吾人所涉者止此而已。空间时间乃其纯粹式度,感觉则为其材料。止此纯粹式度能于事先知之,换言之,即先于一切具体知觉而见之。此种知识故名之曰纯粹的直见。后者(即感觉)则为在于所谓事后的知识中者(事后的知

① 此处有一字无法辨识。

识即为经验的直见),前者宿于吾人感受性中,不拘感觉为何种而皆必有之;至于后者之存在则有各种各样。纵使吾人使吾人之直见至于高度的清晰,然亦不能因而迫近于事物本身之原样。吾人所知者仍止为对此物见之之情态,换言之,即吾人之感受性是已。吾人诚能详知之(对于此种直见),但惟止在于空间与时间之要件下。——此要件乃本属于主观方面者也。故事物本身为何即由其现象所给予于吾人之最明晰的影象亦不能知之。

设若吾人承认下列之说曰:吾人所有感觉仅为对于事物之含浑的影象,其中有确属于事物本身者,不过其种种性征与部分的影象相混合集成,而为吾人所不及分辨而已,则感受性与现象之真义与夫关乎二者之吾人的主张皆沦为虚诞与无用矣。盖影象之含浑者与清晰者其区别在于名理学上,而不关乎其内容。以"正谊"一概念而言,在常识之训义上,诚能含有精细思想从其中推演而出,然在通常实际上则吾人並未觉有许多不同的影象含在此一概念中。但吾人不得因此而谓此通常实际对于"正谊"之概念为属于感官方面者,其中含有一种现象。盖"正谊"並非一种现象,乃实为思想上之一概念,表示吾人行为所本有之一种道德的性质。又如对于一物体之直见,则其中决不含有属于其物原样者,而仅为其物之现象,及吾人被此物所激动之情态,吾人此种接受能力则名之曰,感受性。故即使此现象能被吾人完全透视,但其所见仍与对于其物本样之知识绝不相同。

莱伯尼志与乌尔甫[①]之哲学即如此以感受与辨解之相差视为仅在名理学上,对于知识之本质与起源之研究遂与以误谬的指导。盖此差别固显然属于先验观的也。以其所关者不仅此二者之名学程式,如或明晰或含浑。乃关于二者之起源与内容。故非吾人仅能由此含浑状态以知外物本身之性质,实则吾人任以何种方法皆不能知之耳。设若将主观方面之情形被删除,则所表现之对象及由直见所赋予于此对象之各种性质将不复有处可寻,且亦不能有矣。正以此为主观的情态所以定其形式使成为现象者也。

吾人通常于现象分为两类曰:本然存于直见中者,且为一切人类之感官所必具;曰偶然现于直见中者,且不与通常感官有关,乃止与感官上之特别地位与特别构造有关,因而为然。由是遂于前者名之为表现事物之本身,而后者仅为表现其现象。但此分别止为经验的。倘吾人即此而止不再进以视经验的直见止为现象,並

① Wolff.

谓在其中不见有属于物之原样者,则所谓先验观的分别即不起矣。(吾人固常即此而也,而实应再进。)故纵使在感官界以内吾人深究其对象而自以为得知事物之本样,实则吾人之所为依然止关乎现象而已。如雨天之虹即被视为现象,而雨则为其本样。此视雨为其物本样之概念,仅就物理学言之不失为正当。盖在此际,雨仅被视为在一切经验中及一切与感官相对之地位中,其形决定不变而常如此不致有他。但若吾人于此经验的对象就其一班的性质,不问一切人类之感官对此所感是否皆同,而只问此是否表现事物本身(于此所谓事物本身不能指雨点而言,以雨点已既为经验的对象如现象矣),则此表现与其物之关系之问题立即为先验观上的。于是吾人乃知不仅雨点纯为现象,即其圆形与夫降落之空间皆非物之本样,而止为吾人感官直见上所呈之情态,或属于直见上之根本式度,其超经验的对象则永不为吾人所知。

先验观的感觉论上之第二要点为此种理论初不在术人赞美,视为可以动听,乃必使其具有毫无可疑之确实性,一如任何学说足供为枢键之用者。欲证明此种确实性完全可信,则当择取一事例,由此得使其必然性为之显明,並得致第三节所言者亦愈明晰。

今姑假定空间时间其本身为客观的,且即为事物本样之可能性(所以能成立)之要件。首先须知涉及空时二者乃实有多数之事先的必然的综合判断。且关于空间为尤甚,故吾人在此研讨中应尤注意于空间。今因几何学上句辞为事先综合的,且由其不可不的必然性以知之,则吾乃敢提出下列问题曰:此类句辞从何处以得之耶,吾人辨解当其力述达此绝对必然与普遍正确之真理以何为依据耶?除或依据概念或依据直见外,别无他途,即不由事先必由事后是已。若为后者,即以之为经验的概念及所由依据之经验的直见,则此种经验的概念与经验的直见决不能产生综合判断,除非综合判断亦为经验的;且以此故,其所产生之综合判断亦决不能具有必然性与绝对普遍性(但此二性实为一切几何学上句辞之特征)。设若为前者,以为唯由此乃得此种综合知识,即仅由概念或仅由直见而于事先知之者,则须知仅由概念以得之者止为分析的知识而非综合的知识。试举一例,云:“两直线不能包围一空间,仅由此二线亦不能画成一图形”。请就“直线”与“两”数之二概念以抽绎此题!今又举一例,如云:“有三直线便能画成一图形。”请试取同一态度就此等概念所含者为之引申!诸公纵努力为之而仍必为徒劳。盖公等势必发见此不得不诉诸直见,一如习见于几何学上者。于是公等惟自己在直见中乃得有一对象。但此种直见果为何种乎？其为纯粹事先的直见乎，抑为经验的直见乎？若为后者，则普遍必然的句辞决不能由此而出，以经验决不能示人以此也。是则公等必为在直见中于事先自得有一对象，而公等之综合判断乃即基于此。设若无此种事先的直见之能力存于公等心中，且设若此种主观方面的要件而不为事先普遍的要件唯依此乃使直见之对象能以成立者，且更设若对象即为其物本样而与公等见之之主观情态无关，则公何以能谓存于公等心中由主观要件致必然构成个三角者亦将必然属于三角自身耶？公等亦决不能以新起者（如图形）而加于旧有者（如三直线）上，恰如必然见之于对象上者，盖以此对象乃在公等之知识以前已来当前，非由知识而生也。是以空间（关于时间亦然）若不为仅系公等直见上之式度，含有事先的要件，唯由此能使外界对象乃现于公等前，若无此主观的式度则外界对象亦归于无有，则公等决不能就外界对象而有任何事先的综合的判认。故可断言（不仅可作此言，乃此正为绝不容疑者）曰：空间时间为吾人一切外部的与内部的经验之必然的要件，纯系吾人所有一切直见之主观的式度，一切对象皆在此种式度中，致其必为现象，而非其物之原样呈现于吾人前也。亦正以此故，关于现象之式度能侈言其先验的方面，至于关乎现象背后之其物本样则不能有所言矣。

译者按：第一版所有者至此为止，且不分（一）（二）等节目。以下各节（並结论）皆为第二版所增入者。

（二）欲证实吾今主张外部感内部感及感官所见之一切对象皆为观样之说，则尤宜详审下列之点曰：在吾人知识中凡属于直见者（苦乐之感以及意志除外，以其非知识也）必止含有关系，详言之，即直见中地位之关系（如广袤），地位变化之关系（如移动）以及决定变化之规律之关系（如动力）。而凡只在此处或彼处，或与地位变化无关而止起于其物本身者，率皆不为直见所呈。盖就事物之本身决不能仅由关系以知之；故吾人得断言曰：以外部感止能以关系呈前，则必止能在其影相中含有对象对于主观者之关系，而非其对象自身之本来性质。在内部感其情形亦复正同，以不仅由于外部感之影相供给吾人以占领于心中之材料，且亦由于时间（吾人安置影相于时间中；在经验上时间本先于影相之觉得，而伏于影相之背后，为其式度，由此吾人乃安排诸影相于心中）亦本含有续列，並列，以及二者混一之历久等等关系。夫凡先于任何思想者厥为直见。且若直见仅含有关系，则关系便为直见之式度。此种式度惟在于有物入来于吾人前方能有所表现。故其止为一种情态,即在此情态中吾人之心为自己活动之作用所激动(即由于影相之呈现于前),且如是乃自为所动;换言之,即止系内部感对于其式度有所活动耳。凡由感官而呈现者以故必悉为现象;因此吾人乃止有或否认有所谓内部感,或承认为此种感之对象之主观止能由此种感以表现之发为现象,而视为主观对于其自身有所判断,设其所用之直见含有辨解作用。此困难之点全在于主观何以能自见(即见其自身),此种困难实为各种学说所同具。自我之觉(即所谓核觉)乃系自我之单纯影相。倘使主观中所含有之纷杂诸相为由自我活动而呈现,则此内部的直见将为具有辨解之性质矣。在人类,此自我之觉则需要有自己觉着在主观中先已呈现之纷杂诸相;而此诸相□□□□□□□□□□□[1]为非自动的,故必名之曰为感受性。□□□□□□□□□□[2]之能力即为将心中所有者索之而出,则□□□□□□□□□[3]途乃能唤起对于自我之直见。但此种样□□□□□□□□[4]中者,即以时间之影相使此纷杂诸相□□□□□□□[5]此种对于自我之直见並非直接与自动以见自□□□□□□[6]仅为自己所激动而起者,故其呈现仍为现象而非[7]真也。

苏按:本段所言至关重要。不仅申论空间不能离时间,且並明空时二者不能离主观。于是虽论空时,而实涉及核觉。此字原文为 apperception,旧译"统觉"。但"统"字有统一之义,但此字不仅重在统一,且更重在必有一心核(即中心点)。故以"核觉"易之。此心核即为自我。须知自我有二:一曰始终在主观地位之我,二曰转质于客观地位之我。在客观地位之我与在客观地位之物(实则凡物皆在客观地位,而固无在主观地位者)无异。在英文谓之曰 me,非 I(此乃主观的我)也。客观之我既与物无殊,则必亦同为现象,康氏谓我对于我之纷杂诸相之自觉殆即指此客观的我而言。至于主观的我则始终不入于直见之

① 此部分手稿缺失约 11 字。整理者所用手稿复印件在复印时此页有折角,故一部分文字被遮挡。现仅根据张东荪先生使用的稿纸预印行列数来推算被遮挡的字数。以下情况相同者不再说明。

② 此部分手稿缺失约 10 字。

③ 此部分手稿缺失约 9 字。

④ 此部分手稿缺失约 8 字。

⑤ 此部分手稿缺失约 7 字。

⑥ 此部分手稿缺失约 6 字。

⑦ 此处疑有插入字句,被折角所遮挡。

中，换言之，即永不为所对也。永不为所对，故亦永无由见之。以主观的我永为见者，始终不能被见，正以其不能立于我之对面故也。但吾人虽所见必悉为对象，而所以使对象成为现象者则赖有此主观的我。详言之，即吾人凡有所见，虽所见悉为外界，而外界所以辏合整然如成一物者（且有前后左右），则端赖见之者之有一心核。一切纷杂并呈者由此心核为之安排布置，遂成井然之物象。康氏于此提出核觉之说以补充空时者，正以内部感之时间不能离此核觉，而外部感之空间又不能离时间。于是核觉时间空间三者交互为一气矣。盖康氏所谓空间非汎言之，乃谓並列之张展也。其谓时间亦非汎言，乃谓继续之延替也。以不甚切之言喻之，空间可举"左右"为例；时间则为"前后"。须知所以有左右前后者必赖有主观，用以为分辨之标准。康氏所以必须另有核觉之说以佐空时，其故在此。康氏视时间即为内部感。内部感者见此感之者之前后有异也。视空间止为外部感。外部感者见有物在感之者之外或其左右上下也。凡此皆不能离感之者之主观存在，特此主观存在乃在不觉之中，初非自己有所知也。凡此所言足征康氏之知识论实暗中以生物学为基点。德国学者之继此发挥者多能窥破斯义。

（三）当吾谓对外物之直见与对自心之直见在空间时间上同为表现物与心之发现于感官上者，换言之，即现于当前者，吾並非谓此等乃幻相。盖在现象上此诸对象甚至吾人所赋予于其上之性征，实永为现实当前者。但在对象对于主观之关系上，此诸性征则实属于主观一方面，故此种为现象之对象乃有异乎为本样之对象。是以我谓空间时间之性质（唯依据空时，以空时为其存在之要件，吾人乃能知外物与自心）只现于吾人直见之情态中而不在对象本身上，吾初非谓外物似在吾人以外或自心似为在我自觉之中。设于应视为现象，而吾意谓为幻相，此诚吾之过也。*（原注）*①

（原注）在现象中，由于与吾人感官之关系，得以属性赋予于事物上。例如以红色与甜香之加于蔷薇。凡非对象所有而常存于对象与主观之关系中，复与对象之影象不可分者厥为现象。空间时间之为属性其对于感官，即此类也，故不为幻相。

① 此处分段格式与括号形式，皆从张东荪先生原稿。

*反之,如吾人以红色为属于蔷薇本身而不注意于其物对于主观之关系,不限制吾人之判断使仅在此种关系之范围以内,则幻相始乃起矣。*①

译者按:此段原注尚有夹杂他语,兹依英人斯密司之主张加以删除,整理之如此。

特此並非起于一切感官直见悉无实在性之原则。其实适得其反。惟在设若吾人以客观的实在性赋予于此诸影相之际,吾人乃始无法阻止一切因此而变为幻相耳。盖设若吾人以空间时间为能见之于事物本身中之性质(倘其能如此),且设若吾人推考常陷入之一种矛盾,曰:"此二无限者(**译者按,指空时而言**)既非实体又非附属于实体者,乃必须存在,必须为一切存在者之必具的要件,且纵使一切存在者皆消灭而犹必继续存在",则吾人不复能责柏克莱视外物为幻相矣。不仅此也,甚至于吾人自身之存在,在使其依附一种自存的虚构者(即时间)之际,亦必全化为幻相——特此矛盾尚未有人犯过。

(四)当在自然神学上思维一对象(如上帝)时,(上帝不仅永不能为直见之对象现于吾人上,且其自身亦永不能成为感官上的对象),吾人乃将空间时间之要件从此直见上除去。盖关于此对象之知识必为直见,而非含有限制之思维。但设若吾人已先将空间时间认为事物本身之要件,且纵使事物抽除而此要件仍必存留,盖其为能使事物所以为有之先决要件也,则吾人果有何权以如此为之耶?夫空时既为一切存在者之要件,则二者必亦应为上帝之存在之要件。设若吾人不视空时为一切事物之客观的要件,则另外只有一法曰,即视为吾人内外直见之主观的式度;但此种直见为感受性的,故不为自始的,即非其自身能示吾人以对象之存在,(此种自显其存在,以理推之,止能属于上帝),以吾人此种直见乃有赖于事物之存在,必止由于对象在主观的影相能力上有所刺激方能成立也。

此种于空时上有所直见□□□□□□□□□□□□□□□□□□②有知觉之生物皆与人相同,但□□□□□□□□□□□□□□③此种感受性纵令极其普遍,然亦决不

---

① 此注位于 B70。

② 此部分手稿缺失约 15 字。

③ 此部分手稿缺失约 13 字。

因而减□□□□□□□□□□□□①的，而非自始的，故非知慧的直见。依上□□□□□□□□□□②似应止属于自存者（即上帝），而非依存者（即人类）所有，□□□□□□□□③知觉皆为依存，惟依于此种直见始将其自身视为□□□□□④之关系中而决定其存在也。惟此一点止可视为感性□□□⑤所而並非其论证中之一。

兹按：康氏所谓孳生的（derivativus）乃指有待于对象而始唤起者，似可意译为“缘他的”。至于自始的（originarius）则谓不待对象之激动与现前而即自能成。根据此分别，故人类之直见无不为属于感受性。至于非感受性之直见，康氏名之曰知慧的直见，乃唯上帝能有之，实则止可称为“神通”耳。此则非知识论所研究者也。

结　论

关乎先验哲学问题——综合的事先判断如何乃能成立——之解决今吾人正得其关键之一，曰纯粹事先的直见上之空间与时间是已。在事先的判断上吾人得超出所当前的概念，而唯在于事先的直见上吾人乃始得有在概念中所不能发见而事先确宿于直见中又与概念相应者且其与概念相连为综合的。特此种判断则基于直见，决不能超出感官对象以外□□□□□⑥可能的经验之对象上为确然耳。

荪按：辩护一节乃对于主张时间必须为实在者加以□□⑦此主张时间不能不为实在者，依康氏遗札，似即为休尔慈（Pastor Schultz）⑧与朗伯特（Lambert）。至于概要则对于主张空时为事物本身所以存在之要件者加以反驳。

---

① 此部分手稿缺失约11字。
② 此部分手稿缺失约9字。
③ 此部分手稿缺失约7字。
④ 此部分手稿缺失约5字。
⑤ 此部分手稿缺失约3字。
⑥ 此部分手稿缺失约5字。
⑦ 此部分手稿缺失约2字。
⑧ 张东荪先生手稿上为“Schulze”，疑似笔误，径改之。

此辈即为莱伯尼志(Leibniz)与乌尔甫(Wolff)。主张时间必须为实在者以心正如流水不息之故;此川流不息之态必须为实在的。因此乃不承认康氏止认时间为主观的式度之说。实则依康氏之意,若抽除此主观的式度(时间)而以观自心,则心之是否川流不息,正未可知。此乃康氏所以异于形而上学的唯心论者也。康氏除驳难莱伯尼志以及牛顿外,更引来一字曰:幻相(Schein)。此字与"现象"(Erscheinung)绝不相同。我无所对而竟有所见,此幻相也;有所对而见之,此现象也;至于所对之不被人见之本样,则所谓物之自身也。此三者实有分别。康氏主张吾人所见之一切皆为现象,特决非幻相。何以言之?盖吾人之所见必有待于外物而唤起,非凭空而至也。就其有待于外物当前,故必为感受性的。此种纯粹直见虽有待于对象而起,却非由对象而成。就其非由对象而成,是附于对象而不成于对象,故为事先的。因此不得不归之属于主观方面之格式也。

征稿启事

《德国观念论》是由复旦大学哲学学院主办的专业哲学刊物，由复旦大学哲学学院张汝伦教授担任主编，国内外知名学者组成顾问委员会。本刊聚焦于康德及其后继者的德国观念论哲学研究，旁及同时代或相关思想谱系的哲学研究，深入展开理性讨论和学术争鸣。本刊坚持高学术品位，高学术标准，致力于为哲学领域的研究者和学习者提供前沿学术资讯和深度学术研究成果。

一、本刊热忱欢迎海内外专家学者和青年才俊踊跃投稿，亦欢迎高水平的研究生优秀稿件。来稿的接受与刊发完全以论文质量为标准，不考虑外在于学术的其他标准。目前拟设栏目有：论文、译文、新书评论、历史文献、学术通讯等。投稿邮箱：idealism@fudan.edu.cn。

二、本刊审稿采取专家审稿制度，全部来稿均经初审和复审程序。稿件处理时间为三个月，在此期间请勿一稿多投；作者如在三个月内未接到用稿通知，请自行处理。本刊有权对拟录取稿件做文字表达修改和其他技术性修改。

三、本刊实行优稿优酬。已加入信息网络系统，凡来稿即视为同意加入网络版，发放的稿费同时包含网络版稿费。

四、凡在本刊刊发之文章，《德国观念论》编辑委员会在一年内享有专有使用权，基于任何形式与媒介的转载、翻译、结集出版均须事先取得《德国观念论》编委会的书面许可。

五、稿件体例。

1. 文稿请按题目、作者、正文、参考书目之次序撰写。若研究论文为基金项目，请详细列出课题项目名称、课题编号，该文作者在该项目中所处地位（如“首席专家”或“参与者”）。

2. 需提供作者工作单位，研究方向等简介；文末请附作者详细的通信地址和电话。

六、引证标注体例。全文采用脚注,每页编号序号依次为:①,②,③……来稿建议引证标准具体如下:

1. 中文文献

(1) 著作:

标注顺序:责任者与责任方式:文献题名,出版地点:出版者,出版时间,页码。

示例:

张汝伦:《〈存在与时间〉释义》,上海:上海人民出版社,2012 年,第 157 页。

康德:《实践理性批判》,邓晓芒译,杨祖陶校,北京:人民出版社,2003 年,第 89—90 页。

张汝伦编:《大学思想读本》,桂林:广西师范大学出版社,2004 年,第 73 页。

(2) 析出文献:

标注顺序:责任者:析出文献题名,文集责任者与责任方式,文集题名,出版地点:出版者,出版时间,页码。文集责任者与析出文献责任者相同时,可省去文集责任者。

示例:

邓安庆:《康德伦理学体系的构成:以康德的相关著作为核心梳理其伦理体系的构成要件》,林宏星、林晖主编:《复旦哲学评论(第 2 辑)》,上海:上海辞书出版社,2005 年,第 165 页。

康德:《论通常的说法:这在理论上可能是正确的,但在实际上是行不通的》,《历史理性批判文集》,何兆武译,北京:商务印书馆,1990 年,第 202—203 页。

(3) 期刊:

标注顺序:责任者:文献题名,期刊名年期(或卷期,出版年月)。

示例:

张汝伦:《从黑格尔的康德批判看黑格尔哲学》,《哲学动态》,2015 年第 5 期。

2. 外文文献:

外文文献的引证,原则上使用该语种通行的标注方式。此处仅提供英文文献的常见标注方式之一。

(1) 专著:

标注顺序:责任者与责任方式,文献题名,编者或译者,出版地点:出版者,出版时间,页码。文献题名用斜体。

示例：

Terry Pinkard, *Hegel's Phenomenology: The Sociality of Reason*, Cambridge: Cambridge University Press, 1994, p. 49.

(2) 期刊：

标注顺序：责任者，文献题名，期刊名，卷册信息，出版时间，页码。文献题名用英文引号标识，期刊名用斜体。

示例：

M. Rohlf, "The Transition from Nature to Freedom in Kant's Third Critique", in *Kant-Studien*, 99 (3), 2008, pp. 339-360.

(3) 文集析出文献：

标注顺序：责任者，析出文献题名，文集题名，编者信息，出版地点：出版者，出版时间，页码。析出文献题名用英文引号标识，文集题名用斜体。

示例：

Klaus Hartmann, "Hegel: A Non-Metaphysical View", in *Hegel: A Collection of Critical Essays*, ed. A. MacIntyre, New York: Anchor Books, 1972, pp. 101-124.

《德国观念论》编辑委员会

2019 年 1 月